AUTORES:

JOSÉ MARÍA CAÑIZARES MÁRQUEZ
CARMEN CARBONERO CELIS

COLECCIÓN OPOSICIONES MAGISTERIO: EDUCACIÓN FÍSICA

PROGRAMACIÓN DIDÁCTICA LOMCE EN EDUCACIÓN FÍSICA: GUÍA PARA SU REALIZACIÓN Y DEFENSA.
(OPOSICIONES MAGISTERIO)

WANCEULEN
EDITORIAL DEPORTIVA

José Mª Cañizares Márquez

- Catedrático de Educación Física
- Tutor del Módulo del Practicum del Master de Secundaria
- Especialista en preparación de opositores
- Autor de numerosas obras sobre Educación y Preparación Física

Carmen Carbonero Celis

- D. E. A. en Instituciones Educativas
- Licenciada en Pedagogía
- Maestra de Primaria y Secundaria en centros de Educación Compensatoria
- Didacta presencial del Módulo de Pedagogía General en el CAP
- Profesora de Pedagogía Terapéutica en Centro Educación Primaria

Título: PROGRAMACIÓN DIDÁCTICA LOMCE EN EDUCACIÓN FÍSICA:. GUÍA PARA SU REALIZACIÓN Y DEFENSA. (OPOSICIONES MAGISTERIO).

Autores: José Mª Cañizares Márquez y Carmen Carbonero Celis

Editorial: WANCEULEN EDITORIAL DEPORTIVA, S.L.

C/ Cristo del Desamparo y Abandono, 56   41006 SEVILLA

Página Web: www.wanceulen.com

I.S.B.N.: 978-84-9993-471-6

Dep. Legal:

©Copyright: WANCEULEN EDITORIAL DEPORTIVA, S.L.

Primera Edición: Año 2016

Impreso en España:

Reservados todos los derechos. Queda prohibido reproducir, almacenar en sistemas de recuperación de la información y transmitir parte alguna de esta publicación, cualquiera que sea el medio empleado (electrónico, mecánico, fotocopia, impresión, grabación, etc), sin el permiso de los titulares de los derechos de propiedad intelectual. Cualquier forma de reproducción, distribución, comunicación pública o transformación de esta obra solo puede ser realizada con la autorización de sus titulares, salvo excepción prevista por la ley. Diríjase a CEDRO (Centro Español de Derechos Reprográficos, www.cedro.org) si necesita fotocopiar o escanear algún fragmento de esta obra.

COLECCIÓN OPOSICIONES

La Colección Oposiciones se compone de cuatro libros:

- Temario desarrollado
- Guía para la realización de la Programación Didáctica
- Guía para la realización de las UDI
- Guía para la resolución de Casos Prácticos

Todos ellos realizados por estos autores que están especializados desde hace muchos años en la preparación de opositores al Cuerpo de Maestros.

ÍNDICE

PRÓLOGO 9

INTRODUCCIÓN 11

1ª PARTE: LA PROGRAMACIÓN. SUS APARTADOS. 13

    1.- ASPECTOS PRELIMINARES 14

    2.- ELEMENTOS ESTRUCTURALES DE LA PROGRAMACIÓN 17

    3.- AUTOEVALUACIÓN DE LA PROGRAMACIÓN DIDÁCTICA DISEÑADA 106

    4. PAGINACIÓN DE LA PROGRAMACIÓN 108

2ª PARTE: ANEXOS DE APOYO A LA REALIZACIÓN DE LA PROGRAMACIÓN. 109

    1.- CARACTERÍSTICAS DEL ALUMNADO DE PRIMARIA. 110

        1.1.- Características generales del alumnado de Primaria (Oña, 1987) 110

        1.2.- Características generales del alumnado de Primaria (Castaño, 2006) 114

        1.3.- Características del alumnado de Primaria, por Ciclo (Zagalaz, Cachón y Lara, 2014) 117

        1.4.- Características del alumnado de Primaria -resumen para toda la Etapa- (Zagalaz, Cachón y Lara, 2014) 118

    2.- GUÍA DE APOYO PARA LA ELABORACIÓN DE LOS ELEMENTOS CURRICULARES. LEGISLACIÓN APLICADA 119

        2.1.- Contenidos expresados en la O. 17/03/2015 119

        2.2. Mapa de desempeño. Concreción de objetivos del área de Educación Física, a través de los criterios de evaluación, por ciclos. (O. 17/03/2015),BOJA nº 60, de 27/07/2015, páginas 490-497) 124

        2.3. Relación de criterios de evaluación y estándares de aprendizaje del área para toda la Etapa (R.D. 126/2014) 133

3ª PARTE: CRITERIOS DE EVALUCIÓN QUE SUELEN TENER LOS TRIBUNALES. CONSEJOS A TENER EN CUENTA PARA LA EXPOSICIÓN ORAL. MODELOS DE EXPOSICIÓN. TÉCNICAS APLICADAS. 137

    1.- CRITERIOS DE EVALUACIÓN QUE SUELEN TENER LOS TRIBUNALES 138

2.- ESTRATEGIAS Y RECOMENDACIONES PARA LA REALIZACIÓN DE LA DEFENSA DE LA PROGRAMACIÓN EN EL SISTEMA DE ACCESO A LA FUNCIÓN PÚBLICA DOCENTE 153

- 2.1.- Los recursos de apoyo 153
- 2.2.- Los tres momentos de la exposición oral 157
- 2.3. Otras indicaciones sobre cómo realizar la defensa de la programación en el examen oral 177
- 2.4. Los esquemas de apoyo 177
- 2.5. Guía del discurso de defensa. Un ejemplo-muestra 186

CONCLUSIONES 199

PRÓLOGO

El acceso a la función pública se caracteriza fundamentalmente por generar un proceso intenso y extenso en el tiempo de preparación del futuro docente. La actual estructura del sistema de oposiciones, las modalidades de cambio y la incertidumbre que acompaña a los mismos, hace que los autores sean sensibles a todo ello y aborden con rigor, amplitud y profundidad la Programación Didáctica que siempre va a estar en la propuesta curricular de las sucesivas convocatorias.

Es por ello que este libro se ofrece como referente válido por su gran capacidad de síntesis, por presentar unos contenidos actualizados y novedosos, sin relegar los pilares clásicos de la Programación, en un encomiable buen hacer didáctico.

Ofrecen a las personas que opositan una guía con propuestas de calidad en unas coordenadas bien ajustadas a los criterios de evaluación de los tribunales, y de fácil acceso a la consulta por tener formato libro, con bibliografía y webgrafía muy actualizadas. Esto permite a cada persona interesada individualizar su propuesta y que ésta sea muy creativa y original.

Los autores reúnen un amplio bagaje conceptual y práctico ya que han trabajado en todas las etapas del sistema y han transitado por toda la oferta educativa (Primaria, Especial, Compensatoria, Secundaria, Bachillerato, Formación de Técnicos Deportivos, C.A.P. y Universidad), aportando sus conocimientos e investigaciones tanto en la Educación Física como en la Psicopedagogía y Didáctica. También poseen una dilatada experiencia en la preparación de oposiciones.

En cuanto a investigación educativa tienen publicados numerosos libros, videos, así como ponencias y comunicaciones en Jornadas y Congresos.

En resumen, un magnífico volumen actualizado a 2016 y válido no sólo para personas que desean opositar, sino, dada su variedad temática, muy interesante para estudiantes de Magisterio en general y para personas funcionarias en su pleno ejercicio.

Recibid mi felicitación.

J. Ignacio Manzano Moreno

- Licenciado en Educación Física
- Presidente del C. O. L. E. F. de Andalucía
- Miembro del Consejo Andaluz del Deporte
- Profesor del CEU-S. Pablo. Universidad de Sevilla
- Asesor de Educación Física del CEP de Sevilla

INTRODUCCIÓN.

Esta Guía se ajusta a las normas emanadas de la Convocatoria de Andalucía 2015, sin que sepamos si las siguientes llevarán o no esta línea de exigencia dadas las circunstancias político-sociales. En cualquier caso, debemos regirnos por los documentos normativos en vigor.

El R. D. 276/2007, de 23 de febrero, por el que se aprueba el **Reglamento de Ingreso**, accesos y adquisición de nuevas especialidades en los cuerpos docentes a que se refiere la Ley Orgánica 2/2006, de 3 de mayo, de Educación, y se regula el régimen transitorio de ingreso a que se refiere la disposición transitoria decimoséptima de la citada ley, B.O.E. Nº 53, de 02/03/2007, acerca de la Programación a presentar indica, en su capítulo 61, artículo 2, que:

*"Habrá una prueba que tendrá por objeto la comprobación de la aptitud pedagógica del aspirante y su dominio de las técnicas necesarias para el ejercicio docente, y que consistirá en la presentación de una **programación didáctica** y en la preparación y exposición oral de una unidad didáctica.*

La programación didáctica hará referencia al currículo de un área, materia o módulo relacionados con la especialidad por la que se participa, en la que deberá especificarse los objetivos, contenidos, criterios de evaluación y metodología, así como la atención al alumnado con necesidad específica de apoyo educativo. Esta programación se corresponderá con un curso escolar de uno de los niveles o etapas educativas en el que el profesorado de esa especialidad tenga atribuida competencia docente para impartirlo.

La programación elaborada por el aspirante, de acuerdo con los términos que fijen las respectivas convocatorias, deberá presentarse y ser defendida ante el tribunal en el momento que establezca la Administración educativa convocante".

Hemos optado por realizar esta Guía siguiendo la nueva legislación que emana de la Ley Orgánica de Educación 2/2006, de 3 de mayo, de Educación (L.O.E.), modificada parcialmente por la LOMCE/2013. En cualquier caso, quienes nos leen tendrán que adaptarla a las características de su Convocatoria y a la legislación de la Comunidad Autónoma donde se presente.

Una persona opositora sin experiencia en la preparación posiblemente se "agobiará" ante el reto que le supone hacer una Programación "imaginaria, utópica", a partir de un contexto muchas veces inexistente y donde aplicará unos objetivos, contenidos, etc. totalmente teóricos.

Se suele acudir a un **centro** escolar a consultar el Plan de Centro (terminología de Andalucía) Posiblemente la confusión sea mayor porque estará realizada sin tener en cuenta las características que nos pide la Convocatoria, en cuanto a extensión, descriptores, etc.

A veces se termina por comprar o pedir prestada una programación que tuvo éxito en una convocatoria anterior, o por presentar la estándar que dan en una academia. El problema es que ese trabajo sea ya "conocido" y circulen muchas copias, además de desconocer su lógica interna, sobre todo a la hora de defenderla. Eso sí, es mucho esfuerzo y tiempo que nos ahorramos, pero la originalidad es una característica indispensable para que un tribunal la tenga en cuenta, a tenor de lo expresado por la última Convocatoria.

Esta Guía pretende ser un documento aclaratorio y vertebrador de la Programación Didáctica, una ayuda para superar el proceso de Acceso a la Función Pública. Ofrecemos herramientas y estrategias para que cada interesado la estructure, personalice y extraiga el máximo provecho. Para ello hemos **dividido** el trabajo en **tres** partes:

1ª Parte.- Tratamos todo lo concerniente a la Programación Didáctica: estructura, apartados y, en cada uno de ellos, **muchas opciones** de aplicación, con ejemplos variados para que cada persona **individualice** su propuesta.

2ª Parte.- Hemos agrupado una serie de anexos que completa a la primera parte: documentos de apoyo -legislativos en su mayoría-, que amplían la oferta a la hora de **personalizar** la Programación Didáctica.

3ª Parte.- La hemos reservado para mostrar los métodos y criterios e indicadores de **evaluación** que suelen tener los tribunales, además de una serie de consejos a tener en cuenta, sobre todo de cara a su **defensa**. Esto hace que nos orientemos mejor a la hora de prepararnos porque incluimos una serie de técnicas y esquemas novedosos, que podemos utilizar incluso como "guión" si la convocatoria y los tribunales **lo admiten**, así como consejos para destacar en la defensa oral de la Programación.

Ofrecemos una Guía que presenta muchas posibilidades de **personalización**, por lo que va a constituir un trabajo **original y propio** con las ventajas que conlleva. Sobre todo, si el Tribunal nos hace determinadas preguntas sabremos salir airoso de las mismas, porque para eso lo hemos trabajado.

El valor que tiene la programación ha sido variable en las últimas convocatorias. A modo de orientación indicamos que en la Convocatoria de Andalucía 2015, los porcentajes fueron:

1. Fase concurso: **2/3 de la nota final**:

- Prueba escrita del tema: valor 50% nota 1ª prueba. Mínimo un 5.
- Prueba escrita práctica: valor 50% nota 1ª prueba. Mínimo un 5.
- **Programación y su defensa: valor: 30% de la 2ª prueba. Mínimo un 5.**
- UDI: valor: 70% de la 2ª prueba. Mínimo un 5.

2. Fase concurso: **1/3 de la nota final**: Méritos: puntos por expediente académico; otros estudios (grado, idiomas, etc.); tiempo servicios prestados, etc.

Tal y como hacemos con el resto de las obras de esta colección, ofrecemos la siguiente dirección de correo electrónico por si cualquier lector o lectora desea ponerse en contacto con los autores para formularnos cualquier pregunta.

oposicionedfisica@gmail.com

¡Suerte!

1ª PARTE

LA PROGRAMACIÓN. SUS APARTADOS.

1.- ASPECTOS PRELIMINARES.

Siempre tendremos presente lo que indique la Orden de la Convocatoria. Realmente es como nuestro "**contrato**" de trabajo porque expresa el **perfil** del maestro o maestra que la Administración desea seleccionar.

Ofrecemos **múltiples posibilidades** en cada uno de los **puntos** que debe tener la programación didáctica, en función de la última Orden de Convocatoria de oposiciones para el Cuerpo de Maestros en Andalucía, especialidad de Educación Física. De este modo, cada persona interesada podrá **personalizar y singularizar** el trabajo a **presentar y defender**.

Nos centrarnos en la **Orden de 23 de marzo de 2015**, por la que se efectúa convocatoria de procedimiento selectivo para el ingreso en el cuerpo de maestros en Andalucía. Indica que:

8.1.2. Segunda prueba.

"La segunda prueba, que tendrá por objeto la comprobación de la aptitud pedagógica y el dominio de las técnicas necesarias para el ejercicio de la docencia del aspirante, constará de dos partes: presentación y defensa de una programación didáctica y preparación y exposición oral de una unidad didáctica. Cada una de las partes se calificará de 0 a 10 puntos.

La calificación de esta segunda prueba será de cero a diez puntos, siendo el resultado de sumar las calificaciones de las dos partes de que consta, ponderadas del siguiente modo:

Parte A. Presentación y defensa de la programación didáctica. Se calculará multiplicando por 0,3 la calificación obtenida.

Parte B. Preparación y exposición oral de una unidad didáctica o UDI ante el tribunal. Se calculará multiplicando por 0,7 la calificación obtenida.

Dicha ponderación sólo se realizará en el supuesto de que se hubieran obtenido como mínimo 2.5 puntos en cada una de las partes de que consta esta segunda prueba. Para la superación de esta segunda prueba el personal aspirante deberá alcanzar una puntuación global igual o superior a cinco puntos.

Parte A: Presentación y defensa de la programación didáctica.

La programación didáctica deberá haber sido elaborada personal e individualmente por cada aspirante, hará referencia al currículo vigente de la Comunidad Autónoma de Andalucía de un área, relacionada con la especialidad por la que se participa, en la que deberá especificarse los objetivos, contenidos, criterios de evaluación y metodología, así como a la atención al alumnado con necesidad específica de apoyo educativo y bibliografía. Esta programación se corresponderá con un curso escolar de uno de los niveles o etapas educativas en los que el profesorado de esa especialidad tenga atribuida competencia docente para impartirlos.

La programación didáctica deberá entregarse al tribunal el día del acto de presentación y su defensa se llevará a cabo ante éste cuando se convoque a tal efecto al personal aspirante, mediante citación en su sede de actuación.

La defensa de dicha programación tendrá una duración máxima de treinta minutos.

La programación didáctica tendrá inexcusablemente una extensión máxima, sin incluir anexos, portada y contraportada, de 50 folios, salvo para la especialidad de Educación Primaria que no podrá exceder de 70 folios, en formato DIN-A4, escritos a una sola cara, interlineado sencillo, y con letra tipo Times New Roman o similar, de 12 puntos, sin comprimir. Deberá contener 15 unidades, que deberán ir relacionadas y numeradas en un índice. La portada incluirá los datos de identificación del personal aspirante y la especialidad.

En el caso de que el tribunal detecte que la programación didáctica no cumple con el requisito de elaboración propia, la puntuación que se otorgará a la parte A de la segunda prueba será de 0 puntos. Cualquiera de los demás requisitos de la programación didáctica que no se ajuste a lo establecido en el apartado 8.1.2 determinará una penalización en la puntuación de la prueba. Para ello, aplicará los criterios establecidos por la respectiva Comisión de selección.

Parte B. Preparación y exposición de una unidad didáctica.

El personal aspirante elegirá una unidad de entre tres extraídas por sorteo de su propia programación o del temario oficial de la especialidad, para la preparación y exposición oral ante el tribunal…

…El tribunal valorará en esta prueba la exposición clara, ordenada y coherente de los conocimientos del personal aspirante, la precisión terminológica, la riqueza léxica, la sintaxis fluida y sin incorrecciones, así como la debida corrección ortográfica en la escritura.

Finalizadas las dos partes de la segunda prueba, por resolución de cada tribunal se publicarán las calificaciones de la misma en los tablones de anuncios de la sede correspondiente, en los de la Delegación Territorial de la Consejería Educación, Cultura y Deporte en cuyo ámbito se ubique el tribunal y, a efectos meramente informativos, en el portal web de la citada Consejería, debiendo remitir cada tribunal una copia de dichas calificaciones a la correspondiente comisión de selección.

Contra dicha resolución, que no pone fin al procedimiento, no procede recurso alguno, pudiendo el personal interesado interponer el correspondiente recurso contra la Orden por la que se publiquen las listas de personal seleccionado".

Para todo lo concerniente al tratamiento de las unidades, remitimos al lector a la obra destinada a la realización de las mismas de estos mismos autores.

Ante estas condiciones, proponemos la **estructura** de Programación Didáctica que presentamos, si bien antes queremos matizar lo siguiente:

a) Seguir escrupulosamente las **condiciones** que indica la Convocatoria. Su incumplimiento puede dar lugar a un suspenso por "no atenerse a lo pedido en la Orden". Por ejemplo, interlineado, número de páginas, la portada, etc. en cuanto a los aspectos formales.

b) En cambio, podemos interpretar a nuestra conveniencia aquellos puntos que no estén tan definidos. Por ejemplo, el diseño de tablas, color de la tinta, tamaño del sangrado o los márgenes, etc.

c) Vamos a estar **condicionados** por el número de **páginas** permitido. Por lo tanto, siempre que nos pongamos a escribir habitualmente lo haremos con la premisa de **resumir**. No olvidemos que la última convocatoria nos indicaba que "*el número máximo de folios será de cincuenta*". Si destinamos dos folios a la ficha con cada UDI, el monto total para la Programación Didáctica se nos queda en **veinte**, incluyendo portada, índices, etc.

La programación que nos pide el tribunal es el último nivel de concreción curricular, que diseñamos para un centro ubicado en un entorno social, económico y cultural, y tiene en cuenta las características más primarias del mismo a todos los niveles.

El concepto de Programación Didáctica debemos entenderlo como **¿qué tengo pensado hacer con un grupo concreto durante un curso entero a la hora de impartir Educación Física?** Por ejemplo, 5º A durante 2017-2018. Por todo ello debemos expresar la legislación que lo regula, las características del entorno, del propio grupo-clase, las competencias y objetivos a conseguir, los contenidos a tratar y cómo se **articulan** a través de **quince Unidades Didácticas Integradas (UDI)**[1], la evaluación, los recursos que disponemos de todo tipo, si vamos a organizar actividades complementarias o extraescolares, la atención a la diversidad, etc. (Del Valle y García, 2007).

Se corresponde, como veremos más adelante en los apartados correspondientes, con el Tercer Nivel de Concreción Curricular, donde cada maestro/a elabora el que le obliga su especialidad, aunque en función de los dos primeros, es decir, la legislación (1º Nivel) y las características del centro según su contexto, objetivos generales del CEIP, etc. y que están recogidas en el Plan de Centro (2º Nivel). Es, por tanto, un documento adaptado y normalmente no igual al de otras escuelas (Miraflores y Martín, 2014). eficacia

En cualquier caso, debemos tener presente lo que nos indica sobre las "programaciones didácticas" el D. 97/2015, art. 7:

1. Los centros docentes, en el ejercicio de su autonomía, diseñarán y desarrollarán las programaciones didácticas conforme a los criterios generales que a tal efecto tengan en sus proyectos educativos, dentro de la regulación y límites establecidos por la Consejería competente en materia de educación.

2. Las programaciones didácticas incorporarán métodos que tengan en cuenta los diferentes ritmos y estilos de aprendizaje del alumnado, que favorezcan la capacidad de aprender por sí mismo y que promuevan el trabajo en equipo.

3. Para la adquisición de las competencias, las programaciones didácticas estructurarán los elementos del currículo en torno a actividades y tareas de aprendizaje que permitan al alumnado la puesta en práctica del conocimiento dentro de contextos diversos.

4. Las programaciones didácticas de todas las áreas incluirán actividades y tareas en las que el alumnado leerá, escribirá y se expresará de forma oral, así como hará uso de las Tecnologías de la Información y la Comunicación.

5. Los equipos de ciclo, constituidos por el profesorado que interviene en la docencia de los grupos de alumnos y alumnas que constituyen un mismo ciclo, desarrollarán las

---

[1] La UDI es un elemento de planificación que articula eficazmente los elementos curriculares y niveles: competencias, objetivos del área, indicadores, escenarios, actividades, etc.

*programaciones didácticas de las áreas que correspondan al mismo, incluyendo las distintas medidas de atención a la diversidad que pudieran llevarse a cabo. En cualquier caso, se tendrán en cuenta las necesidades y características del alumnado, así como la **integración** de los **contenidos** en **unidades** que recojan criterios de evaluación, contenidos, objetivos y su contribución a la adquisición de las competencias clave secuenciadas de forma coherente con el curso de aprendizaje del alumnado.*

6. El profesorado de los respectivos equipos de ciclo desarrollará su actividad docente de acuerdo con las programaciones didácticas a las que se refiere el presente artículo.

2.- ELEMENTOS ESTRUCTURALES DE LA PROGRAMACIÓN.

Debemos **leer** atentamente la **Orden de la Convocatoria** y actuar en consecuencia, **respetando** en todo momento sus directrices. Hasta ahora los elementos obligatorios han sido muy básicos, de ahí que debamos ampliarlos y concretarlos para darle una **estructura** más lógica, pedagógica y coherente (Miraflores y Martín, 2014).

Hemos tenido en consideración los **referentes legales**, que los señalamos en cada epígrafe. La mayoría están aplicados a **Andalucía**. En caso de presentarnos en **otra** Comunidad Autónoma, es preciso que mencionemos los que estén en vigor en esas comunidades.

Por todo ello, hacemos la siguiente **propuesta** de **índice** para, posteriormente, ir **analizando** cada punto incluyendo en algunos casos numerosos ejemplos con el objetivo de que cada cual personalice su trabajo, ya que ofrecemos **muchas opciones** donde escoger, sobre todo si incluimos los textos de apoyo de la 2ª parte:

1.- PORTADA.

2.- ÍNDICE.

3.- INTRODUCCIÓN.

4.- JUSTIFICACIÓN CURRICULAR Y LEGISLATIVA DE LA PROGRAMACIÓN DIDÁCTICA. SU VINCULACIÓN CON LA NORMATIVA Y CON EL PLAN DE CENTRO.

5.- CURSO DONDE SE CONCRETA LA PROGRAMACIÓN.

6.- CONTEXTUALIZACIÓN.

    6.1. Valoración diagnóstica del centro.
    6.2.- Contexto escolar.
    6.3.- Contexto sociocultural.
    6.4.- Variables demográficas y psicobiológicas referidas al curso donde se concreta la Programación.
    6.5. Análisis descriptivo del grupo clase.
    6.6. Componentes educativos del grupo-clase.

7.- LAS COMPETENCIAS CLAVE. CONTRIBUCIÓN DE LA PROGRAMACIÓN DIDÁCTICA A SU CONSECUCIÓN.
8.- OBJETIVOS.

8.1. Objetivos de etapa.
8.2. Objetivos del área.
8.3. Objetivos del Curso en la Programación Didáctica.
8.4. Ejemplo de concreción de objetivos del área de Educación Física.

8.5. Contribución de los objetivos del área de educación física a los de la etapa primaria.

9.- CONTENIDOS.

9.1. Contenidos para el curso elegido

10.- ACTIVIDADES.

11.- RELACIÓN ENTRE LA PROGRAMACIÓN, LA EDUCACIÓN EN VALORES, LOS ELEMENTOS TRANSVERSALES, OTRAS ÁREAS Y LAS UDI. CONTRIBUCIÓN A LOS HÁBITOS DE LECTURA, ESCRITURA Y EXPRESIÓN ORAL.

11.1. Relación con los Elementos Transversales.
11.2. Relación con otras Áreas.
11.3. Relación entre las UDI.
11.4. Contribución a los hábitos de lectura, escritura y expresión oral.

12.- METODOLOGÍA Y RECURSOS.

12.1. Metodología para el curso elegido.
12.2. Recursos.

13.- ATENCIÓN A LA DIVERSIDAD.

14.- EVALUACIÓN.

14.1. Evaluación del alumnado.
14.2. Evaluación de la propia práctica docente.
14.3. Evaluación del proceso y validación de cada Unidad.
14.4.- Evaluación por competencias.

15.- SISTEMA PARA REALIZAR EL SEGUIMIENTO DE LA PROGRAMACIÓN.

16.- CONCLUSIONES.

17.- BIBLIOGRAFÍA Y CITAS LEGISLATIVAS.

18.- WEBGRAFÍA.

19.- TEMPORALIZACIÓN.

20.- UDI.

En los últimos años han surgido varios **sistemas informáticos** que nos ayudan a la hora de hacer la programación y las UDI. Concretamente, dentro de las aplicaciones de la Escuela 2.0, "*PDCGenerator*" es un programa que proporciona un sistema ágil, rápido y sencillo para la planificación de Programaciones Didácticas y Unidades basadas en Competencias Clave en las diferentes etapas de nuestro actual sistema educativo.

Además de estar muy limitados en cuanto al volumen de contenido por el número máximo de páginas que nos permita la Orden de Convocatoria, debemos tener en cuenta una serie de "**líneas maestra**s" a la hora de redactar los apartados de la programación, sobre todo los **elementos curriculares**:

a) Definir o expresar su entidad conceptual.

b) Reseñar la legislación, incluso el artículo, que lo trata.

c) Especificar a un autor conocido que trate ese apartado.

d) Lo que me propongo hacer, su por qué, su justificación, ejemplos, etc. y todo ello orientado hacia su defensa oral.

1.- PORTADA.

Debemos poner los datos que nos pida la Convocatoria. Habitualmente son los personales, número de oposición y tribunal, especialidad, curso al que va dirigida, código de provincia y la relación de las quince UDI. Así pues, estaremos atentos a cualquier peculiaridad que nos requiera la **Orden**.

2.- ÍNDICE.

Debe ser detallado, sin olvidar ningún apartado o sub-apartado. De esta manera facilitamos al Tribunal su consulta. Confirmar los números de página, por lo que la numeración debe ser, lógicamente, lo **último** a escribir. **No sobrepasar** en ningún caso el número de páginas que como máximo nos indique la Convocatoria. Aconsejamos no pasarnos en cuanto a su volumen, de **una página**.

3.- INTRODUCCIÓN.

No debemos usar **más de una página**. Es más, aconsejamos que sea justamente una página con objeto de que el siguiente punto sobre la justificación curricular inicie la siguiente. Teniendo este límite como referente, vamos a ir indicando una serie de textos para que cada persona interesada **personalice** su Introducción.

La introducción, como parte inicial de nuestro trabajo, debemos situar las **líneas generales** que vamos a seguir, como un resumen de lo que después desarrollamos. Buscamos que el tribunal tome **interés** y se familiarice con el mismo.

Podemos comenzar por algún tipo de "frase hecha": "*enseñar Educación física con éxito supone diseñar una programación coherente con el contexto, disponer de un amplio abanico de estrategias didácticas, generar un clima de clase que invite al aprendizaje, utilizar adecuadamente los recursos materiales y tecnológicos e integrar la evaluación en el proceso de aprendizaje*" (Blázquez y Sebastiani, 2010).

Otros párrafos pueden hacer referencia al **uso** de las **TAC/TIC**[2]. Por ejemplo, "*teniendo en cuenta la importancia que tienen en nuestra sociedad el uso de las*

---

[2] TIC: tecnología de la información y comunicación ("término LOE/2006"). TAC: tecnología del aprendizaje y conocimiento ("término LOMCE/2013"). Actualmente, la legislación usa ambos.

TAC/TIC, resaltamos su utilización en nuestra didáctica habitual con el grupo de referencia, sobre todo en las unidades número X, Y, Z."

Consideramos "obligatorio" mencionarlas en este primer apartado habida cuenta su importancia actual y a que debemos hacer uso de ellas en algunas UDI que acompañan a la Programación. Al hilo de ello, podemos dar algunos ejemplos para su aplicación:

- Realización de trabajos a partir del uso de las webs y software relacionados con la salud, actividad física, expresión, el juego y el deporte. Por ejemplo, a través de herramientas tales como las Webquest, los "Plan Lesson", "La Caza del Tesoro", los deberes Web, las Mini Webquest, "Hot Potatoes", "JCLIC", etc.

- En los últimos años las tabletas están teniendo mucho protagonismo también a nivel escolar. **iDoceo** es un cuaderno tradicional de notas para iPad.

- Uso educativo de las redes sociales, tales como Twiter, Facebook, Tuenti o de las "plataformas de aprendizaje", como la Moodle o Tiching.

Otras frases podemos orientarlas hacia la utilidad de la propia programación. Por ejemplo, *"la programación es un recurso que nos resulta muy útil porque por su mediación diseñamos los distintos procesos de enseñanza y aprendizaje, basándonos en la legislación actual, con objeto de conseguir una educación de calidad y equidad para todo el grupo, y significando la atención a la diversidad de la que no nos podemos olvidar"*.

El D. 97/2015 ofrece muchas posibilidades genéricas. Por ejemplo, el área de Educación Física, como las demás, *"se fundamentan en la educación comprensiva, común a todo el alumnado, la educación en valores y la atención a la diversidad, de modo que permita a cada alumno y alumna alcanzar los objetivos de la etapa. A tales efectos, se propiciará una educación de calidad que garantice una formación integral y contribuya a la equidad y a la adquisición de las competencias clave, a la detección y el tratamiento de las dificultades de aprendizaje tan pronto como se produzcan. Se pondrá especial atención a la tutoría y orientación educativa del alumnado y la relación y cooperación con las familias para apoyar el proceso educativo de sus hijos e hijas"*.

Se trata de exponer algunos **rasgos** sobre lo que vamos a tratar después (Zagalaz, Cachón, Lara, 2014). Podemos incidir en algún aspecto **significativo** de nuestra propuesta. Por ejemplo, cómo la vamos a contextualizar en un C. P. Rural (D. 29/1988 y O. 15/04/98); un centro inmerso en con unos planes y programas relacionados con la Coeducación, Bilingüismo, Comunidad de Aprendizaje, "Eco-Escuela", Integración, Educación en Valores, Promoción de la Salud, etc.

También podemos destacar que nuestro colegio participa en el Programa "Deporte en la Escuela", "Aulas Abiertas", Plan de Apertura de Centros, Programa PERSEO sobre alimentación y deporte, etc. Por otro lado, podemos matizar que nuestro centro de referencia es de tipo T.I.C. Pero, igualmente, podemos señalar a nuestro centro como **organizador** de algún tipo de **evento** educativo, como las "agro olimpiadas comarcales" u otros hechos similares. En los últimos años están aumentando los centros que incorporan los llamados popularmente "**recreos inteligentes**" y "**un día sin balón**", por lo que sería también una buena opción citarlos aportando algún **anexo** complementario que complemente visualmente la información verbal.

Consideramos muy interesante hacer algún comentario sobre lo que expresa el D. 328/2010 acerca de que todas las programaciones de todas las áreas incluirán actividades en las que el alumnado deberá **leer**, **escribir** y **expresarse** de forma oral. Por ejemplo, cómo en este sentido aplicamos el libro de texto, el cuaderno de patio o una serie de Webquest.

En este mismo sentido, apuntamos que "sería obligatorio" dar algún detalle sobre la actividad física y la dieta equilibrada. No olvidemos que la LOMCE/2013, en su disposición adicional cuarta, trata esta temática. "*Las Administraciones educativas adoptarán medidas para que la actividad física y la dieta equilibrada formen parte del comportamiento infantil y juvenil. A estos efectos, dichas Administraciones promoverán la práctica diaria de deporte y ejercicio físico por parte de los alumnos y alumnas durante la jornada escolar, en los términos y condiciones que, siguiendo las recomendaciones de los organismos competentes, garanticen un desarrollo adecuado para favorecer una vida activa, saludable y autónoma. El diseño, coordinación y supervisión de las medidas que a estos efectos se adopten en el centro educativo, serán asumidos por el profesorado con cualificación o especialización adecuada en estos ámbitos*".

Al respecto, el R.D. 126/2014, recoge que "*la Educación Física en las edades de escolarización debe tener una presencia importante en la jornada escolar si se quiere ayudar a paliar el sedentarismo, que es uno de los factores de riesgo identificados, que influye en algunas de las enfermedades más extendidas en la sociedad actual. Los niveles que la Educación Física plantea tienen que adecuarse al nivel de desarrollo de las alumnas y de los alumnos, teniendo siempre presente que la conducta motriz es el principal objeto de la asignatura y que en ella deben quedar aglutinados tanto las intenciones de quien las realiza como los procesos que se pone en juego para realizarla*".

Debemos citar el D. 328/2010, de 13 de julio, por el que se aprueba el Reglamento Orgánico de las escuelas infantiles de segundo ciclo, de los colegios de educación primaria, de los colegios de educación infantil y primaria, y de los centros públicos específicos de educación especial. BOJA nº 139, de 16/07/2010. Éste recoge en su art. 27 las "**programaciones didácticas**", como "*instrumentos específicos de planificación, desarrollo y evaluación de cada área del currículo establecido por la normativa vigente. Se atenderán a los criterios generales recogidos en el proyecto educativo y tendrán en cuenta las necesidades y características del alumnado. Serán elaboradas por los equipos de ciclo, su aprobación corresponderá al Claustro de Profesorado y se podrán actualizar o modificar, en su caso, tras los procesos de autoevaluación*". Indica una serie de apartados que debe consignar y que nosotros **referenciamos en este volumen**.

En todo caso, cualquier "**peculiaridad**" hay que reflejarla en todos los puntos y, a la hora de la **defensa** de la Programación, **destacarlo** significativamente porque será nuestra **aportación** y "**eje conductor**" de la misma.

El R.D. 126/2014 nos ofrece múltiples posibilidades en este sentido:

"*La Educación Física tiene como finalidad principal desarrollar en las personas su competencia motriz, entendida como la integración de los conocimientos, los procedimientos, las actitudes y los sentimientos vinculados a la conducta motriz fundamentalmente. Con una buena capacidad de movimiento, el alumnado logrará controlar y dar sentido a las propias acciones motrices, comprender los aspectos perceptivos, emotivos y cognitivos relacionados con dichas acciones y gestionar los sentimientos vinculados a las mismas, además de integrar conocimientos y habilidades transversales, como el trabajo en equipo, el juego limpio y el respeto a las normas, entre otras".*

El D. 97/2015, indica algo parecido a lo expresado por la LOMCE/2013, art. 7 y que también nos resulta muy útil: *"la finalidad de la Educación Primaria es proporcionar a todos los alumnos y alumnas una educación que permita afianzar su bienestar y su desarrollo personal, adquirir la capacidad de ejercer el pensamiento crítico, las nociones básicas de nuestra cultura y las habilidades relativas a la expresión y comprensión oral, a la lectura, a la escritura y al cálculo, así como desarrollar habilidades sociales y de convivencia, de igualdad de género, hábitos de trabajo y estudio, el sentido artístico, la creatividad y la afectividad, con el fin de garantizar una formación integral que contribuya al pleno desarrollo de la personalidad y a prepararlos para cursar con aprovechamiento la educación secundaria obligatoria".*

No obstante, hay **múltiples posibilidades**. Es el caso de las referencias al marco legislativo de la Educación Física durante la Etapa Primaria, es decir, ¿por qué esta área viene en el currículum? Por ejemplo, las aportaciones que, desde el área, hacemos hacia la consecución de las **competencias clave**, que irán especificadas en cada Unidad (R. D. 126/2014).

Por ejemplo, "La actividad física saludable en general, el juego y el deporte deben ser accesibles para la totalidad del alumnado. Todos necesitan de la Educación Física no sólo para satisfacer sus necesidades básicas de motricidad, sino también de relación, maduración y propio disfrute personal. Todo ello se integra como contenidos de nuestra área coligado a los beneficios saludables que otorga la actividad física moderada".

Podemos centrar una parte de la Introducción en hacer mención a las principales **líneas de actuación** de la **Ley 17/2007**, de 10 de Diciembre, de Educación en Andalucía (**L.E.A.**) No podemos obviar en ningún caso la **importancia** que tiene para nuestro futuro más inmediato, por lo que entendemos debemos reseñarla y comentar algunos detalles en función del espacio disponible.

En otro orden de argumentos, podemos comentar en nuestra Introducción lo que nos indica la LOMCE/2013 sobre que la Educación Física es un "**área del bloque de asignaturas específicas**" durante los seis cursos de la etapa. Hay también un bloque de asignaturas **troncales** y otro de asignaturas **específicas**. En el mismo sentido se expresa la O. de 17/03/2015, sobre el desarrollo del currículo en Andalucía.

El D. 97/2015 nos da varios líneas generales de actuación para expresarlas en la Introducción: *"Estas enseñanzas se fundamentan en la educación comprensiva, común a todo el alumnado, la educación en valores y la atención a la diversidad, de modo que permita a cada alumno y alumna alcanzar los objetivos de la etapa. A tales efectos, se propiciará una educación de calidad que garantice una formación integral y contribuya a la equidad y a la adquisición de las competencias clave, a la detección y el tratamiento de las dificultades de aprendizaje tan pronto como se produzcan. Se pondrá especial atención a la tutoría y orientación educativa del alumnado y la relación y cooperación con las familias para apoyar el proceso educativo de sus hijos e hijas".*

También podemos acudir a lo expresado por el R. D. 126/2014 sobre los elementos curriculares de la programación de Educación Física:
Los elementos curriculares de la programación de la asignatura de Educación Física pueden estructurarse en torno a cinco situaciones motrices diferentes:

a) Acciones motrices individuales en entornos estables.

b) Acciones motrices en situaciones de oposición
c) Acciones motrices en situaciones de cooperación, con o sin oposición.
d) Acciones motrices en situaciones de adaptación al entorno físico.
e) Acciones motrices en situaciones de índole artística o de expresión.

En **resumen**, se trata de incluir una breve explicación sobre lo que es y significa una programación, su importancia dentro de nuestra acción didáctica, nuestro compromiso profesional, la legislación que la regula, etc. pero siempre teniendo en cuenta el espacio disponible.

4.- JUSTIFICACIÓN CURRICULAR Y LEGISLATIVA DE LA PROGRAMACIÓN DIDÁCTICA. SU VINCULACIÓN CON LA NORMATIVA Y CON EL PLAN DE CENTRO.

Se trata de respaldar la Programación Didáctica en sí, su realización y seguimiento como un instrumento para planificar la enseñanza (Zagalaz, Cachón, Lara, 2014). Entendemos que es el apartado más oportuno para **documentar** la legislación vigente, si bien la que se publique a partir de estar en el mercado este volumen, tendríamos que **añadirla**.

A partir de aquí expresaremos diversas ideas y consideraciones con **argumentos** variados que la razonen.

Apuntamos tres ejemplos de textos específicos que podemos incluir **genéricamente** en nuestra Programación Didáctica:

"La programación de los procesos de enseñanza y aprendizaje ocupa un lugar relevante en el conjunto de las tareas docentes, como recoge actualmente la L. E. A. y el R. D. 126/2014, por lo que la normativa que justifica su elaboración viene dada por imperativo legal".

"Programar nos será favorable al permitir flexibilizar nuestra acción, adaptándola a las características, peculiaridades y necesidades de nuestro alumnado y del centro, atendiendo a la diversidad de motivaciones, intereses y ritmos de aprendizajes. Nos posibilita, además, tomar decisiones en momentos puntuales, revisar, investigar, evaluar nuestra práctica docente y dotar de coherencia a todo el proceso".

"En definitiva, la Programación, partiendo de las directrices del proyecto educativo, constituye la planificación y distribución de los aprendizajes en cada nivel o curso, con su correspondiente temporalización de actividades, teniendo en cuenta el contexto y el tipo de alumnado".

Otro ejemplo puede ser: la programación didáctica que presentamos está marcada por lo prescrito por el R.D. 126/2014; D. 97/2015... que se encuentran ubicados en el **1º Nivel** de concreción curricular. Estos documentos legislativos nos ofrecen las bases para trabajar nuestra área (también llamada asignatura específica a partir de la LOMCE/2013), estableciendo los objetivos de la etapa, que debemos conseguir a lo largo de la misma o, en todo caso, al final de la misma. (Ahora pondríamos una tabla con los mismos, destacando en letra negrita los dos o tres que tienen más relación con nuestra área). También deberíamos hacer lo mismo con los llamados "Objetivos de Andalucía". El D. 97/2015, de 3 de marzo, BOJA nº 50, de 13/03/2015, por el que se establece la ordenación y el currículo de la educación Primaria en la comunidad Autónoma de Andalucía, nos indica que la Educación Primaria contribuirá a desarrollar en el alumnado las capacidades que le permita alcanzar, además de los objetivos "oficiales" para el resto del territorio nacional, los siguientes:

a) *La prevención y **resolución pacifica de conflictos**, así como los valores que preparan al alumnado para asumir una vida responsable en una sociedad libre y democrática.*

b) *La adquisición de **hábitos de vida saludable** que favorezcan un adecuado bienestar físico, mental y social.*

c) *La utilización responsable del **tiempo libre** y del ocio, así como el respeto al medio ambiente.*

d) *La **igualdad** efectiva entre mujeres hombres, la prevención de la violencia de género y la no discriminación por cualquier condición personal o social.*

e) *El espíritu **emprendedor** a partir del desarrollo de la creatividad, la autonomía, la iniciativa, el **trabajo en equipo**, la autoconfianza y el sentido critico.*

f) *La utilización adecuada de las **herramientas tecnológicas** de la sociedad del conocimiento.*

- Ahora podemos continuar enlazando los objetivos del área, siguiendo a la O. de 17/03/2015, justificando que "para poder contribuir a la consecución de los objetivos de etapa, debemos alcanzar los de nuestra área".
- Programar es establecer previamente lo que pensamos hacer en nuestra materia durante un tiempo determinado.
- La Programación Didáctica supone el **3º Nivel** de concreción curricular, pudiéndose considerar un 4º nivel el correspondiente a las adaptaciones curriculares.
- Tiene su referente en el **2º Nivel** de concreción y se realiza en coherencia con el mismo y la normativa existente.
- Ya aquí podemos incluir un **gráfico** sobre estos niveles, aunque siempre dependiendo del espacio que dispongamos.
- Nos permite sistematizar y llevar a la práctica orientaciones y planteamientos establecidos en el Proyecto Educativo del Plan de Centro.
- Nos ayuda a no improvisar y a sistematizar el proceso de la creación de estructuras intelectuales en alumnas y alumnos.
- Nos abre a la reflexión sobre los elementos curriculares, sobre todo a nivel de contenidos, organización y distribución de Unidades.
- Faculta para adaptar los procesos de enseñanza y aprendizaje a las características del entorno socioeconómico y del alumnado.
- Fomenta la calidad de la enseñanza y facilita la atención a la diversidad.
- La integración de los contenidos en las UDI.
- La programación no es una temporalización y distribución de contenidos, sino un proceso continuo que se preocupa de los medios y vías más adecuados para lograr nuestros objetivos, convirtiéndola en algo dinámico, en continua evolución.
  - La sociedad actual prioriza la necesidad de tratar en la escuela conocimientos, destrezas y capacidades que se relacionan con el cuerpo y la actividad motriz, contribuyendo de forma holística al desarrollo personal y una mejora de la calidad de vida. Como respuesta a ello, las acciones educativas orientadas al cuidado del cuerpo, salud, mejora corporal y uso constructivo y saludable del tiempo de ocio, debemos tenerlo en cuenta en el Área de Educación Física.

- El **cuerpo y el movimiento** como ejes de nuestra acción educativa.
- También podemos fundamentar y argumentar algo que nos "**distinga**" de los demás opositores, como ciertos detalles, programas educativos o innovaciones que destaquemos en la Programación. No olvidemos que algunas veces nos encontramos con centros que tienen unas finalidades muy acusadas y que toda su didáctica se orienta hacia ellas (ver punto 6.2).
- Debemos partir del **marco legislativo actual**: los Objetivos Generales de Etapa y los del Área de Educación Física son fundamentales para tenerlos como referencia en la Programación. Citar al D. 97/2015 de 03 de marzo, de Andalucía y a la O. de 17/03/2015.
- Citar al Decreto 328/2010, de 13 de julio, por el que se aprueba el Reglamento Orgánico de los colegios de educación primaria, BOJA nº 139, de 16/07/2010, a la Orden de 20 de agosto de 2010, por la que se regula la organización y el funcionamiento de los colegios de educación primaria, así como el horario de los centros, del alumnado y del profesorado, BOJA nº 169, de 30/08/2010. También a los documentos del Centro que tenemos como referencia. En este sentido, debemos citar el Plan de Centro, que engloba al Proyecto Educativo, el Reglamento de Organización y Funcionamiento y el Proyecto de Gestión (Ley 17/2007 de Educación en Andalucía, Título IV, Capítulo I).
- El artículo 28 del D. 328/2010, indica que son **competencias de los equipos de ciclo la elaboración de las programaciones didácticas** y las propuestas pedagógicas correspondientes al mismo, de acuerdo con el proyecto educativo, así como su **seguimiento** para controlar su **cumplimiento**.
- La O. de 17/03/2015, indica al respecto que *"los centros docentes elaborarán sus programaciones didácticas para esta etapa desde la consideración de la atención a la diversidad y del acceso de todo el alumnado a la educación común. Asimismo, arbitrarán métodos que tengan en cuenta los diferentes ritmos y estilos de aprendizaje del alumnado, favorezcan la capacidad de aprender por sí mismos y promuevan el trabajo en equipo"*.
- Debemos añadir y/o **actualizar** nuestra Programación con la **normativa** que vaya publicándose.

En **resumen**, podemos concluir:

"La programación está marcada por las prescripciones tanto a nivel estatal como andaluz, que se encuentran en el primer nivel de concreción curricular. Ambos nos ofrecen las bases para trabajar en nuestra área a lo largo de los seis cursos, estableciendo unos **Objetivos de Etapa** que debemos conseguir:"

Ahora podemos detallar los objetivos de la Etapa. También deberíamos insertar los "**Objetivos de Andalucía**" antes citados. Posteriormente añadiríamos:

"Para lograr los objetivos de etapa, nosotros ayudamos desde nuestra área, alcanzando los Objetivos de Área".

El art. 8 del **R. D. 126/2014** indica sobre las **programaciones**:

Artículo 8. Autonomía de los centros.

*1. Los centros docentes contarán con autonomía pedagógica y de organización para poder llevar a cabo modelos de funcionamiento propios. A tales efectos, desarrollarán y **concretarán** el currículo y lo **adaptarán** a las necesidades de su alumnado y a las características específicas del entorno social y cultural en el que se encuentra.*

*2. Los centros docentes establecerán, en su proyecto educativo, los **criterios generales para la elaboración de las programaciones didácticas** de cada una de las áreas y, en su caso, ámbitos que compongan la etapa, los criterios para organizar y distribuir el tiempo escolar, así como los objetivos, los procedimientos y criterios de evaluación, los contenidos y la contribución al desarrollo de las competencias clave, los programas de intervención en el tiempo extraescolar, las medidas de atención a la diversidad, el plan de orientación y acción tutorial, el plan de convivencia, el plan de formación del profesorado y, en su caso, el plan de compensación educativa, así como cualesquiera otras consideraciones que favorezcan la mejora de los resultados escolares del alumnado.*

3. Igualmente, los proyectos educativos incluirán la posibilidad y el procedimiento para suscribir compromisos educativos con las familias, así como otras medidas de carácter comunitario y de relación con el entorno, para mejorar el rendimiento académico del alumnado.

*4. **Los equipos de ciclo**, constituidos por el profesorado que interviene en la docencia del grupo de alumnos y alumnas que constituyen el ciclo, **desarrollarán las programaciones didácticas de las áreas** que correspondan al mismo, incluyendo las distintas medidas de atención a la diversidad que pudieran llevarse a cabo. En cualquier caso, se tendrán en cuenta las necesidades y características del alumnado, la integración de los contenidos en unidades que recojan criterios de evaluación, contenidos, objetivos y su contribución a la adquisición de las competencias clave secuenciadas de forma coherente con el nivel de aprendizaje de las alumnas y los alumnos.*

*5. El **profesorado** de los respectivos equipos de ciclo desarrollará su **actividad docente de acuerdo con las programaciones didácticas** a que se refiere el apartado anterior.*

6. Los centros docentes, en el ejercicio de su autonomía, podrán adoptar planes de trabajo, formas de organización, agrupamientos del alumnado, ampliación del horario escolar o proyectos de innovación e investigación, de acuerdo con lo que establezca al respecto la Consejería competente en materia de educación, sin que, en ningún caso, se impongan aportaciones a las familias ni exigencias a la Administración educativa.

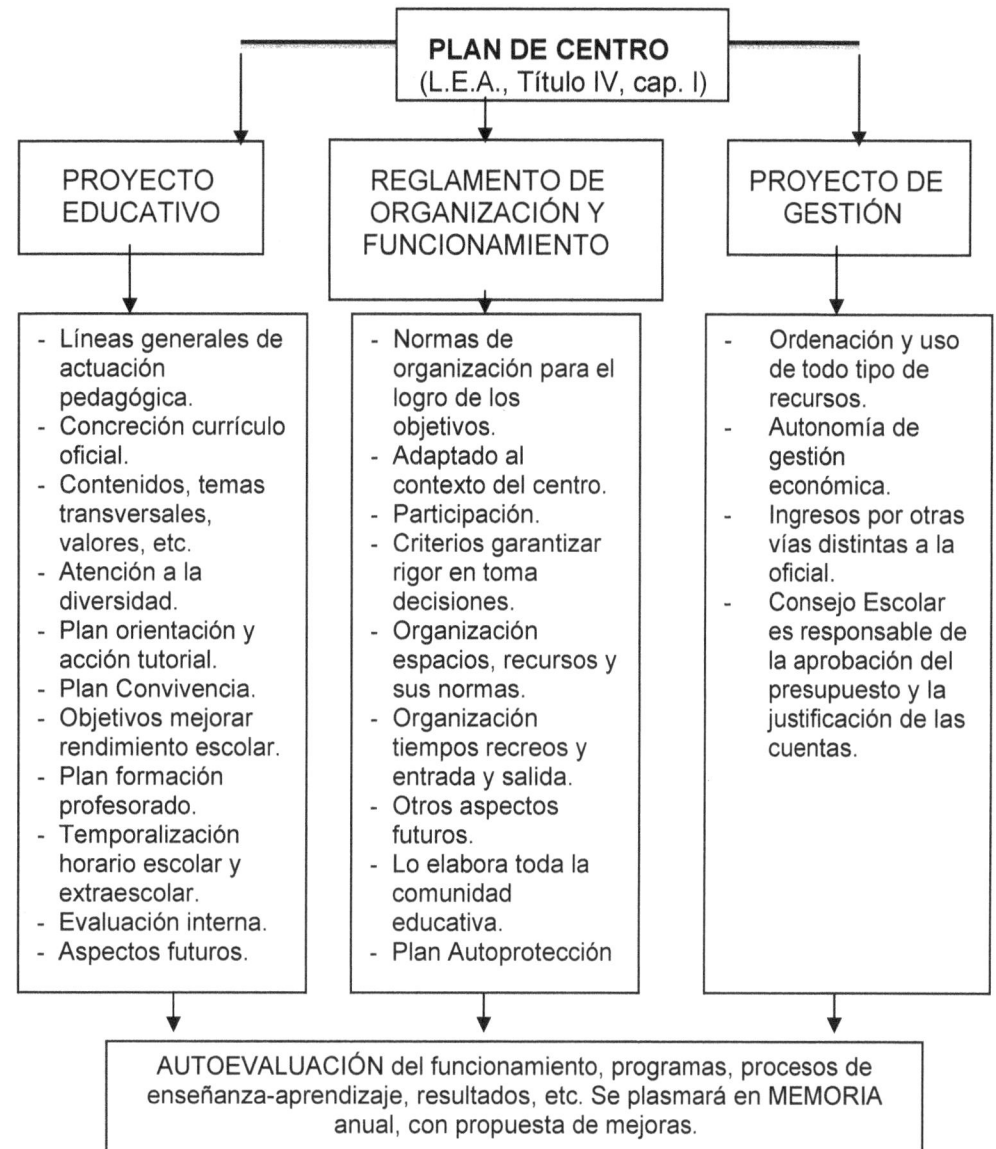

A) PLAN DE CENTRO.

De acuerdo con el art. 126 de la Ley 17/2007, de 10 de diciembre, de Educación en Andalucía el **Plan de Centro** es el **documento** que integra el Proyecto Educativo, el Reglamento de Organización y Funcionamiento y el Proyecto de Gestión.

Es elaborado por el equipo directivo y aprobado por el Consejo Escolar. Habrá requerido la colaboración e implicación del equipo técnico de coordinación pedagógica y de los equipos de coordinación docente.

El Claustro de Profesorado habrá fijado criterios referentes a la orientación, tutoría, evaluación o recuperación del alumnado, así como de las normas de organización y funcionamiento.

Tendrá carácter plurianual -aunque con **revisión** anual-, obligará a todo el personal del centro y vinculará a la comunidad educativa del centro. Se podrá actualizar o modificar, en su caso, tras los procesos de autoevaluación a que se refiere el artículo 43 del Reglamento Orgánico de Funcionamiento o a propuesta del director o directora en función de su Proyecto Educativo.

El Plan de Centro es público y se facilitará su conocimiento a la comunidad educativa y a la ciudadanía en general, utilizando, en su caso, los medios y mecanismos de Internet que se posea.

En **resumen**, el Plan de Centro es un documento **público** con tres apartados: la **educación** que se desarrolla en un centro; las **normas** organizativas y funcionales que facilitan el **clima** más adecuado para conseguir los objetivos propuestos y las formas para **gestionar** los recursos que se dispone para ello.

B) PROYECTO EDUCATIVO.

El **Proyecto Educativo** es una de las partes que engloba el Plan de Centro. Expone el modelo de educación que sigue el centro en respuesta a las necesidades educativas de esa escuela, promoviendo cambios educativos que nos lleven a una mejora y partan de acuerdos compartidos. Aquí se ubican las diversas programaciones de las áreas.

Este documento constituye las **señas de identidad** del centro docente, que estarán encaminadas a la consecución del **éxito escolar** del alumnado, a proporcionar la mejor atención educativa y a velar por el interés general.

Las **líneas generales de actuación pedagógica** están sustentadas obligatoriamente en los valores y principios que preconiza la Constitución Española y que se desarrollan en la LOE/2006 (modificada por la LOMCE/2013) y en la LEA/2007.

Por ello, aconsejamos al opositor que tome como referencia algún centro "físico" que conozca o le sea familiar, donde pedir información sobre el P. Educativo, para que éste sea real, aunque también es posible encontrarla en su Web. Evidentemente, cuando lo consigamos deberemos adaptarlo a nuestras necesidades, sobre todo desde el punto de vista del espacio que tenemos previsto para ello en nuestra programación didáctica.

En cualquier caso, es necesario manifestar que "nos atenemos a los principios de la Ley Orgánica 2/2006, de 3 de mayo, de Educación (MEC, 2006), modificada por la LOMCE/2013 (MEC, 2013) y, por otro, a la Ley 17/2007, de 10 de diciembre, de Educación de Andalucía (Junta de Andalucía, 2007)". Tenemos en cuenta, además, el contexto donde se ubica el centro y a las características que presentan el grupo de alumnos/as, abordaremos diversos aspectos".

Ahora ya comenzaríamos a detallar las **Líneas Generales de Actuación Pedagógica** y **relacionarlas** con los **Objetivos Generales del centro**, pero contando con que nos pueden "**comprometer**" a seguirlas en los elementos curriculares y en las propias UDI. Entre aquéllas podemos destacar a:

- Principio de libertad:
- Exigencia de neutralidad ideológica.
- Respeto a la libertad de conciencia.
- Límites a libertad de cátedra.

- Principio de igualdad:
- Equidad = igualdad de oportunidades.
- Inclusión educativa.

- No discriminación.
- Igualdad efectiva hombre/mujer.

- Principio de dignidad:
- Respeto de derechos del alumnado.
- Desarrollo de capacidades.
- Respeto a la diversidad.

- Principio de coordinación y eficacia administrativa.

- Principio de participación:
- Funcionamiento democrático.
- Autonomía pedagógica y de gestión.

Algunos **ejemplos estándares**, son:

o Escuela integradora, plural y democrática.
o La escuela como espacio de tolerancia, respeto y convivencia.
o Educación en valores y atención a la diversidad.
o Escuela coeducativa.
o Escuela aconfesional.
o Aprendizajes significativos, funcionales, ecológicos y cooperativos.
o Fomento de la capacidad crítica.
o Implicación por la defensa medioambiental y el desarrollo social y cultural.
o Relaciones y compromiso con la comunidad.
o Educación para la salud y calidad de vida.
o Formación en TIC/TAC.
o Conciencia y cultura andaluzas; escuela intercultural.

No obstante, podemos hacer un comentario breve y genérico las **aportaciones** que podemos hacer a las Finalidades Educativas desde nuestra programación:

- Desarrollo de la autonomía personal
- Creación de hábitos de higiene y de salud
- Dotar al alumnado de recursos para que su tiempo libre sea saludable
- Fomentar el respeto a la diversidad que suponen los demás
- Animar al conocimiento de la realidad mediata e inmediata de nuestra comarca, respetando y defendiendo nuestro entorno más cercano.

Si no disponemos de espacio, o no deseamos profundizar en este punto de la programación, podemos indicar que *"la programación está en la consonancia con lo expresado por las Líneas Generales de Actuación Pedagógica del centro de referencia"*. Y ahora con una concreción cerraríamos este punto. Por ejemplo: *favorecer el progreso del alumnado en la lectura, escritura y expresión oral, mediante el uso de estrategias motivadoras para crear hábitos.* "Llevamos a cabo lo establecido en esta "línea" a través de las anotaciones realizadas a diario en el cuaderno de clase o patio, así como la lectura de los textos que aparecen en el libro de clase".

Otras "**líneas**" habituales son las que hacen referencia a la coeducación: *"beneficiar la coeducación, no consintiendo relaciones de dominio de un sexo sobre el otro, educando en igualdad"*; al Plan de Lectura: *ampliar a las familias, el Plan de Fomento de la Lectura de la C.E.J.A.* (Acuerdo de 23/01/2007, del Consejo de Gobierno, por el que se aprueba el Plan de Lectura y de Bibliotecas Escolares en los Centros Educativos Públicos de Andalucía, (BOJA nº 29, de 08/02/2007); sobre las TAC: *"formar en el uso de las TAC por formar parte de la vida profesional y del entorno* *social*"; sobre la Cultura Andaluza: *"conocer los aspectos básicos de la Cultura Andaluza para obtener proximidad a nuestro patrimonio más cercano"*.

En cualquier caso, si disponemos de poco espacio, podemos resumir gran parte de este punto indicando que:

"Si tomamos como referencia las Líneas Generales de Actuación Pedagógicas y los Objetivos Generales del centro, nosotros, con esta programación didáctica, aportamos una serie de aspectos que, de manera resumida, concretamos en:

a) *Libertad:*
b) *Igualdad:*
c) *Dignidad:* "

También es posible nos parezca mejor aplicar los ejemplos a través de una simple tabla de tres entradas, donde las recogemos, junto a unos ejemplos y las UDI donde las vamos a aplicar:

LÍNEAS G. DE A. PEDAGÓGICA	EJEMPLOS	U. D.
Formación en la TIC/TAC	Webquest aplicada a Mini Basket	10
Fomento de la capacidad crítica	Debates con metodología Phillips 66	11
Escuela coeducativa	Juegos deportivos mixtos	09

C) REGLAMENTO DE ORGANIZACIÓN Y FUNCIONAMIENTO.

El **R.O.F.** recoge las normas de funcionamiento y aspectos organizativos que rigen la vida del centro para alcanzar las finalidades educativas. Podemos reseñar algunos detalles **específicos** de nuestra Área, tales como las normas de entrada/salida de vestuarios, las relacionadas con la higiene personal y de los espacios, ropa y calzado obligatorio en las sesiones prácticas, etc.

Este documento debe estar revisado y actualizado (Artículo 24 del D.328/2010; Junta de Andalucía, 2010a) ya que en él se reflejan los aspectos organizativos en el uso de materiales, e instalaciones y las pautas de actuación a nivel de normas y sanciones. En él se abordan aspectos importantes como, por ejemplo, la distribución horaria de todas las instalaciones, así como el Plan de Autoprotección. Algunas aportaciones que hacemos al ROF y que podemos destacar, son:

- Respeto a las normas de convivencia
- Cuidado y limpieza de las instalaciones deportivas
- Conservación y buen uso de los recursos materiales
- Etc.

Igualmente podemos citar el Plan de Convivencia, con algún comentario, tal como "proyectar en nuestro alumnado valores de no violencia, justicia, tolerancia, respeto y democracia, para buscar la adaptación de los niños/as a nuestra sociedad" (Orden de 20 de junio de 2011 sobre la convivencia. Junta de Andalucía, 2011a). Además, como elemento decisivo para la atención a la diversidad debemos nombrar el Plan de Orientación y Acción Tutorial, pero sólo citarlo.

D) PROYECTO DE GESTIÓN.

El **Proyecto de Gestión** es el documento que recoge la ordenación y utilización de los recursos del centro tanto materiales como humanos, y lo citaremos brevemente. Recoge un informe con las demandas de nuestra área y de gastos de conservación y renovación de las instalaciones deportivas. También estarán reflejadas las ayudas que se les ofrecen a los alumnos de compensación educativa, si los hubiera.

En **resumen**, podemos considerar a los siguientes aspectos, entre otros (Zagalaz, Cachón y Lara, 2014):

1. Nombre del CEIP y su ubicación
   - Número de alumnos/as y de líneas por etapa
   - Instalaciones escolares, recreativas y deportivas (interiores y exteriores)
   - Acuerdos para uso de instalaciones no propias (piscinas, etc.)
   - Número de docentes y no docentes. Organización por ciclos, etapas, especialistas, tutores.
   - Consejo escolar, su composición
   - AMPA. Colaboraciones
   - Calendario escolar. Celebraciones más importantes
   - Acuerdos del claustro para el curso escolar
   - Turnos de recreo para el profesorado. Recreos "inteligentes"
   - Sobre posibles adaptaciones
   - Medidas de apoyo y refuerzo, con horarios
   - Compensatoria, AL, PT, ATAL o Enlace
   - Compensación externa, fuera del horario escolar, con asociaciones
   - Planes y programas especiales, como Comunidad de Aprendizaje, Aprendizaje por Proyectos, etc.

2. Prioridades, objetivos generales o finalidades educativas del centro

3. Planes de actuación de las unidades organizativas
   - Equipo directivo
   - Órganos de coordinación docente
   - Equipos docentes de planes y programas específicos
   - Adscripción como centro TIC/TAC
   - Carácter de centro bilingüe o pluriligüe

4. Criterios para la elaboración de horarios
   - Horario general del centro

5. Plan de Centro. Sus componentes. Características

6. Programa de actividades complementarias, extraescolares y servicios complementarios. Detalles de cada apartado.

7. Aprobación por el consejo escolar

5.- CURSO DONDE SE CONCRETA LA PROGRAMACIÓN.

Se trata de **identificar** dónde vamos a trabajar durante el año escolar. Debemos justificar por qué hemos **elegido** tal o cual curso. Aconsejamos centrarnos en uno donde tengamos experiencias previas, bien por trabajo, bien por prácticas durante la carrera, etc. Es importante por si el Tribunal nos pregunta algunos detalles que hayamos "**visto**" un aula de un centro concreto.

Podemos hacer este apartado distinto, o bien **anotarlo** en la introducción, justificación, contextualización, etc.

6.- CONTEXTUALIZACIÓN.

Contextualizar significa saber a quién va **dirigida** nuestra programación, las **condiciones** que tenemos para impartirla, el **entorno** social, histórico y geográfico del centro y el **N.A.C.** (nivel actual de competencia) del alumnado del curso de referencia. Además de lo que comentamos en párrafos posteriores acerca de las características psicobiológicas, contextos, etc. nuestra especialidad nos pide que conozcamos también sus hábitos de salud, expectativas, motivaciones hacia la actividad física, etc. Con algún cuestionario podemos obtener esta información directamente del alumno o de sus padres, así como informes y estudios del propio municipio o de otros departamentos de la administración central o autonómica, ya que **cada colegio es distinto**.

Una nueva **herramienta** para conocer los contextos del sitio donde vayamos a ubicar nuestra programación es "**agenda21**". Por ejemplo, http://www.carmona.org/ciudad21/ , nos indica todas peculiaridades del pueblo de Carmona (Sevilla).

Podemos observar el entorno soioeconómico con sus debilidades, fortalezas, amenazas, oportunidades, instalaciones ambientales, deportivas, etc. ("**Informe DAFO**[3]"). Estos datos podemos usarlos de manera muy reducida para escribir las características en este apartado de la programación, o bien fotocopiar aquellos gráficos que nos interesen y presentarlos durante la defensa de la programación a modo de "anexo" justificativo de los datos que comentemos al tribunal.

Así pues, antes de programar es preciso tomar las decisiones oportunas de forma coordinada con los demás maestros/as del grupo. Éstas sirven de fundamento para la nuestra programación (Zagalaz, Cachón, Lara, 2014).

En cualquier caso, toda programación debemos iniciarla a partir de:

a) El ámbito pedagógico del Proyecto Educativo ubicado en el Plan de Centro, habida cuenta es donde están contempladas las "líneas generales de actuación pedagógica" del colegio (LEA, 2007).
b) Las competencias, la concreción de objetivos, secuenciación de contenidos, las líneas metodológicas, los recursos y la organización, así como los criterios de evaluación definidos en el Proyecto Educativo.
c) El conocimiento de las condiciones en que se realiza el aprendizaje con un grupo de alumnos/as en concreto: capacidades a mejorar, sus características específicas, los recursos de todo tipo disponibles, etc.

No obstante, si el contexto educativo está recogido en el Plan de Centro, es necesario que el específico nuestro se desprenda de él. Si, por cualquier motivo, no ha sido confeccionado aún, debemos antes de programar tener en cuenta una serie de apartados con multitud de variables para que cada persona los adecue a sus necesidades, bien globalmente, bien punto por punto, aunque siempre teniendo en cuenta el espacio disponible.

---

[3] D.A.F.O.: Debilidades; Amenazas; Fortalezas; Oportunidades.

6.1. Valoración diagnóstica del centro.

Debemos incluir un primer comentario basándonos en su localización geográfica. La situación es un factor determinante a la hora de diseñar nuestra Programación Didáctica. Este punto exige un análisis de los indicadores del centro, su ubicación en la zona donde se encuentre, si es zona residencial, centro urbano o metropolitano. No es lo mismo que nuestro centro de referencia se halle en el núcleo de la ciudad, en un barrio y que éste se caracterice por ser deprivado en infraestructuras, o en otro de nivel medio, etc. También nos condiciona que se ubique en un pueblo, en pleno medio rural o enclavado en pleno litoral.

Como tenemos "libertad" para escoger el centro de referencia, ubicarlo en un determinado lugar y contexto, aconsejamos la inclusión en su proximidad a un **polideportivo** y a un **parque** o zona natural para que nos permita más posibilidades didácticas. Por ejemplo, en las UDI sobre iniciación deportiva, actividades en el medio natural, etc.

Implica, además, hablar de las características de la escuela, donde incluiremos:

a) **Reseña histórica, infraestructuras y servicios que posee**. Nos referimos a:

- ¿Cuándo fue construido? Hay muchos colegios ubicados en edificios históricos. Otros, en cambio, son muy recientes, funcionales, con todos los servicios y en barriadas en pleno desarrollo.
- ¿Cómo es? Comentamos su distribución, cuántas plantas tiene y cómo se adjudican éstas: aseos, jardines, patios, despachos, secretaría, conserjería, Aula de Informática, Aula de Educación Especial, laboratorios, gimnasio, en suma, todas las dependencias. Citar el R. D. 132/2010, de 12 de febrero, por el que se establecen los requisitos mínimos de los centros que impartan las enseñanzas del segundo ciclo de la educación infantil, la educación primaria y la educación secundaria, BOE nº 62 de 12 de marzo.
- Todo ello compromete al número de líneas que puede acoger.
- Por servicios entendemos si hay Aula de Ocio, Aula Matinal, Comedor Escolar, Talleres, etc. Debemos comentar estas posibilidades si las hubiere. También si existe colaboración con la A. M. P. A., si hay en el centro una escuela de padres, una sede de O. N. G., de AA. VV., etc.

b) **Características del alumnado del centro**. Su tipología está en consonancia con la ubicación del centro. Pero decir esto no basta. La programación didáctica debe adecuarse a las necesidades del alumnado, principio que vertebra toda planificación. Debemos tener en cuenta las características del entorno social y cultural del centro, nivel sociocultural de los padres tomando como referencia la profesión y estudios de los mismos, si bien ello implica recoger datos para la posterior toma de decisiones. Apuntamos los siguientes ejemplos a recoger:

- Atención a las diferencias
- Alumnos con NEAE
- Acción tutorial
- Plan de convivencia y comprensión del principio de no discriminación e inclusión educativa como valores fundamentales
- Número de líneas
- Si, además de Primaria, se imparte Infantil o ESO
- Media de la ratio
- Detalles y expectativas sobre la matriculación para el curso siguiente.

c) **Organización pedagógica.** No podemos obviar la categoría humana y profesional del claustro. Por lo tanto, debemos detallar su composición y algunos de los aspectos que lo identifiquen. Ejemplos para que podamos comentar, son:

- Si es estable
- Si es un colectivo cohesionado con inquietudes comunes de perfeccionamiento y mejora
- También podemos hacer alusión a la Comisión Técnica de Coordinación Pedagógica y especificar que se reúne tal día
- Sobre las reuniones de los Claustros Pedagógicos ordinarios y extraordinarios
- Sesiones de evaluación
- Reuniones del Consejo Escolar
- Formación permanente del profesorado que se lleven a cabo en el centro en la colaboración con el CEP.

d) **Tipo de centro**. ¿Cómo es el tipo de centro donde vamos a desarrollar la Programación? Siguiendo a Hopkins (1996), podemos encuadrarlo en alguna de estas cuatro expresiones de cultura escolar:

- Centro paseante (que camina): es tradicional, con profesorado estable. Se mueve para exhibirse y no para ejercitarse, por lo que son reticentes al cambio. Son percibidos como eficaces por la comunidad escolar y la inspección.
- Centro estancado (que se hunde): son, con frecuencia, centros fracasados. Tienen expectativas bajas y falta de confianza. Son centros inactivos en muchos sentidos, que necesitan de apoyo externo.
- Centro desencaminado (que lucha): experimenta demasiada innovación, tiene apariencia de cambio, pero en realidad no es tanto, ya que están en continuo movimiento pero sin una meta clara. Posibles faltas de acuerdos sobre propósitos.
- Centro dinámico (que avanza): ha encontrado un equilibrio desarrollo - estabilidad. Adapta estructuras a su cultura y tradiciones. Trabajo en equipo y muy activo.

6.2.- Contexto escolar.

Debemos indicar una serie de puntos interesantes y relativamente **novedosos** como son los centros con **planes y programas**. Apuntamos una serie de ejemplos por si el centro de referencia en nuestra programación está inmerso en alguno de ellos, aunque estos planes y sus nombres pueden variar de un año a otro, de ahí que **aconsejemos** a nuestros preparados que **pregunten** en el centro de referencia sobre los **planes y programas concretos** que llevan a cabo y así plasmarlo en la programación. Normalmente los centros se inscriben, tras recibir de la CEJA los que van a estar vigentes durante el curso, a través del programa Séneca, donde vienen especificadas las condiciones y dotaciones para los mismos. Por ejemplo, para el curso 2015-16, son estos grupos (cada grupo agrupa a varios):

a) **PLANES**:
Hábitos de Vida Saludable; Educación Ambiental; Cultura Emprendedora; Lectura y Bibliotecas Escolares; Plurilingüismo; Conmemoraciones; Programas Culturales; Convivencia Escolar; Igualdad; Profundiza

b) **PROGRAMAS**

	ÁMBITO	PROGRAMA
1	Cultura Emprendedora	Educación Económica Financiera
2		Mini empresas Educativas
3	Educación Ambiental	Crece con tu Árbol
4		Cuidemos la Costa
5		Ecoescuelas
6		Ed. Ambiental de Jardines Botánicos
7		EDUCAVES
8		KiotoEduca
9		RECAPACICLA
10	Hábitos de Vida Saludable	Creciendo en Salud
11		Forma Joven en el ámbito educativo
12	Lectura	Clásicos escolares
13		ComunicAcción
14		Creatividad Literaria
15		Familias Lectoras
16		Proyecto Lingüístico de Centro
17	Programas Culturales	AulaDcine
18		Vivir y Sentir el Patrimonio

Los Planes y Programas Educativos están regulados en Andalucía por las Instrucciones de 30 de junio de 2014 de la Secretaría General de Educación y por las Instrucciones Complementarias de 15 de julio de 2015 de la Secretaría General de Educación y Formación Profesional.

A veces sucede que el opositor tiene experiencias en temas relacionados con la **innovación e investigación educativa** o con las **TIC/TAC**. No nos cabe ninguna duda que debería aprovechar esta circunstancia para adecuarla dentro de la programación y que la defensa de este punto concreto sea su **nota diferenciadora** en la **exposición oral**.

En cualquier caso, debemos **cerciorarnos** muy bien de que, si elegimos incluir un plan, éste tenga **vigencia**. Ya sabemos que unos años se promocionan unos y otros años otros por múltiples motivos que no es el caso comentar ahora.

6.3.- Contexto sociocultural.

Otra línea a seguir es valorar las **entidades** culturales de la zona, como la existencia de un centro cívico y si éste está saturado o ignorado... Las necesidades del entorno, por ejemplo a nivel de pistas deportivas, zonas verdes, centro de día para mayores, etc. son puntos a tratar si disponemos de espacio en la Programación.

Otra posibilidad es definir la **problemática** de la zona, como la carencia de servicios de intervención social integrados que den respuesta a los problemas de paro, marginalidad, hacinamiento, analfabetismo, prejuicios sexistas, falta de socialización, falta de respeto entre vecinos de distintas nacionalidades o culturas, etc. Para ello podemos buscar información en las asociaciones de vecinos del entorno.

Muy importante es manifestar el interés de madres y padres en la educación de sus hijos, si hay alta o baja implicación y colaboración con el Centro.

Podemos expresar una serie de variables, en función del espacio que tengamos libre, y centradas en las "líneas generales de actuación pedagógica" del Proyecto Educativo de nuestro centro de referencia (L. E. A., art. 127).

6.4.- Variables demográficas y psicobiológicas referidas al curso donde se concreta la Programación.

Debemos revelar una serie de **datos** sobre edad, número de alumnos y porcentaje de cada sexo.

Otros detalles a comentar, son:

- Si hay alumnos que no promocionaron el curso anterior y datos al respecto. Los informes pertinentes deben estar a disposición del tutor/a en la secretaría del centro. Absentismo, actitudes negativas, implicación con la tarea, materias pendientes de años anteriores, etc.
- Si tienen o no interés por el aprendizaje y su porcentaje. Esto podemos saberlo si preguntamos antecedentes al tutor del curso pasado, o, mejor, si pasamos un cuestionario de motivación.
- Las expectativas para el futuro, de éxito o de fracaso escolar.
- Si hay absentismo escolar, si consta rechazo al alumnado inmigrante o con N. E. A. E. Si existe un sustrato de sexismo o algún tipo de discriminación.
- Si, en general, no se respeta a los demás, a las instalaciones y al medio ambiente.
- Si existen o no buenas relaciones afectivas con el profesorado fuera del aula.
- Debemos dar una visión general del alumnado del centro que presenta N. E. A. E.: motóricas, psíquicas, sensoriales y socio-culturales (diagnóstico de las discapacidades). Es "obligatorio" reservar tres plazas/curso para el alumnado con N. E. A. E. Tener en cuenta el D. 147/2002, por el que se establece la ordenación de la atención educativa al alumnado con N. E. A. E., asociadas a sus características personales, B. O. J. A. nº 58, de 18/05/02 ; el D. 167/2003, por el que se establece la ordenación a la Atención Educativa al alumnado con N. E. A. E. asociadas a condiciones sociales desfavorecidas, B. O. J. A. nº 118, de 23/06/03 y la O. 13/07/94, por la que se regula las adaptaciones curriculares, B. O. J. A. nº 126 de 10/08/94. Además, el R. D. 126/2014, el D. 97/2015 y la Ley 17/2007, de Educación en Andalucía.
    - NOTA: En el punto 13 de la Programación Didáctica recogemos el ANEAE de nuestro grupo de referencia.

- Las características **psicoevolutivas** del alumnado de esta edad. Presentamos varios **modelos** de distintos autores en el **Anexo de la 2ª Parte**, de manera que cada cual las personalice. Evidentemente el volumen de las mismas a recoger está en función del espacio disponible. De modo **genérico**, apuntamos:
    - Cambios muy importantes en el desarrollo motor durante la Etapa: coordinación, equilibrio, fuerza, velocidad, resistencia, etc.
    - La toma de conciencia de sus posibilidades comunicativas, expresivas y motrices.

- Grandes modificaciones morfológicas.
- Control postural y respiratorio.
- Mejora de la habilidad y destreza motriz general.

6.5. Análisis descriptivo del grupo clase.

¿Qué motivaciones tiene el alumnado? ¿Qué aprendizajes traen adquiridos?

Debemos empezar diciendo que hemos realizado una observación sistemática durante el mes de septiembre para recabar una información lo más fiable posible. Las fuentes utilizadas han sido un **cuestionario de competencias previas** realizado a cada alumno, sobre las habilidades motrices y conocimientos en general que tienen.

Podemos también añadir una serie de observaciones en función del espacio que dispongamos. Por ejemplo:

- Buena o mala disposición para el aprendizaje
- Hábitos de trabajo
- Buena o mala expectativa de logro escolar
- Interés o no por conocer cosas nuevas
- Son disciplinados y traen adquiridas normas y valores de socialización primaria, con lo cual puede predecirse que van a poseer una identificación expresiva adecuada con la institución escolar que, en caso de mantenerse, va a evitar comportamientos disruptivos.
- Son sexistas.
- Se aprecia o no descompensación educativa por desventaja social o económica.
- Tienen interés por realizar juegos y deportes en los recreos, incluso proporcionamos recursos tales como balones, combas, bolos, etc.
- Muestran o no disposición a acudir a los talleres deportivos en horario extraescolar.

Algunas de estas características nos pueden dar pie para justificar y programar alguna unidad para mejorarlas. Por ejemplo, un par de unidades para trabajar aspectos relacionados con la coeducación.

6. 6.- Componentes educativos del grupo-clase.

En este apartado debemos reflejar cómo es nuestro alumnado, sus **logros adquiridos** en cursos anteriores. A modo de ejemplo, señalamos algunas posibilidades:

"Actitud hacia el aprendizaje muy positiva. Presentan una competencia curricular previa adecuada a su nivel académico, que lo hemos verificado aplicando una **rejilla o escala de observación**, que nos permite conocer las destrezas adquiridas en el periodo anterior, en nuestra materia, y que nos ha servido, a su vez, como evaluación inicial con una triple finalidad: diagnóstica, preventiva y, llegado el caso, compensadora.

Este instrumento nos ha permitido conocer, pormenorizadamente, en qué momento del proceso de enseñanza-aprendizaje se encuentra cada alumno y alumna y adaptar nuestra enseñanza a las distintas individualidades respetando los ritmos y estilos de aprendizajes, siempre dentro del marco o referente común del aula. La exposición de contenidos tendrá en todo momento un carácter relacional, nunca de forma atomizada, reproductora o mecánica, sino desde los principios que ofrece el

paradigma cognitivo: aprendizaje significativo, por descubrimiento, constructivismo y aprendizaje mediado".

Otro **ejemplo** es:

"Tomando como referente el grupo-clase y no el punto de partida individual, podemos intuir que existen tres alumnos con un desarrollo motor que presenta deficiencias perceptivas, y que también implica un bajo nivel en lecto-escritura. Esto les lleva a distraerse, no atender y, por tanto, resistirse a las normas básicas de estructura de participación social dentro del aula. Son alumnos propuestos, desde principio de curso, para recibir refuerzo pedagógico dentro del grupo-clase, y sólo hasta el momento que superen la dificultad o desfase curricular. También hemos advertido que estos mismos alumnos tienen una atribución en la motivación de logro centrada en un locus de control externo fuerte, lo que podría influir, de no poner medios, en una autoestima baja y expectativas negativas de autoeficacia".

7.- LAS COMPETENCIAS CLAVE. CONTRIBUCIÓN DEL ÁREA DE EDUCACIÓN FÍSICA A SU CONSECUCIÓN.

Ahora **iniciamos** la descripción de los **elementos curriculares** de la Programación. Debemos tener en cuenta lo que nos indica la LOMCE/2013, en su artículo 6, sobre el **currículo** y los elementos que lo constituyen:

1. *"A los efectos de lo dispuesto en esta Ley Orgánica, se entiende por **currículo** la regulación de los elementos que determinan los procesos de enseñanza y aprendizaje para cada una de las enseñanzas.*

2. El currículo estará integrado por los siguientes elementos:

a) Los objetivos de cada enseñanza y etapa educativa.

*b) **Las competencias**, o capacidades para aplicar de forma integrada los contenidos propios de cada enseñanza y etapa educativa, con el fin de lograr la realización adecuada de actividades y la resolución eficaz de problemas complejos.*

c) Los contenidos, o conjuntos de conocimientos, habilidades, destrezas y actitudes que contribuyen al logro de los objetivos de cada enseñanza y etapa educativa y a la adquisición de competencias.

Los contenidos se ordenan en asignaturas, que se clasifican en materias, ámbitos, áreas y módulos en función de las enseñanzas, las etapas educativas o los programas en que participen los alumnos y alumnas.

d) La metodología didáctica, que comprende tanto la descripción de las prácticas docentes como la organización del trabajo de los docentes.

e) Los estándares y resultados de aprendizaje evaluables.

f) Los criterios de evaluación del grado de adquisición de las competencias y del logro de los objetivos de cada enseñanza y etapa educativa."

El D. 97/2015 indica que *"La Ley 17/2007, de 10 de diciembre, de Educación de Andalucía y las orientaciones de la Unión Europea inciden en la necesidad de la adquisición de las competencias clave por parte de la ciudadanía como condición indispensable para lograr que las personas puedan alcanzar su pleno desarrollo personal, social y profesional. El aprendizaje basado en competencias incluye, además del «saber», el «saber hacer» y el «saber ser y estar». Se trata de formar una ciudadanía competente a través de una educación que tenga en cuenta las competencias clave que demanda la construcción de una sociedad igualitaria, plural, dinámica y emprendedora, democrática y solidaria".*

Tras la publicación del R.D. 126/2014, D. 97/2015 y O. 17/03/2015, entendemos que es **imprescindible** comentar algunos **detalles** sobre la importancia de nuestra área en el logro de las **competencias clave**. Será fundamental prever algún espacio en la Programación Didáctica para citarlas, y este es uno de ellos. Podemos comentar estos puntos:

- Juego y deporte.
- Importancia en la socialización y cooperación.
- Nuestras orientaciones irán dirigidas a que nuestro alumnado sienta y conozca su cuerpo, además de aceptarlo, cuidarlo y desarrollarlo de manera saludable, todo ello en un ambiente lúdico que los relacione personal y socialmente con los demás.
- La enseñanza globalizada. Aportaciones a otras áreas, etc.
- El reconocimiento que hacia la actividad física saludable, el juego, la danza y el deporte, así como el asociacionismo escolar para practicarlo, hace la L. E. A.
- Importancia de la "atención a la diversidad".
- También podemos incluir algún comentario o reseña sobre aspectos relacionados con el área, sus contenidos y las competencias clave.
- No debemos olvidarnos citar **ejemplos prácticos**, de la relación entre CC. Clave y Educación Física, como los que incluimos en las tablas de páginas siguientes.

Concretamente, el D. 97/2015 indica que *"el carácter obligatorio de esta etapa determina su organización y desarrollo y conlleva también la exigencia de una atención a la diversidad de la población escolarizada en ella. La atención a la diversidad supone el respeto a las diferencias y la compensación de desigualdades sociales, económicas, culturales y personales. De este modo, Andalucía defiende y potencia una escuela inclusiva, que asume una educación igualitaria y democrática y garantiza el derecho de todo el alumnado a alcanzar el máximo desarrollo personal, intelectual, social y emocional en función de sus características y posibilidades, para aprender a ser competente y vivir en una sociedad diversa en continuo proceso de cambio y desarrollo".*

La **extensión** de este punto, como siempre, estará en consonancia con el **espacio** que dispongamos.

El R.D. 126/2014, art. 10, punto 5, indica que:

*"Las Administraciones educativas adoptarán medidas para que la actividad física y la dieta equilibrada formen parte del comportamiento infantil. A estos efectos, dichas Administraciones promoverán la **práctica diaria de deporte y ejercicio físico** por parte de los alumnos y alumnas durante la jornada escolar, en los términos y condiciones que, siguiendo las recomendaciones de los organismos competentes, garanticen un desarrollo adecuado para **favorecer una vida activa, saludable y autónoma**. El diseño, coordinación y supervisión de las medidas que a estos efectos se adopten en el centro educativo, serán asumidos por el **profesorado con cualificación o especialización** adecuada en estos ámbitos".*

En cuanto a las competencias clave, la legislación de referencia como la LOMCE/2013, indica que las competencias *"son capacidades para aplicar los contenidos con el fin de lograr la realización de actividades y la resolución de problemas".*

Otros textos similares, son: "en la regulación de las enseñanzas mínimas tiene especial relevancia la definición de las competencias clave que el alumnado deberá desarrollar en la Educación primaria y alcanzar en la Educación secundaria obligatoria. Las **competencias clave**, que se incorporan por primera vez a las enseñanzas mínimas, permiten identificar aquellos aprendizajes que se consideran **imprescindibles** desde un planteamiento integrador y orientado a la aplicación de los saberes adquiridos. Su logro deberá capacitar a los alumnos y alumnas para su realización personal, el ejercicio de la ciudadanía activa, la incorporación a la vida adulta de manera satisfactoria y el desarrollo de un aprendizaje permanente a lo largo de la vida".

El **enfoque** basado en las "competencias" es de reciente adopción en el currículum escolar y se corresponde con un planteamiento más amplio promovido desde los organismos educativos internacionales con el nombre de "*competencias clave*" (Pérez Gómez, 2007). La mirada competencial constituye una perspectiva vinculada al constructivismo, a las alternativas globalizadoras y a las técnicas para aprender a aprender (Sánchez Garrido y Córdoba, 2010). Desde este planteamiento, la educación debe contribuir a reforzar la competitividad y el dinamismo, así como la cohesión social (Zagalaz, Cachón, Lara, 2014).

La legislación de referencia, como la LOMCE/2013, indica que las competencias "*son capacidades para aplicar los contenidos con el fin de lograr la realización de actividades y la resolución de problemas*". Precisamente, el R.D. 126/2014 se "basa en la potenciación del aprendizaje por competencias, integradas en los elementos curriculares para propiciar una renovación en la práctica docente y en el proceso de enseñanza y aprendizaje". "La competencia supone una combinación de habilidades prácticas, conocimientos, motivación, valores éticos, actitudes, emociones y otros componentes sociales y de comportamiento que se movilizan conjuntamente para lograr una acción eficaz".

Este mismo R. D. 126/2014, indica que "*las competencias clave son aquellas que todas las personas precisan para su realización y desarrollo personal, así como para la ciudadanía activa, la inclusión social y el empleo»*. *Se identifican* **siete competencias clave** *esenciales para el bienestar de las sociedades europeas, el crecimiento económico y la innovación, y se describen los conocimientos, las capacidades y las actitudes esenciales vinculadas a cada una de ellas*". "*El aprendizaje basado en competencias se caracteriza por su transversalidad, su dinamismo y su carácter integral*".

"*Dado que el aprendizaje basado en competencias se caracteriza por su transversalidad, su dinamismo y su carácter integral, el proceso de enseñanza-aprendizaje competencial debe abordarse desde todas las áreas de conocimiento y por parte de las diversas instancias que conforman la comunidad educativa, tanto en los ámbitos formales como en los no formales e informales. Su dinamismo se refleja en que las competencias no se adquieren en un determinado momento y permanecen inalterables, sino que implican un proceso de desarrollo mediante el cual los individuos van adquiriendo mayores niveles de desempeño en el uso de las mismas.*

Además, este aprendizaje implica una formación integral de las personas que, al finalizar la etapa académica, serán capaces de transferir aquellos conocimientos adquiridos a las nuevas instancias que aparezcan en la opción de vida que elijan. Así, podrán reorganizar su pensamiento y adquirir nuevos conocimientos, mejorar sus actuaciones y descubrir nuevas formas de acción y nuevas habilidades que les permitan ejecutar eficientemente las tareas, favoreciendo un aprendizaje a lo largo de toda la vida" (O. ECD/65/2015).

En otras palabras, los **aprendizajes imprescindibles** que debe tener el alumnado al final de Secundaria (Contreras y Cuevas, 2011), o como la O. ECD/65/2015 indica: *"las competencias clave son aquellas que todas las personas precisan para su realización y desarrollo personal, así como para la ciudadanía activa, la inclusión social y el empleo"*.

Así pues, los objetivos, y también el resto de los componentes curriculares, están muy relacionados con las CC. Clave.

El R. D. 126/2014, indica las siguientes relaciones entre educación física y las CC. Clave, que podemos referenciar:

RELACIÓN ENTRE LAS COMPETENCIAS Y EL ÁREA DE ED. FÍSICA. CONCEPTOS "CLAVE"
1.º Comunicación lingüística.
Importancia para el conocimiento del lenguaje específico de los términos físicos y deportivos. Posibilidad de infinidad de intercambios comunicativos.
2.º Competencia matemática y competencias básicas en ciencia y tecnología
Mejora de esta competencia por la práctica de los contenidos propios del área. Por ejemplo: dominio del espacio y nociones de orden, líneas, formas volumétricas, figuras, conteo, cantidades, cálculos porcentuales y operaciones matemáticas de distancias, datos estadísticos, etc. Adaptación del propio cuerpo al medio. Conocimiento de la naturaleza y su interacción.
3.º Competencia digital.
Habilidades necesarias para buscar, seleccionar, tratar y transformar la información en Internet y otros medios multimedia, de una forma objetiva y productiva, para que dominen el conocimiento de forma autónoma, funcional y segura. Crear conocimiento en diferentes lenguajes, realizar proyectos, solucionar problemas y tomar decisiones en entornos digitales, producir conocimiento y publicarlo a través de uso de herramientas de edición digital, usar las TAC como instrumento creativo y de innovación, Trabajar con eficacia con contenidos digitales en contextos virtuales de enseñanza – aprendizaje, etc.
4.º Aprender a aprender.
Habilidades para iniciarse en el aprendizaje y ser capaz de continuar aprendiendo de manera cada vez más eficaz y autónoma habilidades más complejas. Adquirir conciencia de las propias capacidades (físicas, intelectuales, emocionales), del proceso y las estrategias necesarias para desarrollarlas, así como de lo que se puede hacer por uno mismo y de lo que se puede hacer con ayuda de otras personas o recursos. Conocer sus potencialidades y carencias, sacando provecho de las primeras y teniendo motivación y voluntad para superar las segundas desde una expectativa de éxito, aumentando progresivamente la seguridad para afrontar nuevos retos de aprendizaje. Por ejemplo, en aprender juegos, deportes, estrategias para la mejora de la condición física-salud, etc. genera autoconfianza.
5.º Competencias sociales y cívicas.
Relacionarse con los demás a través del juego en grupo, por lo que trabajamos las percepciones corporales, espaciales y temporales, además de valores como respeto, interrelación, cooperación y solidaridad. En suma, las habilidades sociales y el respeto a las reglas y a los demás. Cumplir las normas de los juego supone la aceptación de códigos de conducta para la convivencia, acudiendo al diálogo cuando ocurra algún conflicto. La actividad física como medio de prácticas para un estilo de vida saludable. Crítica a los malos hábitos de sedentarismo, alcohol, tabaco, etc.
6.º Sentido de iniciativa y espíritu emprendedor.
Autosuperación y actitud positiva en la organización actividades. Toma de decisiones de forma autónoma.

7.º Conciencia y expresiones culturales.
Posibilidades y recursos corporales: expresión corporal, danza, deportes, juegos populares, tradicionales y otros. Valoración de la diversidad cultural. El fenómeno deportivo como espectáculo: reflexión y análisis crítico a la violencia que en él se produce.

Precisamente, "*el **trabajo por competencias** se basa en el diseño de tareas motivadoras para el alumnado que partan de situaciones-problema reales y se adapten a los diferentes ritmos y estilos de aprendizaje de cada alumno y alumna, favorezcan la capacidad de aprender por sí mismos y promuevan el trabajo en equipo, haciendo uso de métodos, recursos y materiales didácticos diversos*" (O. 17/03/2015).

Podemos, no obstante, expresar una serie de ejemplos de **actividades más concretas** y propias del área de Educación Física que están **relacionadas** con diversas competencias clave. Es decir, optamos por un tratamiento de las CC. Clave. eminentemente práctico, a partir de la competencias prescritas en la LOMCE (2013), aunque **publicadas** en el R.D. 126/2014:

ACTIVIDADES PARA EL DESARROLLO DE LAS COMPETENCIAS CLAVE	
1. COMPETENCIA EN COMUNICACIÓN LINGÜÍSTICA	- Su importancia para el conocimiento del lenguaje de los términos físicos y deportivos. - Lecturas de libros deportivos, reglamentos, noticias. - Trabajos mediante el uso de instrumentos multimedia, como las Webquest, etc. - Debates sobre temas de actualidad: violencia en el deporte, dopaje, no cumplir las normas del juego limpio, etc. - Elaboración de textos escritos relacionados con la Educación Física: reglas de juegos, prevención de accidentes, guiones de juegos dramáticos, etc. - Rellenar las cuestiones del cuaderno de patio. - Explicación de juegos y deportes. - Elaboración y dirección de calentamientos, estiramientos, etc.
2. COMPETENCIA MATEMÁTICA Y COMPETENCIAS BÁSICAS EN CIENCIA Y TECNOLOGÍA	- Cálculos porcentuales en test físicos - Datos estadísticos. - Operaciones matemáticas de distancias. - Aplicaciones de los reglamentos deportivos (medidas, distancias...) - Actividades de orientación en el medio natural. - Toma de tiempos. - Juegos de conocimiento y dominio del espacio, líneas, formas volumétricas, figuras, etc. - Conteo de puntuaciones o marcas. - Salud. Prácticas saludables.

3. COMPETENCIA DIGITAL	- Conocer navegadores de fácil acceso para la búsqueda de información en Internet. - Realización de trabajos a partir del uso de las webs y software relacionados con la salud, actividad física, expresión, el juego y el deporte. Por ejemplo, a través de herramientas tales como las Webquest, los "Plan Lesson", "La Caza del Tesoro", los deberes Web, las Mini Webquest, "Hot Potatoes", "JCLIC", Plataforma Moodle, Tiching, etc. - Utilizar materiales multimedia digitales para la elaboración y presentación de trabajos (cámara de fotos, videocámara, tabletas...) - Análisis de noticias digitales. - Uso educativo de las redes sociales, tales como Twiter, Facebook, Tuenti, etc. - Citar el peligro que tiene hoy día Internet. Es preciso recordar la legislación autonómica: D. 25/2007, de 6 de febrero, por el que se establecen medidas para el fomento, la prevención de riesgos y la seguridad en el uso de Internet y las tecnologías de la información y la comunicación (TAC) por parte de las personas menores de edad.
4. APRENDER A APRENDER	- Planificación de actividades físicas a través de la experimentación. - Desarrollo de habilidades de trabajo en equipo - Adquisición de aprendizajes técnicos, estratégicos y tácticos - Realización y exposición de trabajos - Diseño de calentamientos
5. COMPETENCIAS SOCIALES Y CÍVICAS	- Participación en actividades extraescolares bien de tipo regular, como los talleres, bien en las organizadas esporádicamente, como la "Semana Blanca". - Participación en actividades deportivas del entorno, como los juegos escolares. - Calentamiento. Estiramientos y relajación. - Actividad física y salud. - Normas de seguridad a observar en los juegos y los deportes. - Actividades y juegos en el medio natural: natación, esquí... - Juegos con material de fabricación propia con artículos reciclables. - Organización de actividades invitando a otros grupos o centros. - Juegos cooperativos. La importancia del grupo. Juegos no competitivos. - Relacionarse con los demás a través del juego motor, que implica el desarrollo de las percepciones corporales, espaciales y temporales.
6. SENTIDO DE INICIATIVA Y ESPÍRITU EMPRENDEDOR	- Preparación y puesta en práctica de calentamientos, postas de circuitos, estiramientos, juegos diversos, etc. - Construcción de recursos móviles para los juegos: palas de madera, bolas para malabares con globos y mijo, paracaídas con telas varias, etc. - Elaboración de trabajos escritos tradicionales o a través de Internet.
7. CONCIENCIA Y EXPRESIONES CULTURALES	- Conocimiento y práctica de juegos populares, tradicionales y autóctonos. Investigación a través de diversos medios, como los de tipo informático y su práctica. - Conocimiento y práctica de juegos y deportes de otras culturas aportados o no por el alumnado con otra procedencia distinta a la autóctona. - Conocer y practicar bailes populares y tradicionales. Juego dramático. Teatro. - Conocer y practicar danzas del mundo

Una opción a considerar es incluir una tabla (o llevarla como **anexo**), donde relacionemos la C. Clave, uno o dos ejemplos aplicados y la U. Didáctica donde lo trabajamos:

COMPETENCIA CLAVE	EJEMPLO	U. D.
Sentido de iniciativa y espíritu emprendedor	Preparación y puesta en práctica de "estaciones" de circuitos coordinativos.	3, 4
Competencias sociales y cívicas	Juegos cooperativos.	9,10

También, como veremos más adelante, podemos detallar una tabla con la totalidad o con algunos ejemplos, sobre las **relaciones** entre las CC. Clave, objetivos de etapa, área, o programación, así como los contenidos... con las **UDI** donde se encuentran reflejados.

8.- OBJETIVOS.

Siguiendo a la LOMCE/2013, "*los objetivos son los referentes relativos a los logros del proceso educativo intencionalmente planificados*". El R. D. 126/2014, los define como "*referentes relativos a los logros que el alumno debe alcanzar al finalizar el proceso educativo, como resultado de las experiencias de enseñanza-aprendizaje intencionalmente planificadas a tal fin*". Así pues, los objetivos son **cambios** esperados en el comportamiento del alumnado como consecuencia de la actividad docente y son la guía del proceso de enseñanza-aprendizaje. También podemos manifestar que el objetivo detalla la conducta que esperamos alcance el alumnado al finalizar un periodo de enseñanza-aprendizaje, bien al final de la etapa, de ciclo, de curso o de unidad didáctica. Podemos citar a algún autor, como Viciana (2002): "*un objetivo es la intención potencial que tiene el profesor sobre sus alumnos en relación a los aprendizajes que se deben conseguir en el futuro, susceptibles de ser evaluados y donde se refleja, en cierta manera, el tipo de alumnado que deseamos conseguir, además de determinar los aprendizajes cognitivos y motrices a lograr*".

La enseñanza de la Educación Física persigue con los objetivos que el alumnado desarrolle una serie de **capacidades**. Como elementos curriculares, son los **pilares** que orientan y determinan al resto. En función de ellos seleccionamos los contenidos, actividades, metodología y criterios de evaluación.

El alumnado debe conseguirlos a lo largo de la Etapa y son específicos del área, siendo responsables nosotros, los maestros especialistas que la impartimos (Viciana, 2002).

Los objetivos del área de Educación Física en la Educación Primaria debemos entenderlos como **aportaciones** que, desde el área, se han de hacer en la consecución de los objetivos de etapa y de las **competencias**. Creemos necesario decir que para su consecución no debemos olvidar el carácter **global** de la etapa.

Debemos tener en cuenta los expresados por la legislación vigente. Los **concretaremos** al curso donde vamos a aplicar la Programación Didáctica, teniendo en cuenta, igualmente, las Finalidades Educativas del centro.

En cualquier caso debemos formularlos en **infinitivo**, aunque teniendo en cuenta que a partir de ellos concretaremos los correspondientes a las UDI, por lo que deben ser más generales.

8.1.- Objetivos de Etapa.

Sólo hacemos **referencia**, al menos que nos sobre espacio y entonces podemos ponerlos todos. Evidentemente, son de sobra conocidos por el Tribunal. Esto no quita para que comentemos aquellos, como el "k" o "j" que tienen una relación más **directa** con el Área (ver Tema 2).

Sería importante señalar lo significativo que resultan hoy día, entre otros, el objetivo "e": *"conocer y utilizar de manera apropiada la lengua castellana y, si la hubiere, la lengua cooficial de la Comunidad Autónoma y desarrollar hábitos de lectura"*, habida cuenta el D. 328/2010, nos dice que *"en cualquier caso, todas las programaciones de todas las áreas incluirán actividades en las que el alumnado deberá leer, escribir y expresarse de forma oral"*.

8.2.- Objetivos del Área.

Como los de Etapa, sólo los **reseñamos**. No obstante, podemos presentar una tabla que relacione a ambos. Por ejemplo:

RELACIÓN ENTRA LOS OBJETIVOS GENERALES DEL AREA DE EDUCACIÓN FÍSICA Y LOS DE LA ETAPA	
ÁREA DE EDUCACIÓN FÍSICA	ETAPA
O.EF.1. Conocer su propio cuerpo y sus posibilidades motrices con el espacio y el tiempo, ampliando este conocimiento al cuerpo de los demás.	j; k; m
O.EF.2. Reconocer y utilizar sus capacidades físicas, habilidades motrices y conocimiento de la estructura y funcionamiento del cuerpo para el desarrollo motor mediante la adaptación del movimiento a nuevas situaciones de la vida cotidiana.	k
O.EF.3. Utilizar la imaginación, creatividad y la expresividad corporal a través del movimiento para comunicar emociones, sensaciones, ideas y estados de ánimo, así como comprender mensajes expresados de este modo.	j; k
O.EF.4. Adquirir hábitos de ejercicio físico orientados a una correcta ejecución motriz, a la salud y al bienestar personal, del mismo modo, apreciar y reconocer los efectos del ejercicio físico, la alimentación, el esfuerzo y hábitos posturales para adoptar actitud crítica ante prácticas perjudiciales para la salud.	k
O.EF.5 Desarrollar actitudes y hábitos de tipo cooperativo y social basados en el juego limpio, la solidaridad, la tolerancia, el respeto y la aceptación de las normas de convivencia ofreciendo el diálogo en la resolución de problemas y evitando discriminaciones de género, culturales y sociales.	a; b; c; k
O.EF.6. Conocer y valorar la diversidad de actividades físicas, lúdicas, deportivas y artísticas como propuesta al tiempo de ocio y forma de mejorar las relaciones sociales y la capacidad física y además teniendo en cuenta el cuidado del entorno natural donde se desarrollen dichas actividades.	a; b; c; k
O.EF.7. Utilizar las TIC, como recurso de apoyo al área, para acceder, indagar y compartir información relativa a la actividad física y el deporte.	b; k

8.3.- Objetivos del Curso en la Programación Didáctica.

Es "obligatorio" poner que proceden del Proyecto Educativo. También debemos reseñar que emanan de los objetivos de **Etapa, Área y Ciclo**, consensuados estos últimos por el Equipo docente correspondiente. Otro aspecto importante a tener en cuenta es que de los objetivos que especifiquemos para el Curso, habitualmente entre **veinte y treinta**, debemos posteriormente concretarlos aún más con los Objetivos Didácticos, por lo que aquéllos no deben estar muy pormenorizados.

Podemos jugar con la forma de **presentarlos**, para lo cual mostramos algunas maneras con objeto de que cada lector o lectora escoja el **modelo** que prefiera. Ahora ponemos el ejemplo donde concretamos los objetivos del Curso desde los de la Etapa y Área:

OBJETIVO DE ETAPA (R. D. 126/2014)	OBJETIVO DE ÁREA (O. 17/03/2015)	OBJETIVO DE CURSO
k.- Valorar la higiene y la salud, aceptar el propio cuerpo y el de los otros, respetar las diferencias y utilizar la educación física y el deporte como medios para favorecer el desarrollo personal y social.	O. EF.4.- Adquirir hábitos de ejercicio físico orientados a una correcta ejecución motriz, a la saludo y al bienestar personal, del mismo modo, apreciar y reconocer los efectos del ejercicio físico, la alimentación, el esfuerzo y hábitos posturales para adoptar una actitud crítica ante prácticas perjudiciales para la salud.	1.1.- Concurrir de manera usual en juegos populares. 1.2.- Saber tomarse las pulsaciones. 1.3.- Practicar calentamiento. 1.4.- Conocer y realizar prácticas de flexibilidad. 1.5.- Observar hábitos de higiene tras la actividad física.

Otra forma distinta de hacerlo es con una tabla donde relacionemos, **justificándolos**, los objetivos del curso con los de Área y Etapa. Por ejemplo:

OBJETIVOS PARA 5º CURSO	OBJETIVOS DE ÁREA (O. 17/03/2015)	OBJETIVOS DE ETAPA (R. D. 126/2014)
- Afianzar las habilidades básicas en situaciones lúdicas. - Desarrollar las habilidades genéricas para dar respuesta a situaciones planteadas en el propio juego. - Resolver problemas cuya exigencia se centre en los mecanismos de percepción, decisión y ejecución. - Ejecutar movimientos simples y complejos coordinados.	Principalmente: 3 y 4	k

También apuntamos esta otra posibilidad que **relaciona** objetivo de Área y de curso:

OBJETIVOS DE ÁREA (O. 17/03/2015)	CONCRECIÓN DE OBJETIVOS PARA 6º
O.EF.2. Reconocer y utilizar sus capacidades físicas, habilidades motrices y conocimiento de la estructura y funcionamiento del cuerpo para el desarrollo motor mediante la adaptación del movimiento a nuevas situaciones de la vida cotidiana.	3. a. Solucionar convenientemente los ajustes necesarios en carreras con cambios de dirección y sentido. 3. b. Decidir la mejor opción entre las posibles al realizar juegos pre-deportivos y deportivos.
O.EF.3. Utilizar la imaginación, creatividad y la expresividad corporal a través del movimiento para comunicar emociones, sensaciones, ideas y estados de ánimo, así como comprender mensajes expresados de este modo.	6. a. Componer ritmos sencillos con otros miembros del grupo. 6. b. Representar situaciones de la vida diaria.

Sugerimos otro tipo de ejemplo de tabla sobre la **concreción** de objetivos: Área (R. Decreto); Curso (determinados en la Programación Didáctica del Curso y que, a su vez, proceden de los de Ciclo) y Didácticos (circunscritos para la Unidad Didáctica):

OBJ. DE ÁREA (O. 17/03/2015)	OBJ. DE CURSO	OBJ. DIDÁCTICOS
O.EF.4. Adquirir hábitos de ejercicio físico orientados a una correcta ejecución motriz, a la salud y al bienestar personal, del mismo modo, apreciar y reconocer los efectos del ejercicio físico, la alimentación, el esfuerzo y hábitos posturales para adoptar actitud crítica ante prácticas perjudiciales para la salud.	a) Identificar y valorar la adaptación del organismo a la actividad física. b) Aceptar las limitaciones de movimiento del propio cuerpo y el de los demás.	a) Conocer y practicar las técnicas respiratorias. b) Diferenciar la relajación segmentaria de la global. c) Aprender a tomarse las pulsaciones.

En el siguiente ejemplo mostramos otra opción. En este caso, hacemos referencia de la concreción o recorrido que tiene un objetivo de área hasta llegar a objetivo didáctico o de la UDI.

O. ÁREA Nº 1	O. 1º CICLO	O. 1º CURSO→	Conocer las zonas corporales.		1 Identificar y representar las zonas corporales.
O.EF.1. Conocer su propio cuerpo y sus posibilidades motrices con el espacio y el tiempo, ampliando este conocimiento al cuerpo de los demás.	Responder a situaciones motrices sencillas, identificando movimientos, (desplazamientos, lanzamientos, saltos, giros, equilibrios...) mediante la comprensión y el conocimiento de sus posibilidades motrices y su intervención corporal ante la variedad de estímulos visuales, auditivos y táctiles.	O. 2º CURSO→	- Reconocer y utilizar las zonas corporales como recurso para conocer a los demás y al entorno. - Adaptar el cuerpo en función de los estímulos externos.	O. DE LAS UDI	2. Tomar conciencia de los segmentos corporales. 3. Representar el propio cuerpo globalmente 4. Representar los segmentos corporales y sus partes. 5. Identificar y percibir la movilidad articular. 6. Dar respuesta corporal a los estímulos dinámico de los demás y de los móviles.

En esta otra opción-ejemplo, vamos concretando los objetivos desde los generales del área hasta los de la sesión:

- **O. G. Etapa** → k) "Valorar la higiene y la salud, aceptar el propio cuerpo y el de los otros, respetar las diferencias y utilizar la educación física y el deporte como medios para favorecer el desarrollo personal y social".
- **O. G. Área** → O.EF.4. "Adquirir hábitos de ejercicio físico orientados a una correcta ejecución motriz, a la salud y al bienestar personal, del mismo modo, apreciar y reconocer los efectos del ejercicio físico, la alimentación, el esfuerzo y hábitos posturales para adoptar actitud crítica ante prácticas perjudiciales para la salud".
- **O. de Ciclo** → Reconocer los efectos beneficiosos de la actividad física en la salud e identificación de las prácticas poco saludables.
- **O. de la P. Didáctica (3er. Ciclo)**→
  - 1. Conocer la importancia del calentamiento y relajación.
  - 2. Realizar prácticas deportivas sin que supongan riesgos.
- **O. Didácticos (de la UDI.)** →
  - 1. Diseñar y experimentar calentamientos aplicados a Mini Basket.
  - 2. Practicar juegos aplicados a la iniciación deportiva a Mini Basket.
- **O. Sesión** →
  - 1. Proponer y participar en actividades de calentamiento.
  - 2. Ejecutar acciones globales de Mini Basket en grupos reducidos.

Otra **posibilidad** es plantear una tabla que engloba los siete objetivos de Área (O. 17/03/2015) y en qué UDI los trabajamos:

UDI	OBJ. 1	OBJ. 2	OBJ. 3	OBJ. 4	OBJ. 5	OBJ. 6	OBJ.7
1		X		X	X		X
2			X			X	
3	X	X		X	X		
4						X	
5	X		X		X		
6		X		X			X
7	X				X		
8				X	X	X	
9	X		X		X		
10		X			X		X
11	X				X	X	
12		X		X			X
13	X		X		X		
14		X	X	X	X	X	X
15	X						

En función del curso donde cristalicemos la programación, sus características y las posibilidades del contexto, los recursos disponibles, etc. los **objetivos** los alcanzaremos a través de los trabajos prácticos de los **contenidos** que tendrán la siguiente **temática**:

Nota: Hemos apuntado en cada uno de ellos muchas de las posibilidades específicas que nos permiten.

- Sensomotricidad: vista, tacto y oído: seguimiento, agudeza, discriminación…
- Esquema corporal y sus componentes: conocimiento propio cuerpo, actitud, lateralidad, relajación-respiración…
- Percepción del espacio: orientación, estructuración, organización…
- Percepción del tiempo: orientación, organización, ritmo…
- Estructuración espacio-temporal.
- Capacidades coordinativas: coordinación y sus variantes: dinámica general, óculo-segmentaria, etc. Equilibrio y sus tipos.
- Salud: nutrición, primeros auxilios, test de control de la condición física, calentamiento, estiramientos, hábitos higiénicos…
- Juegos: populares y tradicionales, interculturales, cooperativos, alternativos, con materiales reciclados, pre-deportivo, en el medio natural, etc.
- Habilidades y destrezas motrices: básicas y genéricas.
- Habilidades específicas (iniciación): Atletismo, Natación, Gimnasia Artística, Mini-Basket, Mini-Voley, Fútbol-7, etc. "Mini-Olimpiadas".
- Expresión corporal: gestos, dramatización, pantomima, máscaras, bailes y danzas, coreografías, guiñol, cuento-lección, etc.
- Actividades en el medio natural: marcha, orientación, juegos en playa y campo, cabuyería, esquí, senderismo, montaje de tiendas, organización de la mochila, primeros auxilios, bicicleta de montaña, tiro con arco, patinaje sobre hielo, esquí, juegos en la nieve ("bici esquí", trineos, etc.)
- Elaboración de materiales: carteles, fichas y otras manualidades que impliquen **leer, escribir y expresarse oralmente** determinadas fuentes de información. Cada vez tienen más significancia las unidades que tratan sobre juegos con materiales **reciclados** por los propios alumnos.
- Trabajos multimedia que precisen el uso del **ordenador** e **Internet**.

- Actitudes varias: **cooperación**, ayuda mutua, coeducación, respeto, normas, valores diversos...
- Aspectos interdisciplinarios. Nos referimos a los **proyectos** tales como "nuestro cuerpo", "nos movemos", etc. (Gallardo y Camacho, 2008). El enfoque globalizador debe impregnar a todas las áreas, si bien con diferentes intensidades (Adame y Gutiérrez, 2009).

La O. 17/03/2015, (BOJA nº 60, de 27/03/2015), incorpora el "**Mapa de Desempeño**", que presenta la "*secuenciación de los objetivos de cada una de las áreas a través de los criterios de evaluación por ciclos y su relación directa con los criterios de evaluación de etapa y estándares de aprendizaje evaluables definidos en los Anexos I y II del R.D. 126/2016, por el que se establece el currículo básico de la Educación Primaria.*

Efectivamente, si consultamos el BOJA citado, páginas 490-497, tenemos indicado **detalladamente** gran parte de los **objetivos** para el **ciclo** que nos interese, **asociado** a los criterios de **evaluación** (ver 2ª parte de este libro).

8.4. Relación de los objetivos del curso con los de Andalucía.

No podemos pasar por alto que, al hallarnos en Andalucía, varios de los objetivos propios de esta comunidad debemos trabajarlos. Así pues, se trata de relacionar los objetivos que pretendamos conseguir durante el curso con los de esta comunidad. Para ello acudimos a lo expresado por el D. 97/2015, además de la LEA/2007:

La Educación Primaria contribuirá a desarrollar en el alumnado las capacidades, los hábitos, las actitudes y los valores que le permitan alcanzar, además de los objetivos enumerados en el artículo 17 de la Ley Orgánica 2/2006, de 3 de mayo, los siguientes:

a) Desarrollar la confianza de las personas en sí mismas, el sentido crítico, la iniciativa personal, el espíritu emprendedor y la capacidad para aprender, planificar, evaluar riesgos, tomar decisiones y asumir responsabilidades.

b) Participar de forma solidaria, activa y responsable, en el desarrollo y mejora de su entorno social y natural.

c) Desarrollar actitudes críticas y hábitos relacionados con la salud y el consumo responsable.

d) Conocer y valorar el patrimonio natural y cultural y contribuir activamente a su conservación y mejora, entender la diversidad lingüística y cultural como un valor de los pueblos y de las personas y desarrollar una actitud de interés y respeto hacia la misma.

e) Conocer y apreciar las peculiaridades de la modalidad lingüística andaluza en todas sus variedades.

f) Conocer y respetar la realidad cultural de Andalucía, partiendo del conocimiento y de la comprensión de la misma como comunidad de encuentro de culturas.

Art. 5, punto 5, *sobre determinación y principios para la determinación del currículo en Andalucía:*

La Educación Primaria contribuirá a desarrollar en el alumnado las capacidades que le permita alcanzar, además de los objetivos enumerados en el artículo 17 de la ley Orgánica 2/2006, de 3 de mayo, los siguientes:

a) La prevención y resolución pacífica de conflictos, así como los valores que preparan al alumnado para asumir una vida responsable en una sociedad libre y democrática.

b) La adquisición de hábitos de vida saludable que favorezcan un adecuado bienestar físico, mental y social.

c) La utilización responsable del tiempo libre y del ocio, así como el respeto al medio ambiente.

d) La igualdad efectiva entre mujeres hombres, la prevención de la violencia de género y la no discriminación por cualquier condición personal o social.

e) El espíritu emprendedor a partir del desarrollo de la creatividad, la autonomía, la iniciativa, el trabajo en equipo, la autoconfianza y el sentido crítico.

f) La utilización adecuada de las herramientas tecnológicas de la sociedad del conocimiento.

Por ejemplo:

b) Participar de forma solidaria, activa y responsable, en el desarrollo y mejora de su entorno social y natural. Lo **trabajamos en la UDI nº X**, ya que su temática gira entorno al juego en el medio natural. Por ejemplo...

c) Desarrollar actitudes críticas y hábitos relacionados con la salud y el consumo responsable. Lo trabajamos en la UDI nº XX, porque su temática gira entorno a los hábitos alimenticios y rehidratación tras el esfuerzo. Por ejemplo...

Debemos tener en cuenta que los "objetivos de Andalucía" son muy **genéricos**, por lo que prácticamente tienen **relación** con **todas las unidades**.

8.5. Contribución de los objetivos del área de educación física a los de la etapa primaria.

Este es otro punto que podemos aportar en el supuesto que tengamos necesidad de contenido, aunque en caso contrario podemos hacer únicamente una breve referencia con uno o dos ejemplos, o aportarlos como **anexo** en nuestra **defensa**.

Todas las Áreas tienen que contribuir para conseguir al final de la Etapa Primaria los objetivos mínimos propuestos por la Consejería y un adecuado nivel de adquisición de las **competencias** (Cañizares y Carbonero, 2008). La responsabilidad e influencia del Área de Educación Física es muy grande en puntos tan transcendentales como son los aprendizajes **básicos** escolares, las **relaciones** socio-afectivas, los **hábitos** saludables, etc. (Rodríguez García, 2006).

De los catorce Objetivos de Etapa (R.D. 126/2014), ponemos algunos ejemplos donde se aprecia claramente esta **aportación**:

- Objetivo de etapa "**k**": "*Valorar la higiene y la salud, aceptar el propio cuerpo y* *el de los otros, respetar las diferencias y utilizar la educación física y el deporte como medios para favorecer el desarrollo personal y social".*

- o Está relacionado con el "**4**": "*Adquirir hábitos de ejercicio físico orientados a una correcta ejecución motriz, a la salud y al bienestar personal...*"

- Objetivo de etapa "**c**": "*Adquirir habilidades para la prevención y para la resolución pacífica de conflictos, que les permitan desenvolverse con autonomía en el ámbito familiar y doméstico, así como en los grupos sociales con los que se relacionan*".

- o Está conectado con el "**5**": "*Desarrollar actitudes y hábitos de tipo cooperativo y social basados en el juego limpio, la solidaridad, la tolerancia...*"

- Objetivo de etapa "**j**": "*Utilizar diferentes representaciones y expresiones artísticas e iniciarse en la construcción de propuestas visuales*".

- o Está relacionado con el "**3**": "*Utilizar la imaginación, creatividad y la expresividad corporal a través del movimiento para comunicar emociones...*"

Sería muy adecuado en este punto, de cara a la defensa oral, hacer un **anexo** con un **gráfico** de estos aspectos mencionados, incluso con el ejemplo específico de la UDI donde lo trabajamos.

9.- CONTENIDOS.

Se refiere a los objetos de enseñanza-aprendizaje que la sociedad considera útiles y necesarios para promover el desarrollo personal y social del individuo. En realidad, son informaciones que permitirán, una vez comprendidas, dominadas y practicadas, alcanzar los objetivos propuestos. La **LOMCE/2013** los define como "*conjunto de conocimientos, habilidades, destrezas y actitudes que contribuyen al logro de los objetivos y la adquisición de competencias. Se ordenan en asignaturas...*"

Viciana (2002), los entiende como "*un subconjunto de la realidad cultural total, seleccionados por las áreas curriculares y sus docentes, para contribuir al desarrollo y la consecución de los fines educativos, objetivos generales de etapa y de área, a través de unos conceptos, procedimientos y actitudes desarrolladas en el ámbito escolar*".

Podemos resumir que "es la **materia** que debemos enseñar" o los "medios para hacer realidad a los objetivos".

La O. 17/03/2015, por la que se desarrolla el currículo correspondiente a la Educación Primaria en Andalucía, BOJA nº 60, de 27/03/2015, indica que para **alcanzar las competencias** en el área de Educación física, los contenidos se **organizan** en torno a **cuatro bloques**:

- **Bloque 1**, "*El cuerpo y sus habilidades perceptivo motrices*": desarrolla los contenidos básicos de la etapa que servirán para posteriores aprendizajes más complejos, donde seguir desarrollando una amplia competencia motriz. Se trabajará la autoestima y el autoconocimiento de forma constructiva y con miras a un desarrollo integral del alumnado.

- **Bloque 2**, "*La Educación física como favorecedora de salud*": está centrado en la consolidación de hábitos de vida saludable, de protocolos de seguridad antes, durante y después de la actividad física y en la reflexión cada vez más autónoma frente a hábitos perjudiciales. Este bloque tendrá un claro componente transversal.

- **Bloque 3**, "*La Expresión corporal: expresión y creación artística*": se refiere al uso del movimiento para comunicarse y expresarse, con creatividad e imaginación.

- **Bloque 4**, "*El juego y el deporte escolar*": desarrolla contenidos sobre la realización de diferentes tipos de juegos y deportes entendidos como manifestaciones culturales y sociales de la motricidad humana. El juego, además de ser un recurso recurrente dentro del área, tiene una dimensión cultural y antropológica.

Otra posibilidad es plasmarlo en un **gráfico** para tratar de ser algo original, o bien llevarlo como "anexo" a enseñar al tribunal durante nuestra defensa:

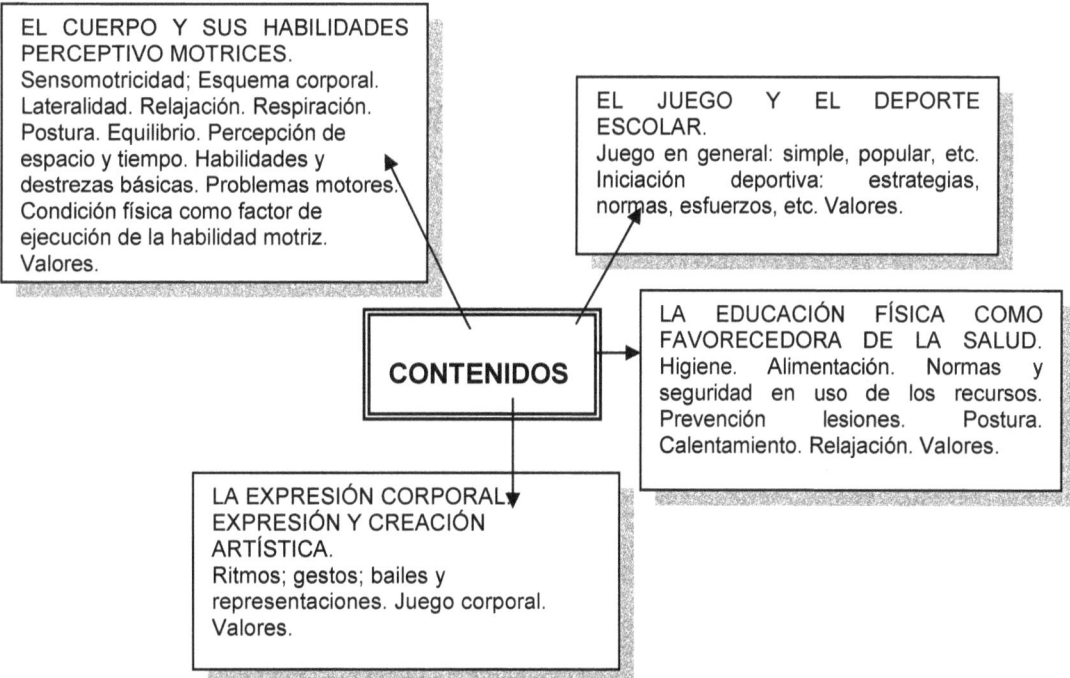

Debemos reseñar los tres tipos de contenidos (teóricos, prácticos y sobre valores y actitudes), aunque **sin nombrarlos**, y que los trabajamos **conjuntamente** para lograr un desarrollo **integral**.

Nos inclinamos por señalarlos ahora, comentándolos de forma muy genérica, describiendo los bloques que figuran en la legislación, poniendo algún ejemplo de cómo los secuenciamos a partir de los objetivos propuestos, para concluir que los **especificamos** en las propias UDI.

9.1.- Contenidos para el curso elegido.

En esta línea, nuestros preparados nos preguntan si la totalidad de contenidos deben recogerlos en este apartado. Nuestra respuesta es que, si especificamos ahora los contenidos a impartir durante el curso, ¿qué vamos a poner después en las UDI? No vamos a repetirlos y, obviamente, no vamos a poner otros.

La lógica interna del Área va a determinar el orden de trabajo de los contenidos:

- De movimientos con menos elementos coordinativos a otros más complejos.
- Priorizar las habilidades básicas antes que las genéricas y específicas.
- Pasar del juego simple a otros de índole deportiva.
- Priorizar las habilidades perceptivas más básicas antes que otras más compuestas.

Zagalaz, Cachón y Lara (2014), añaden:

- Respetar el momento evolutivo y de desarrollo físico propio de cada uno de los cursos
- Adecuar los contenidos a las experiencias previas del alumnado
- Mantener las secuencias de aprendizaje específicas de los contenidos incluidos en cada uno de los bloques del área

La O. 17/03/2015, por la que se desarrolla el currículo correspondiente a la Educación Primaria en Andalucía, BOJA nº 60, de 27/03/2015, expone para cada bloque y ciclo un **ejemplo** de **secuenciación** de contenidos (páginas 538-543), que relacionamos en la 2ª parte de este libro.

En cualquier caso, debemos secuenciarlos siguiendo estas pautas:

- De los más generales a los más específicos.
- De los más concretos a los más abstractos.
- De los más simples a los más complejos.

La secuenciación que hagamos para el curso concreto debe tener en cuenta una serie de **criterios metodológicos**:

- Desarrollo psicoevolutivo alumnado. Tener el referente de sus pautas de desarrollo.
- Deberemos conectarlos con los intereses y necesidades del alumnado.
- Lógica interna del área. Nos interesa la motricidad de base.
- Continuidad y progresión. Los contenidos son similares dentro de la etapa, pero con complejidad creciente y proximidad al campo experiencial del alumnado.
- Interrelación de contenidos, es decir, entre los de índole teórica, práctica y los que conectan con los valores y normas, además de la conexión entre nuestra área y las demás.
- Contenidos a priorizar.
- Los de tipo práctico y relacionados con los valores son más interesantes en 1º y 2º ciclos. Los de índole teórica empiezan a ser ya relevantes en 3º ciclo.
- Serán lúdicos, saludables, globales y adaptados a las individualidades que se nos presenten.
- Debemos disponer de recursos para llevarlos a su práctica.

Otra opción es enfocar este punto como "Contenidos y su Temporalización". Para ello diseñamos una tabla como la de este ejemplo:

Nº U. D./Nº DÍAS	TÍTULO U. D.	TEMA	CONTENIDOS
1 Sept., 3 días	¿Quiénes somos?	Competencia curricular previa	Motricidad general
2 Octubre, 6 días	Este es mi cuerpo en movimiento	Esquema corporal	Conocimiento de las zonas corporales
3 Octubre, 6 días	Mi lado bueno	Lateralidad	Afirmación lateralidad
4 Nov., 6 días	Me muevo por el espacio	Reconocer direcciones y distancias.	Juegos espaciales
5 Nov., 6 días	El reloj del tiempo	Velocidades con y sin móviles	Orientación témporo espacial

No obstante, podemos presentar una tabla relacionando el bloque de contenido, uno o dos ejemplos y la U. Didáctica donde los apliquemos:

BLOQUE DE CONTENIDO	EJEMPLOS	U. D.
La expresión corporal: expresión y creación artística.	• Realización de un juego dramático • Imitación de gestos de animales	9, 7
El juegos y el deporte escolar.	• Juegos tradicionales • Juego cooperativo	8, 12

En consonancia a lo que hemos expresado anteriormente, debemos incluir expresamente contenidos relacionados con la lectura, escritura y expresión oral, así como otros congruentes con las TIC/TAC.

Los contenidos que **propone** la O. 17/03/2015, para Andalucía, los hemos recogido en el anexo de la 2ª parte.

9.2. Contenidos de Andalucía.

Debemos proceder igual que con los objetivos. El D. 97/2015 indica que debemos incluir en nuestro trabajo los "**contenidos propios de Andalucía**, relacionados con":

a) El conocimiento y el respeto a los valores recogidos en el Estatuto de Autonomía para Andalucía.

b) El medio natural, la historia, la cultura y otros hechos diferenciadores de nuestra Comunidad para que sean conocidos, valorados y respetados como patrimonio propio, en el marco de la cultura española y universal.

Por ello, daremos ejemplos de **conexiones** de las **UDI** con los mismos.

La citada O. de 17/03/2015, entre sus páginas 498-537, manifiesta el "**Desarrollo Curricular del Área de Educación Física**". Es decir, *"partiendo de cada criterio de evaluación, se ofrecen orientaciones y ejemplificaciones de actividades y tareas y se concretan los* **contenidos** *necesarios"*.

10.- ACTIVIDADES.

Las actividades son las **acciones prácticas** que hemos pensado en nuestra programación para que los alumnos/as logren alcanzar las competencias y objetivos previstos y que en nuestra especialidad implican algún tipo de **movimiento**. Constituyen, pues, el **máximo nivel** de **concreción** curricular. Debemos proponer aquellas que supongan un esfuerzo y reto apropiados a los niveles del grupo. Debemos sugerir, estimular, orientar, controlar que no tengan riesgos ni sean sexistas o discriminatorias, evitando conductas disruptivas. Ellas y ellos serán los protagonistas de sus acciones, en un ambiente de cooperación y ayuda mutua, bajo el común denominador del contexto lúdico motor.

En este apartado debemos comentar los **tipos** de actividades que vamos a realizar desde un punto de vista metodológico y funcional, no las concretas que las pondremos en las UDI. En todo caso, si hay sitio, especificar un ejemplo de cada grupo siguiente (Barrachina, 2002), Cañizares y Carbonero (2007), y Miraflores y Martín (2014).

- **Introducción y motivación o exploración** (crear en chicas y chicos la necesidad de hacerlas). Nos sirven también para detectar la competencia curricular previa, es decir, revisar lo que conoce. Tratan de despertar el interés y la atención del alumnado por los contenidos que vamos a tratar posteriormente
A través de la observación, torbellino de ideas, charla, prueba, etc. Por ejemplo, antes de iniciar un aprendizaje sobre la destreza del bote, ¿somos capaces de botar muy bajito la pelota?
Ello nos permitirá adaptar nuestra acción didáctica a las posibilidades generales del grupo, además de detectar posibles alumnos con un determinado déficit.
- **Desarrollo**. El grupo se enfrenta a los aspectos de la materia y están graduadas en dificultad, de más fácil a más compleja. Niñas y niños participan en la realización de las tareas propuestas para asimilar los contenidos y llegar a conseguir los objetivos. Se avanza en el conocimiento. No tiene por qué estar exclusivamente relacionadas con el currículo del área ya que también tienen cabida las relacionas con medios multimedia, lectura, escritura, expresión oral...
Pueden ser "integradas" si, al mismo tiempo, trabajamos conjuntamente con otras áreas. Por ejemplo, realizar un póster sobre la higiene personal.
- **Consolidación o asentamiento**. Avanzar, pero parando el nivel de vez en cuando para recordar lo anterior, ya que lo que no se consolida se pierde. Por ejemplo, un circuito coordinativo en la última sesión de la Unidad Didáctica donde en cada posta recordamos una actividad principal realizada en sesiones anteriores. También se denominan "de cierre" porque pone a prueba los conocimientos adquiridos.
- **Síntesis o resumen**. Reflexionar y recapitular sobre lo trabajado en la sesión. Es como un "recordatorio" de lo hecho, pero realizado al final de la sesión, antes de la vuelta a la calma.
- **Refuerzo** (se llaman también de retroacción). Son aquellas que se adaptan a un sujeto en función de sus características. Atienden a la diversidad y se destinan al alumnado que no ha logrado los objetivos previstos porque tienen dificultades para ello. Por ejemplo, poner conos más cortos que los normales para saltarlos.
- **Ampliación** (también reciben el nombre de proacción). Están destinadas a los sujetos que les significan poco las actividades de

desarrollo normales porque ya han logrado los objetivos previstos. Por ejemplo, poner conos más altos que los usados habitualmente.

- **Recuperación** Son las que se programan para los alumnos que no han alcanzado los conocimientos trabajados. Por ejemplo, realizar una ficha sobre las habilidades tratadas y no superadas normalmente.
- **Complementarias** Son las que se hacen dentro del horario lectivo si bien se salen de la dinámica habitual de aula, siendo obligatorias y normalmente gratis. Por ejemplo, acudir a una exhibición de baloncesto al polideportivo municipal; realizar una convivencia en un parque cercano; asistir a una obra de teatro; participar en un "desayuno saludable", etc.

También podemos aprovechar las **celebraciones** que, a nivel **institucional**, están establecidas. Por ejemplo, en la segunda semana de octubre se celebra la Semana Europea contra el Cáncer; 16/10 Día Mundial de la Alimentación; 16/11, Día del Flamenco; 20/11 Día de los Derechos del Niño y la Niña; 1/12 Día Mundial del SIDA; 3/12 Día Internacional de las Personas con Minusvalías; 6/12 Día de la Constitución Española; 10/12 Día de los Derechos Humanos; 16/12 Día de la Lectura en Andalucía, recientemente establecido, y que ha adquirido mucha importancia a raíz de la publicación del "Plan LYB". 30/1 Día Escolar de la No-Violencia y la Paz; 28/2 Día de Andalucía; 8/3 Día Internacional de la Mujer; 15/3 Día Internacional del Consumidor; 21/3 Día Internacional para la Eliminación de la Discriminación Racial; 21/3 (y otros) Día del Árbol; 22/3 Día Mundial del Agua; 7/4 Día Mundial de la Salud; 23/4 Día del Libro; 1/5 Día Mundial del Trabajo; 9/5 Día de Europa; 31/5 Día Mundial sin Tabaco; 5/6 Día Mundial del Medio Ambiente.

Todas estas efemérides están muy ligadas con la Educación en Valores y a trabajos relacionados con la **escritura, lectura y expresión oral**. Por ejemplo, aprovechamos el "Día del Libro" para realizar un "Taller de Cuentacuentos" interpretando un cuento motor.

Podemos relacionar unas actividades que creemos como "La Feria del Juego", donde éste será el contenido de toda una mañana en el patio del centro. "El Patio como Espacio Educativo", donde en este espacio hay una serie de zonas con actividades y talleres diversos y el alumnado irá visitando y vivenciado.

Hay otras actividades complementarias muy específicas de los centros. Por ejemplo, Fiesta de Navidad, Día del Carnaval, Fiesta de la Castaña, Feria del juego y del juguete no violento ni sexista, etc.

En nosotros está hacer coincidir estas efemérides con UDI relacionadas. Por ejemplo, sobre la alimentación e higiene en la primera semana de abril. Las que nos interesen deberemos temporalizarlas a lo largo del curso escolar.

En los últimos años están tomando mucho arraigo un tipo de actividad complementaria que se denomina "**recreo inteligentes**", aunque también se conocen por otros apelativos: recreos saludables, recreo popular, etc. Consiste en plantear una serie de actividades relacionadas con la promoción de juegos populares que van rotando semanal/quincenalmente: juegos de persecución ("corta-hilos"), de puntería ("siete y media"), de percepción visual ("poli y ladro"), con cuerdas y/o elásticos ("soga-tira"), con pelotas ("diez pases"), juegos interculturales, etc. La coordinación entre el profesorado que vigila el recreo debe ser exquisita, así como la planificación de las actividades/grupos, de tal manera que cada nivel sabe con antelación la zona y el juego a realizar esa semana. Debemos pensar en posibles adaptaciones en el caso de tener alumnos/as con alguna discapacidad. Incluye, también, una actividad o taller sobre cómo comer sano en los

recreos, con objeto de desechar la llamada "pastelería industrial" y promocionar el consumo de frutas o pan integral con aceite de oliva.
- **Extraescolares**, Se realizan fuera del horario lectivo, son de carácter voluntario y habitualmente tienen un costo al que hay que hacer frente, si bien algunos organismos suelen ayudarnos. Por ejemplo, visita al P. N. de Doñana, los talleres deportivos, de expresión, etc. a practicar por las tardes, etc.

En los últimos años, la mayoría de nuestros pueblos y ciudades cuentan con piscinas climatizadas que podemos aprovechar para realizar actividades complementarias o extraescolares.

Por ello podemos establecer dos grandes grupos de actividades, las que se hacen de forma esporádica, como un campamento de multiaventuras, y las que se realizan en el propio centro por las tardes, como las escuelas pre-deportivas o los talleres de expresión, juegos populares, etc.

Cada colegio especifica en su **Plan de Centro** el programa de actividades complementarias y extraescolares a realizar. Ambos grupos están regulados por legislación diversa:

- O. de 05/11/2014, por la que se modifica la de 3 de agosto de 2010, por la que se regulan los servicios complementarios de la enseñanza de aula matinal, comedor escolar y actividades extraescolares en los centros docentes públicos, así como la ampliación de horario (BOJA nº 233, de 28/11/2014).
- O. 31/07/2012, por la que se modifica la Orden de 3 de agosto de 2010, por la que se regulan los servicios complementarios de la enseñanza de aula matinal, comedor escolar y actividades extraescolares en los centros docentes públicos, así como la ampliación de horario (BOJA 09/08/2012).
- Instrucciones de 18/12/1998, de la Dirección General de Planificación y Ordenación Educativa, sobre la organización y desarrollo de las actividades complementarias y extraescolares.
- O. de 14/07/1998 que regula las actividades complementarias y extraescolares y los servicios prestados por los Centros Docentes Públicos no universitarios (BOJA 01/08/1998).
- R.D. 1694/1995, de 20 de octubre, que regula las actividades escolares complementarias, las actividades extraescolares y los servicios complementarios de los Centros Concertados (B.O.E. nº 287, de 01/12/1995).

Al igual que las complementarias, las que nos interesen hacer debemos temporalizarlas a lo largo del curso escolar, normalmente por trimestres. Por su parte, el D. 328/2010, sobre el Reglamento Orgánico en colegios, trata en el artículo 27, dedicado a las programaciones didácticas, concretamente en el apartado "i", las actividades extraescolares y complementarias, relacionadas con el currículo, que se proponen realizar los equipos de ciclo.
- **Evaluación**. Se hacen para comprobar si logramos o no el desarrollo de las capacidades expresadas en los objetivos. Gracias a ellas obtenemos información sobre el proceso de enseñanza-aprendizaje, su valoración y toma de decisiones enfocada a la mejora. Por ejemplo, bote del balón en zig-zag para comprobar el nivel alcanzado en la destreza del bote.
- **Actividades relacionadas con las TIC/TAC**. Podemos destacar este tipo dada la importancia que está teniendo en el segundo decenio del siglo XXI. Debemos nombrar algunos ejemplos, como las webquest, hot potatoes, blog, wikis, etc., o aplicaciones (App) para su uso en la

comunicación con los miembros del grupo o sus familias: Idoceo, Symphonical, Assessmate, Markup, etc., o las conocidas "plataformas de aprendizaje", Moodle o Tiching, por ejemplo.
- **Actividades para el fomento de la lectura, escritura y expresión oral**. Los últimos documentos legislativos significan que en todas las áreas deberán contemplar actividades relacionadas con la lectura, escritura y expresión oral. De ahí, entendemos, debemos especificar algunos ejemplos. Realización de murales sobre alimentación, calentamiento, juego limpio, etc.; fichas sobre rutinas higiénicas, etc.

Aparte de ello, podemos plasmar en la programación un serie de ejemplos de estas actividades especificando en las UDI donde las vamos a realizar, o bien portarlo como anexo y así defenderlo mejor ante el tribunal:

TIPO DE ACTIVIDAD	EJEMPLOS	UDI
Exploración	• ¿Quién es capaz de mantener el globo en el aire golpeándolo con un pie? • ¿Cómo sabemos saltar a la comba?	9, 7
Desarrollo	• El juego de los "diez pases" • Relajación segmentaria	8, 12

En cualquier caso, a la hora de pensar su estructura debemos considerar los siguientes parámetros:

- De las más fáciles a las más difíciles
- De las más conocidas a las desconocidas
- De las más concretas a las más abstractas
- De más generales a más específicas

Además, debemos tener en cuenta los siguientes **criterios** a la hora de **seleccionarlas**:

- Variadas y con medios y organizaciones distintas
- Motivadoras
- Lúdicas
- Integradoras
- Que tengan varios niveles de resolución
- Que supongan un proceso investigador para el alumnado

Independientemente de todo lo anterior, podemos mencionar, si tenemos espacio, los diversos conceptos aparecidos en los últimos años sobre la distinción entre **tarea-actividad-ejercicio**, siguiendo fundamentalmente lo expresado por el MECD, a través del C.N.I.I.E., o de autores especialistas, como Blázquez y Sebastiani (2010):

- **TAREA.** Acción o conjunto de acciones orientadas a la resolución de una situación problema, dentro de un contexto definido, por medio de la combinación de todos los saberes (saber, saber hacer, saber ser) disponibles que permiten la elaboración de un producto relevante y la participación en una práctica social para facilitar la socialización buscando ser más competente en su trabajo diario. Suponen varias actividades interdisciplinares contextualizadas que permiten la transferencia de saberes a la vida cotidiana. Deben ser interesantes, con objetivos muy claros, usar metodología constructiva y cooperativa y dar protagonismo al alumnado, entre otras características. Son

imprescindibles para adquirir las C. Clave. Intervienen todos o casi todos los procesos cognitivos movilizando todos los recursos de la persona (conocimientos, estrategias, destrezas). Deben estar perfectamente formuladas y el producto final muy bien definido. Podemos partir desde un criterio de evaluación, de una competencia, desde un objetivo, un concepto o procedimiento, desde un acontecimiento del entorno o una noticia, etc. En su diseño tendremos en cuenta sus componentes: grado de competencia/s a adquirir con la realización; contextos (individual, académico/escolar, familiar socio comunitario), donde vayamos a aplicar esta/s competencia/s; contenidos para comprender y efectuar la tarea; recursos materiales: textos, mapas, gráficos, elementos deportivos/gimnásticos, organización del grupo, metodología y tipo de pensamiento o procesos cognitivos que se desarrollan con las distintas actividades: lógico, crítico, deliberador, analítico, etc.
Ejemplos:

- o Preparar y representar una coreografía
- o Confeccionar un póster anunciador de las olimpiadas escolar de final de curso.
- o Elaborar el proyecto y presupuesto para acudir al P.N. Doñana: ropa y calzado, brújulas, prismáticos, bus, todoterrenos, bocadillos, agua, etc.

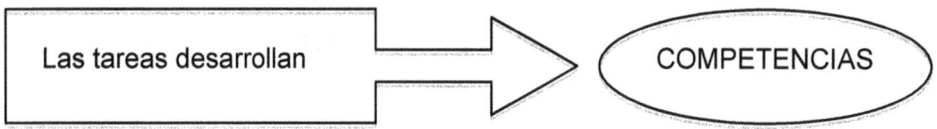
Las tareas desarrollan → COMPETENCIAS

- **ACTIVIDAD.** Acción o conjunto de acciones orientadas a la adquisición de un conocimiento nuevo o a la utilización de algún conocimiento de forma diferente. Se trata de comportamientos que producen una respuesta diferenciada de gran variedad, que posteriormente aplicarán en las tareas para adquirir las competencias. Pueden favorecer el desarrollo de las C. Clave, pero no siempre. No garantiza transferencia a otras situaciones. Ejemplos:

    - o Poner en práctica las reglas del juego autóctono de Dos Hermanas (Sevilla) "Pinfuvote"
    - o Redactar petición a la federación de Baloncesto para que nos facilite entradas para ver la exhibición de los Harlem Globetrotters, a cambio de buzonear publicidad en el barrio.

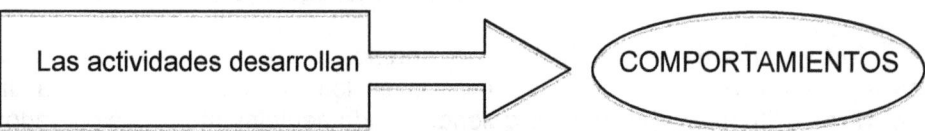
Las actividades desarrollan → COMPORTAMIENTOS

- **EJERCICIO.** Acción o conjunto de acciones orientadas a la comprobación del dominio adquirido en el manejo de un determinado conocimiento. Supone una conducta que produce una respuesta prefijada que se da repetidamente. Unidad básica de motricidad para expresar una conducta motriz y desarrollar los patrones de movimiento que facilitan la ejecución motriz de las actividades (automatización de la habilidad/destreza motriz). No contribuyen directamente a la adquisición de las Competencias Clave. Ejemplos:

    - o Tiro de personal en Mini Basket
    - o Lanzar/tomar pelotas de tenis

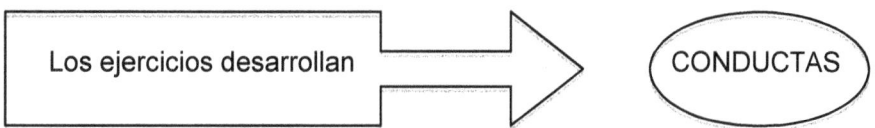

Los **pasos** para **diseñar** una **tarea**, son:

- Pensar la tarea partiendo del currículo de área.
- Describir la tarea de manera que permita resolver una situación-problema; suponga la elaboración de un producto final de valor; posibilite participar en una tarea social en un contexto determinado.
- Elaborar la secuencia ordenada y completa de ejercicios y actividades
- Realizar la selección de ejercicios para consolidar el dominio de los contenidos que requieren las actividades.

EJEMPLO GLOBAL DE TAREA/ACTIVIDAD/EJERCICIO.

TAREA:

Vamos a organizar la salida extra escolar programada (Plan de Centro) "Semana Blanca", a finales de febrero.

El **producto social relevante** es colgar el foto-video montaje realizado durante el proceso: redacción de solicitudes, presentación en el ayuntamiento, reuniones con la AMPA, hoja de cálculo, etc.

ACTIVIDADES

- Escribir solicitud a la AMPA para que colabore con rifas y participaciones de la lotería de navidad.
- Redactar petición de subvención a la delegación de deportes del ayuntamiento, aunque es difícil que nos la concedan.
- Hacer los presupuestos: BUS, hostal, alquiler de material, comida, contrato de monitores, etc. y procedemos a repartir los costes.
- Controlar el saldo (debe/haber) continuado
- Averiguar lo aportado por cada alumno/a
- Comprobar si es preciso devolver a cada alumno/a parte de lo ya pagado o, al contrario, aún queda algo por aportar.

EJERCICIOS

- Durante el proceso, el alumnado tiene que redactar y hacer operaciones matemáticas: sumas, restas, etc. necesarias para el ajuste presupuestario.

En la citada O. de 17/03/2015, entre sus páginas 498-537, indica el "**Desarrollo Curricular del Área de Educación Física**". Es decir, *"partiendo de cada criterio de evaluación, **se ofrecen orientaciones y ejemplificaciones de actividades y tareas y se concretan los contenidos necesarios**. La integración de estos elementos en diversas actividades y tareas genera competencias y contribuye al logro de los objetivos que se indican en cada uno de los criterios"*.

11.- RELACIÓN DE LA PROGRAMACIÓN CON LOS ELEMENTOS TRANSVERSALES, OTRAS ÁREAS Y LAS UDI. CONTRIBUCIÓN A LOS HÁBITOS DE LECTURA, ESCRITURA Y EXPRESIÓN ORAL.

En la Programación indicaremos **ejemplos ordenados** de todos estos aspectos del punto en función del espacio disponible, para lo que ahora adjuntamos **múltiples** opciones.

Otra posibilidad es tratarlos en este apartado de forma más general y en las UDI de manera más concreta, pero siempre teniendo en cuenta no repetirnos. También es viable destacar en las unidades, exclusivamente, los Temas y Áreas con los que tiene relación sin más ejemplos, porque éstos los hemos expresado previamente en la programación. Podemos optar por comentar la relación existente entre las distintas UDI, en la programación y/o en cada unidad.

La transversalidad tiene como objetivo la formación integral de alumnas y alumnos. Forma parte de cada una de las áreas y del Proyecto Educativo.

Los Elementos Transversales (así los llama el R.D. 126/2014), son contenidos que hacen referencia a problemas y conflictos que afectan actualmente a la naturaleza, a la humanidad y al propio individuo. Su finalidad es prevenir, concienciar y producir en la población escolar una actitud crítica ante los diversos valores y contravalores que la sociedad está creando. Por lo tanto, pretendemos solucionar los problemas que han dado lugar a la formación de estos tipos de contenidos.

Para su tratamiento tomamos como **referencia** a la LEA/2007, artículo 39 y al R.D. 126/2014, artículo 10. La ley autonómica andaluza cita como "**Educación en Valores**" a la mayoría de los elementos transversales que introduce el R.D. 126/2014.

11.1.- Relación de la Programación con los Elementos Transversales.

Hemos de entender los Elementos Transversales totalmente inmersos en el currículo de todas las áreas, porque partimos del principio de una educación axiológica, de modo que los valores y principios morales y éticos han de estar impregnando toda nuestra propuesta curricular y nuestro proyecto docente (Villada y Vizuete, 2002). Consiste en la concurrencia de distintas disciplinas en el estudio o tratamiento de un mismo objeto (Zagalaz, Cachón y Lara, 2014).

La transversalidad viene recogida en el R.D. 126/2014, en su artículo 10:

*"1. Sin perjuicio de su tratamiento específico en algunas de las asignaturas de cada etapa, la **comprensión lectora, la expresión oral y escrita, la comunicación audiovisual, las Tecnologías de la Información y la Comunicación, el emprendimiento y la educación cívica y constitucional** se trabajarán en todas las asignaturas.*

*2. Las Administraciones educativas fomentarán la **calidad, equidad e inclusión educativa de las personas con discapacidad, la igualdad de oportunidades y no discriminación por razón de discapacidad**, medidas de flexibilización y alternativas metodológicas, adaptaciones curriculares, accesibilidad universal, diseño para todos, atención a la diversidad y todas aquellas medidas que sean necesarias para conseguir que el alumnado con discapacidad pueda acceder a una educación educativa de calidad en igualdad de oportunidades.*

*3. Las Administraciones educativas fomentarán el desarrollo de los valores que fomenten la **igualdad efectiva entre hombres y mujeres y la prevención de la violencia de género**, y de los valores inherentes al principio de igualdad de trato y **no discriminación por cualquier condición o circunstancia personal o social**.*

*Las Administraciones educativas fomentarán el aprendizaje de la **prevención y resolución pacífica de conflictos** en todos los ámbitos de la vida personal, familiar y social, así como de los **valores** que sustentan la libertad, la justicia, la igualdad, el pluralismo político, la paz, la democracia, el respeto a los derechos humanos y el rechazo a la violencia terrorista, la pluralidad, el respeto al Estado de derecho, el respeto y consideración a las víctimas del terrorismo y la prevención del terrorismo y de cualquier tipo de violencia.*

*La **programación docente** debe comprender en todo caso la **prevención de la violencia de género, de la violencia terrorista y de cualquier forma de violencia, racismo o xenofobia, incluido el estudio del Holocausto judío como hecho histórico**.*

Se evitarán los comportamientos y contenidos sexistas y estereotipos que supongan discriminación.

*Los currículos de Educación Primaria incorporarán elementos curriculares relacionados con el **desarrollo sostenible y el medio ambiente, los riesgos de explotación y abuso sexual, las situaciones de riesgo derivadas de la utilización de las Tecnologías de la Información y la Comunicación, así como la protección ante emergencias y catástrofes**.*

*4. Los currículos de Educación Primaria incorporarán elementos curriculares orientados al **desarrollo y afianzamiento del espíritu emprendedor**. Las Administraciones educativas fomentarán las medidas para que el alumnado participe en actividades que le permita afianzar el espíritu emprendedor y la **iniciativa empresarial** a partir de aptitudes como la creatividad, la autonomía, la iniciativa, el trabajo en equipo, la confianza en uno mismo y el sentido crítico.*

*5. Las Administraciones educativas adoptarán medidas para que la **actividad física y la dieta equilibrada** formen parte del comportamiento infantil. A estos efectos, dichas Administraciones promoverán la práctica diaria de deporte y ejercicio físico por parte de los alumnos y alumnas durante la jornada escolar, en los términos y condiciones que, siguiendo las recomendaciones de los organismos competentes, garanticen un desarrollo adecuado para favorecer una **vida activa, saludable y autónoma**. El diseño, coordinación y supervisión de las medidas que a estos efectos se adopten en el centro educativo, serán asumidos por el **profesorado con cualificación o especialización adecuada** en estos ámbitos.*

*6. En el ámbito de la **educación y la seguridad vial**, las Administraciones educativas incorporarán elementos curriculares y promoverán acciones para la mejora de la convivencia y la prevención de los accidentes de tráfico, con el fin de que el alumnado conozca sus derechos y deberes como usuario de las vías, en calidad de peatón, viajero y conductor de bicicletas, respete las normas y señales, y se favorezca la convivencia, la tolerancia, la prudencia, el autocontrol, el diálogo y la empatía con actuaciones adecuadas tendentes a evitar los accidentes de tráfico y sus secuelas".*

Por su parte, la L. E. A./2007 las trata en el art. 39 "**Educación en Valores**":

1. Las actividades de las enseñanzas, en general, el desarrollo de la vida de los centros y el currículo tomarán en consideración como elementos transversales el **fortalecimiento del respeto de los derechos humanos y de las libertades fundamentales y los valores que preparan al alumnado para sumir una vida responsable en una sociedad libre y democrática**.
2. Asimismo, se incluirá el **conocimiento y el respeto a los valores recogidos en la Constitución Española y en el Estatuto de Autonomía para Andalucía**.
3. Con objeto de favorecer la **igualdad real y efectiva entre hombres y mujeres**, el currículo contribuirá a la superación de las desigualdades por razón de género, cuando las hubiere, y permitirá apreciar la aportación de las mujeres al desarrollo de nuestra sociedad y al conocimiento acumulado por la humanidad.
4. El currículo contemplará la presencia de contenidos y actividades que promuevan la práctica real y efectiva de la igualdad, la **adquisición de hábitos de la vida saludable y deportiva** y la **capacitación para decidir entre las opciones que favorezcan un adecuado bienestar físico, mental y social para sí y para los demás**.
5. Asimismo, el currículo incluirá aspectos de **educación vial, de educación para el consumo, de salud laboral, de respeto a la interculturalidad, a la diversidad, al medio ambiente y para la utilización responsable del tiempo libre y del ocio**.

No podemos dejar sin mencionar, para Andalucía, el artículo 40 de la L.E.A. /2007: "**Cultura andaluza**". *El currículo deberá contemplar la presencia de contenidos y de actividades relacionadas con el medio natural, la historia, la cultura y otros hechos diferenciadores de Andalucía, como el flamenco, para que sean conocidos, valorados y respetados como patrimonio propio y en el marco de la cultura española y universal.*

En la Programación debemos concretar varios ejemplos que demuestren la **relación** de nuestra área con los Elementos Transversales. Se trata de una serie de **contribuciones** que nos indican cómo llevar en nuestra práctica docente la coherencia inter áreas tan estrechamente unida al desarrollo de los Elementos Transversales.

Son materias con un importante componente ético, de actitudes, valores, normas..., que pretenden ofrecer una **formación integral** al alumnado. Tienen un carácter transversal, tanto en el espacio como en el tiempo; se desarrollan desde las áreas curriculares (con un planteamiento globalizador o interdisciplinar), pero también **impregnan** todo el currículo (el ambiente, la vida y las relaciones sociales del centro).

En muchos aspectos están conectados entre sí y con ellos se completa el círculo pedagógico, por lo que se asegura una formación integral donde el aprendizaje cognitivo se fundamenta en la significación y en los valores sociales con inspiración democrática (Martínez, 2011).

Debemos poner **ejemplos** donde se **vinculen** a la Educación Física. No olvidemos que muchos contenidos pueden ser tratados desde distintas áreas de manera integradora y no fragmentaria.

También podemos referirnos a algunos autores que tratan este tema en su bibliografía. Para ello proponemos muchas muestras para personalizar nuestro trabajo Torre y Girela (1997) y Martínez (2011). Ahora presentamos ejemplos de cada temática relacionada con el elemento transversal:

- **Respeto al Medio Ambiente**.- Nos ayuda a recoger información del medio y sus problemas.
    - Actividades en el medio natural: juegos, natación, marchas y acampadas, esquí, trineo, patinaje sobre hielo, etc.
    - Fomento de actitudes de respeto y cuidado del medio.
    - Juegos expresivos sobre la relación entre la persona y el medio, la degradación de éste.
    - Desarrollo de las habilidades motrices en el medio natural.
    - Actividades de orientación, senderismo, rastreo, camuflaje, etc.
    - Conocimiento del medio. Factores contaminantes.
    - Sensibilización hacia su conservación, limpieza, respeto, etc.
    - Juegos de orientación espacial, cálculo de distancias, mapas, planos, itinerarios, etc.

- **Igualdad real y efectiva entre hombres y mujeres**.- Que niñas y niños se respeten, desarrollen sus capacidades independientemente del sexo.
    - Grupos mixtos, juegos sin tendencia a uno u otro sexo.
    - Formación de grupos cooperativos, evitando rechazos y discriminaciones.
    - Uso de una metodología que permita cambios continuos de grupos y roles.
    - Léxico equilibrado.
    - Atención a las tradiciones vejatorias, etc.
    - Eliminar prejuicios sociales sobre el cuerpo y la biología femenina.
    - No diferenciar actividades propuestas para ellos o ellas, lo importante es la progresión individual.
    - Proponer juegos alternativos que carecen de contaminación sexista.
    - Analizar en una puesta común cualquier sesgo sexista que pueda producirse.
    - Citar a:
        - Ley 12/2007, de 26 de noviembre, para la promoción de la igualdad de género en Andalucía. (BOJA 18/12/2007).
        - II Plan Estratégico de Igualdad de Género en educación 2016-2021. (BOJA nº 41, de 02/03/2016).

- **Educación para el Consumo**.- Relación con los productos habituales de consumo especialmente conectados con la actividad física.
    - Respetar los materiales, recogerlos tras la clase, cuidarlos.
    - Las marcas comerciales, atención a la publicidad. Distinguir información de publicidad.
    - Análisis de modas y estereotipos en anuncios.
    - Los "productos milagro".
    - Los pequeños son los más influidos por el acoso publicitario del entorno.
    - Detectar en las etiquetas la materia prima de la que está fabricado el producto, valorando precio-calidad.
    - Saber elegir vestido y calzado en función de su utilización, distinguiendo materiales de uso deportivo y escolar.
    - Establecer criterios de utilización del material deportivo que nuestros alumnos y alumnas usan, el consumismo.
    - Empleo de chándal, zapatillas, etc. en función de su operatividad y no según modas o caprichos superfluos.
    - Participación en eventos organizados por organismos municipales tales como el "Día de la Bicicleta", etc.

- o   Prevención de hábitos consumistas, sobre todo con determinados productos no beneficiosos para la salud.
- o   Tener como alternativa el uso de los materiales de desecho.
- o   Fomento de juegos sin materiales complejos y que puedan ser elaborados por el propio alumnado.
- o   Elección como recursos para el Área de materiales ecológicos, duraderos, multifuncionales y económicos.
- o   El juego como medio y alternativa ante determinadas actitudes consumistas.

- **Hábitos de vida saludable y deportiva.-** El juego motor como contenido del tiempo de ocio y vacacional y su valor para la mejora de la salud.
  - o   Higiene postural, hábitos higiénicos y saludables, rehidratación, el cuidado del cuerpo, prevención de riesgos, etc.
  - o   Adopción de medidas básicas de seguridad.
  - o   Beneficios y peligros del ejercicio. Dosificación del esfuerzo.
  - o   Calentamiento, relajación, estiramientos.
  - o   Sustancias tóxicas.
  - o   Control de la condición física.
  - o   Control cardiaco. Pulsaciones. Recuperación.

- **Educación Sexual.** En muchas ocasiones forma parte del **anterior**. Podemos ayudarnos de los numerosos recursos que ofrece la propia Consejería de Educación, la de Salud o la de Igualdad y Bienestar Social a través del Instituto Andaluz de Juventud.
  - o   Conocimiento del propio cuerpo.
  - o   Actitudes de respeto hacia el propio cuerpo y su desarrollo.
  - o   Valorar y reconocer las diferencias existentes entre niñas y niños en relación a su crecimiento óseo y muscular.
  - o   Comprensión de los cambios corporales que se producen durante el desarrollo prepuberal y su relación con la actividad física.
  - o   Uso de los medios habituales de la educación física para aceptar los cambios sufridos a nivel corporal (equipación, protecciones en deportes de contacto, etc.)
  - o   Uso del ejercicio físico como corrector de las alteraciones propias del raquis durante el desarrollo sexual (cifosis…)
  - o   Observación de los desajustes coordinativos generales producidos por el desarrollo corporal.
  - o   Los juegos no competitivos, como los cooperativos, contribuyen a impedir las grandes diferencias de sexo en las prácticas lúdicas.
  - o   Nombrar *"Ganar en salud en la escuela. Guía para conseguirlo"*. Editadas por el MEC y M. Salud. Madrid (2009).

- **Tecnologías de la información y la comunicación.-** El alumnado como usuario de las TIC/TAC. Es una de las últimas tendencias educativas. Internet ofrece una fuente inagotable de información para nuestros alumnos y éstos pueden relacionarse con los demás. La propia Ley 17/2007 de Educación en Andalucía indica que *"se incorporarán de manera generalizada las tecnologías de la información y la comunicación a los procesos de enseñanza y aprendizaje"*. En el mismo sentido se pronuncia la LOMCE/2013 y legislación que la desarrolla.
  - o   Quizás lo más habitual sea el uso de los programas del entorno "Office", como Word para procesar textos de apuntes, cuadernos; Power Point para la presentación de fotos y videos, Excel, para hacer cálculos y llevar al día las evaluaciones, etc.

- Hoy día tienen cada vez más importancia las llamadas "**redes sociales**", que las emplean de forma mayoritaria nuestro alumnado: "Tuenti"; "Facebook"; "Twiter", "Gmail"; "Messenger", "Yahoo", etc.
- Conocer juegos y deportes, sus reglas, experiencias, a través de las Webs. Algunos ejemplos de Webs con recursos útiles para nuestra didáctica son la plataforma educativa "Helvia", el sitio Web "Averroes", And@red y la "Base Andaluza de Recursos Digitales" (BARTIC). El MEC pone a nuestra disposición la web del Centro Nacional de Información y Comunicación Educativa (CNICE).
- Hay otras iniciativas como la Base Andaluza de Recursos de Innovación Educativa (BARIE), el programa "Pasen" para la comunicación con las familias y las llamadas "**tutorías electrónicas**" y la realización de trámites administrativos.
- Algunos ejemplos de herramientas son los "Plan Lesson", "La Caza del Tesoro", los deberes Web, las Webquest, las Mini Webquest, "Hot Potatoes", "JCLIC", etc. "EDUSPORT", en cambio, es una plataforma del M.E.C. que pone a disposición del profesorado numerosos recursos, incluidos los prácticos en formato video digital. Propone el desarrollo pedagógico para el área de educación física de los contenidos básicos para la educación. En ese sentido, otras **plataformas** educativas muy **actuales**, son: Brainly; Docsity; Educanetwork; Edmodo; Eduredes; Eduskopia; Misdeberes.es; Otra Educación; RedAlumnos; The Capsuled; etc.
- Otros materiales multimedia están también accediendo a nuestras escuelas, como las pizarras de pantalla táctil.

- **Educación Vial**.- Cómo en clase podemos mejorar aspectos espacio-temporales, de orientación, etc. que son aplicables a las habilidades viales.
    - Conocimiento de las distancias.
    - Afianzar la lateralidad para optimizar la orientación espacial.
    - Reconocimiento de formas y tamaños, direcciones, colores y posiciones de las señales de tráfico.
    - Aprovechar los viajes en autobús o los desplazamientos locales para incidir en ello. También las marchas en el medio natural.
    - Relacionar la señalización el tráfico con las nociones de sentido, dirección, perpendicularidad, paralelismo, etc.
    - Comprensión y diferenciación de velocidades, trayectorias, direcciones, ocupación de espacios, etc.
    - Relaciones entre los componentes de la sensomotricidad (memoria y discriminación visual y auditiva) y la educación vial.
    - Correspondencias entre las nociones topológicas, proyectivas y métricas y la educación vial.
    - Lo mismo podemos decir de las temporales.
    - Conocimiento de los primeros auxilios.

- **Fortalecimiento del respeto de los derechos humanos y de las libertades fundamentales**.- Muy aplicable en nuestra Área por la resolución de conflictos que puedan plantearse en los juegos, así como la aceptación de normas y reglas puestas de forma democrática.
    - Respeto y tolerancia. Relaciones constructivas y equilibradas.
    - Parar cuando se produzca un hecho digno de ser analizado en grupo. Mejora del sentido crítico ante hechos reprobables, como situaciones de racismo y discriminación social.
    - El juego cooperativo, solidario y en equipo frente a juegos meramente competitivos.

- Situaciones de reto sin que ello implique actitudes de desaire u ofuscación.
- Debemos huir de situaciones donde los participantes queden eliminados.
- No discriminación de alumna o alumno por razón de sexo, etnia, nivel social o discapacidad.
- Los talleres deportivos, expresivos, etc. de las actividades extraescolares son un excelente medio para mejorar la relación con grupos marginales o emergentes, sobre todo en determinadas ciudades andaluzas.
- Las actividades deben proporcionar la mejora de la autoestima y confianza.
- Importancia de los juegos en las relaciones con los demás, respetando las formas lúdicas y bailes de otros grupos, sus normas y costumbres.
- Poner atención a determinados sub-grupos que copan los mejores espacios y recursos.
- Citar a:
    - Orden de 15 de Enero de 2007, del Gobierno de Andalucía, por la que se regulan las medidas y actuaciones a desarrollar para la atención al alumnado inmigrante y, especialmente, las Aulas Temporales de Adaptación Lingüística, B.O.J.A. nº 33 de 14/02/2007 (A.T.A.L.)
    - También el Decreto 19/2007, de 23 de enero, por el que se adoptan medidas para la promoción de la Cultura de Paz y la Mejora de la Convivencia en los Centros Educativos sostenidos con fondos públicos, B.O.J.A. nº 25 de 02/02/2007.
    - R.D. 275/2007, de 23 de febrero, por el que se crea el Observatorio Estatal de la Convivencia Escolar. (BOE 15/03/2007).
    - Ley 13/2007, de 26 de noviembre, de medidas de prevención y protección integral contra la violencia de género. (B.O.J.A. 18/12/2007)

- **Cultura Andaluza**.- Ayudamos a conocer nuestra realidad contextual y cultural.
    - Investigamos y practicamos los juegos populares andaluces.
    - Realización de juegos y actividades físicas características de las fiestas de la localidad.
    - Realizamos actividades complementarias y extraescolares en espacios naturales de nuestra tierra. Citar la Orden de 5 de noviembre de 2014, por la que se modifica la de 3 de agosto de 2010, por la que se regulan los servicios complementarios de la enseñanza de aula matinal, comedor escolar y actividades extraescolares en los centros docentes públicos, así como la ampliación de horario (BOJA nº 233, de 28/11/2014).
    - El uso la cultura andaluza como un elemento habitual en la práctica educativa, sin más límite que las propias necesidades y condiciones de los procesos de aprendizaje.
    - Debemos citar el "Día del Flamenco" y la legislación que lo justifica: O. de 07/05/2014, por la que se establecen medidas para la inclusión del Flamenco en el sistema educativo andaluz. BOJA 28/05/2014.
    - Consumo de productos andaluces.
    - Representación dramática de hechos de la historia de Andalucía.

- Citar la Resolución de 22/01/2016, de la Dirección General de Innovación, por la que se dictan instrucciones para la celebración del Día de Andalucía en los centros docentes de la Comunidad Autónoma Andaluza (BOJA 05/02/2016).

- **Educación Intercultural**.- La multiculturalidad es una de las principales características de las sociedades actuales porque la inmigración obliga a muchas personas a desplazarse buscando mejorar sus condiciones de vida. Ello da a lugar a que en numerosos pueblos de Andalucía convivan mujeres y hombres con diferentes orígenes y culturas. Esto ha provocado ciertas manifestaciones de rechazo con tendencias racistas y xenófobas.
    - El rol de nuestra área en la integración recreativa y lúdica de todo el alumnado independientemente su contexto, cultura, procedencia, etc.
    - Asegurar las bases para la igualdad de oportunidades en la escuela, el trabajo y la sociedad, atendiendo a la diversidad de géneros, etnias y culturas a partir de un reconocimiento entre iguales basado en el respeto a la diversidad.
    - Las escuelas son básicas para conseguir espacios interculturales donde se reconozca, potencie y comprenda la diversidad cultural, evitando discriminaciones y la exclusión de los colectivos de inmigrantes y minorías étnicas, tan abundantes en Andalucía.
    - Está relacionada con la Cultura Andaluza, que es un compendio de los pueblos que han pasado por nuestra tierra a lo largo de los siglos.
    - Fomentamos el respeto y la integración de todas las culturas.
    - Juegos populares propuestos por el alumnado inmigrante.
    - Danzas populares del mundo. Conocerlas como medio de acercamiento y conocimiento a otras culturas.
    - La educación intercultural, entendida como actitud pedagógica que favorece la interacción entre las diferentes culturas, se convierte así en la mejor forma de prevenir el racismo y la xenofobia.
    - Internet es un medio de comunicación, entendimiento y cooperación con personas de cualquier continente, raza o cultura, que fomenta un espíritu de tolerancia y cosmopolitismo.
    - El uso de Internet ayuda a entender la diversidad lingüística y cultural de los pueblos, lo que permite desarrollar una actitud de interés y respeto hacia los mismos
    - Nombrar el II Plan Integral para la Inmigración en Andalucía 2006-2009 y, si se da el caso, si existe en la localidad una Comisión Local de Educación Intercultural, que pretende articular y optimizar la intervención de las distintas instituciones públicas y privadas implicadas: Consejería de Educación, Ayuntamiento, ONGs, AMPAs y Asociaciones Vecinales.
    - Podemos dedicar una unidad entera o un par de sesiones de cualquier otra, como la relativa a los juegos populares, a realizar un "parque lúdico temático sobre la culturalidad del mundo".

- **Salud laboral**.- La necesidad de proporcionar a los alumnos las mejores condiciones de seguridad durante su permanencia en la escuela, es una de las preocupaciones fundamentales que debe estar presente desde los mismos comienzos del proyecto escolar.

Se pretende desarrollar en el alumnado un compromiso con la salud laboral en la escuela, fundamentalmente de prevención. La finalidad es que niñas y niños adquieran desde la edad escolar una actitud responsable ante los peligros de las actividades cotidianas y en la forma de trabajar y actuar, para en un futuro hacerlo sin riesgos. La prevención implica unos comportamientos y hábitos seguros, tanto en las actividades de la vida diaria como en el trabajo. Junto con las necesarias medidas de protección, la prevención es la manera más adecuada de evitar los accidentes laborales.

- o Escuela y aulas confortables: temperatura, corrientes de aire, humedad, ventilación, iluminación, ausencia de ruidos, etc.
- o Ausencia de peligros.
- o Mesas y sillas de tamaño adecuado a quienes las usan.
- o Normas para evitar siniestros.
- o El botiquín escolar.
- o Cursillo de primeros auxilios.
- o Medidas de protección ante el fuego y otros peligros. Normas y simulacros de evacuación.
- o Por todo ello, los docentes deben ser capacitados y entrenados permanentemente sobre la prevención de riesgos, promoción de la seguridad y forma de actuar ante la amenaza o acontecimiento de hechos relacionados con los siniestros.
- o El alumnado debe también saber cómo proceder manteniendo la calma y respetando los acuerdos preestablecidos.

Todos estos aspectos deben estar recogidos en el Plan de Autoprotección del centro escolar. Citar la legislación que lo regula: R. D. 1468/2008, de 5 de septiembre, por el que se modifica el Real Decreto 393/2007, de 23 de marzo, por el que se aprueba la norma básica de autoprotección de los centros, establecimientos y dependencias dedicados a actividades que puedan dar origen a situaciones de emergencia, BOE 03/10/2008. Instrucciones de 16 de marzo de 2011, de la Dirección General de Profesorado y Gestión de Recursos Humanos relativas a los aspectos relacionados con el plan de autoprotección y la prevención de riesgos laborales que deben incluir los reglamentos de organización y funcionamiento de los centros.

11.2.- Relación de la Programación con otras Áreas.

Significa la existencia de un grupo de disciplinas relacionadas entre sí, bien con vínculos previamente establecidos o sin ellos, que en momentos puntuales se conectan en aras de la mejora del contenido que se va a tratar. En Educación Física, el **bilingüismo** es un gran ejemplo de cómo podemos intervenir, debido a que los términos deportivos de ascendencia inglesa son conocidos por la difusión que hacen de ellos los medios de comunicación social (Zagalaz, Cachón y Lara, 2014).

En cuanto a las relaciones con las demás áreas del currículo, debemos poner **ejemplos ordenados** donde se vinculen a Educación Física. No olvidemos que muchos contenidos pueden ser tratados desde distintas áreas de manera integradora y no fragmentaria.

Para llevar a cabo esta tarea, es necesaria la coordinación y el trabajo del **equipo docente** del ciclo (Martínez, 2011).

Proponemos muchos ejemplos Torre y Girela (1997) y Martínez (2011), para que cada lectora o lector personalice su trabajo:

- **Matemáticas.-**

    - o Situación de un objeto en el espacio.
    - o Distancias, giros como elementos de referencia.
    - o Uso de la medida numérica en el reconocimiento del cuerpo.
    - o Conteo, sumas de pulsaciones, medidas antropométricas, etc.

- Juegos que permitan descubrir las unidades de medidas espacio-temporales: longitud, velocidades, trayectorias, etc.
- Realización de test físicos. Valoración y su representación gráfica. Hallar la media, la mejor marca, etc.
- Uso de cronómetro, cinta métrica, dinamómetro, etc.
- Recogida de datos numéricos.
- Actividades en el medio natural donde haya que calcular distancias, pasos, direcciones, etc.
- Encuestas y su tabulación. Estadísticas.
- Manejo de brújulas, mapas, croquis, itinerarios gráficos, códigos numéricos establecidos previamente, etc.
- Uso del cálculo mental y la orientación espacial para elaborar tácticas en la iniciación deportiva.
- Medir espacios deportivos, marcar líneas que lo delimiten, etc.
- Construcción y representación de figuras geométricas.
- Diferenciación de espacios (pequeño-grande); formas (planas, volumétricas), etc.
- Ocupaciones del espacio.
- Planos y maquetas de espacios deportivos.

- **Educación Artística**.- Supone la unificación de tres ámbitos de diferenciación: plástica, música y dramatización.

  - Representación elemental del espacio. Planos, maquetas, mapas.
  - Relaciones topológicas (lejanía, tamaño, etc.) y métricas (ángulos, perspectivas).
  - Percepción espacial: tamaños, colores, formas, texturas...
  - Murales sobre juegos, modelaje de figuras, etc.
  - Creación de materiales para las clases tales como pompones, bolos, zancos, dianas, vallas, etc.
  - El cuerpo como instrumento de percusión: gesto sonoro y recurso vocal.
  - Juego dramático expresando diversos estados de ánimo.
  - Elaboración de materiales propios para la expresión: decorados, caretas, disfraces, etc.
  - Percepción temporal y las características del sonido: intensidad, duración, velocidad, timbre, etc.
  - Representación de vivencias corporales.
  - Interpretación de sonidos y ritmos mediante el movimiento.
  - Juego expresivo donde se simbolicen objetos y situaciones de la vida cotidiana.
  - Exploración sensorial de personas y objetos como recurso de comunicación y relación.
  - Movimiento y estructuración espacio temporal.
  - Representaciones que necesiten un trabajo plástico como máscaras, dibujos, construcciones, temas musicales y canciones...
  - Representaciones de pantomima, bailes, títeres, coreografía, etc.
  - Juegos de rol.
  - Posibilidades expresivas y sonoras de los materiales que nos rodean.
  - Actividades lúdicas con materiales reciclados con finalidad, comunicativa y expresiva.
  - Búsqueda de ritmos orgánicos: pulso y respiración.
  - Toma de conciencia del tiempo personal.

- o   Realización de estructuras rítmicas buscando la comunicación con los demás.
- o   Los segmentos corporales se ajustan a los ritmos.
- o   Danzas populares con canciones.
- o   Uso de elementos musicales para marcar ritmos: palillos, pandereta, tambor, etc.
- o   Improvisación vocal e instrumental en acompañamiento de danzas.
- o   Conocimiento de danzas del mundo como medio para acercarnos y aceptar otras culturas.
- o   Prácticas relajatorias y de respiración. Uso de un fondo musical apropiado.

- **CC. Sociales y CC. De la Naturaleza** (antes C. del Medio).-

    - o   Orientación y puntos cardinales. Brújula e interpretación de mapas.
    - o   Actividades en la naturaleza: recreo, habilidades motrices, específicas del medio, construcciones, señales, camuflaje, etc.
    - o   Uso de los recursos propios del medio para las actividades, como arena, conchas, piedras, árboles, etc.
    - o   Utilización de materiales reciclado en clase: neumáticos, conos balizadores del tráfico, etc.
    - o   Los seres vivos en su medio.
    - o   El funcionamiento del cuerpo humano.
    - o   Anatomía, fisiología, nutrición e higiene, etc.
    - o   Sustancias no saludables.
    - o   Beneficios del ejercicio físico para la salud física y psíquica.
    - o   Respeto a los límites corporales.
    - o   Importancia de la higiene en ropa, calzado, recursos, etc.
    - o   La postura. Higiene postural.
    - o   Lateralidad, control y ajuste corporal.
    - o   Relajación y respiración.
    - o   La actividad física y el juego como recurso en las relaciones con los demás.
    - o   El juego popular y tradicional. Investigación de juegos autóctonos.
    - o   Bailes propios del entorno.
    - o   El juego como mediador en el conocimiento de individuos procedentes de otras culturas.

- **Lengua Castellana y Literatura**.-

    - o   Nuevas expresiones. Uso correcto de la terminología específica del área: pica, colchoneta, bádminton, etc.
    - o   Dramatización de textos literarios.
    - o   Canciones y danzas unidas a juegos.
    - o   Relación entre las habilidades perceptivo-motrices y la lecto-escritura.
    - o   Lectura y comprensión de textos, vídeos y comunicaciones de origen multimedia relacionados con la Educación Física, el juego, etc. Citar el Acuerdo de 23 de enero de 2007, del Consejo de Gobierno de la Junta de Andalucía, por el que se aprueba el Plan de Lectura y de Bibliotecas Escolares en los Centros Educativos Públicos de Andalucía, B. O. J. A. nº 29 de 08/02/2007.
    - o   Uso de fichas de trabajo y registro donde el alumnado lea, comprenda y anote las tareas pedidas.
    - o   Realización de cuestionarios.

- Elaboración de encuestas sobre motivos heterogéneos.
- Dar información verbal y escrita inicial y de conocimiento de resultados, con preferencia hacia los de tendencia terminal, prescriptivo, explicativo y afectivo.
- Proporcionar revistas y páginas Web con información de juegos, aventuras, etc.
- También con contenidos relacionados con el aprendizaje deportivo, expresivo, etc.
- Uso de jeroglíficos, acertijos y similares en la búsqueda de respuestas ante problemas motrices y juegos en el medio natural.
- Uso del lenguaje de signos como un medio más de expresión.
- El juego expresivo como recurso para manifestar sentimientos y experiencias.
- El recurso del juego a la hora de relacionarse verbalmente con los demás. Uso del lenguaje verbal y no verbal.
- Intercambio de opiniones, experiencias, ideas, etc. durante las clases de educación física.
- Coloquios diversos, durante la vuelta a la calma, con varias temáticas.
- Comentarios críticos hacia actitudes de discriminación y estereotipos sociales.
- Reflexionar verbalmente y por escrito ante situaciones de publicidad engañosa, sustancias nocivas, etc.
- Tratar técnicas expresivas tales como la mímica, sombras chinescas, juego dramático, etc.
- El lenguaje descriptivo en la explicación de la tarea motriz.
- El lenguaje comparativo al evaluar dos o más acciones motrices.
- Uso del lenguaje de carácter evaluativo en la emisión de juicios de valor ante un hecho.
- El lenguaje narrativo en explicaciones que necesiten presentación, nudo y desenlace final.
- Eliminación del lenguaje sexista y racista.
- Análisis de textos deportivos con lenguaje discriminatorio.

- **Lengua extranjera.-**

    - Conocer juegos populares y tradicionales de otros países.
    - Vocabulario básico del cuerpo: manos, piernas, cabeza…
    - Vocabulario básico espacial: frente a, detrás de, alrededor de… y temporal: más rápido, lento, al mismo ritmo…
    - Palabras relacionadas con la condición física y salud: calentamiento, relajación, estiramiento, resistencia…
    - Vocabulario deportivo: canasta, bote, conducción, tiro, remate…
    - Interpretación de letras de canciones extranjeras en expresión corporal.

Una forma de añadir **originalidad** a nuestro trabajo es agregar algún **gráfico**, aunque ello siempre lleva consigo un consumo de espacio extra. En cualquier caso, podemos añadirlo como **anexo** para ilustrar nuestra defensa oral.

A modo de ejemplo señalamos uno:

MATEMÁTICAS
- Formas geométricas.
- Magnitudes.
- Unidades de medida.
- Escalas.
- Fuerzas.

LENGUAJE
- Comunicación verbal.
- Dramatizaciones.
- Comunicación a través de sonidos, gestos y movimientos.

CC. SOCIALES Y NATURALEZA (C. DEL MEDIO)
- Medio natural.
- Medio social.
- Medio cultural.
- Cuerpo humano.

ARTÍSTICA
- Bailes populares.
- Creación de materiales.
- Adaptación de espacios.

L. EXTRANJERA
- Vocabulario.
- Canciones.
- Deportes.

MÚSICA
- Expresión corporal.
- Ritmos.
- Músicas motivadoras.
- Músicas relajantes.

11.3. Relación entre las UDI.

Indudablemente, debemos hacer un breve comentario a la coherencia entre las Unidades que vamos a tratar durante el curso escolar.

Es decir, mostraremos claramente que el **encadenamiento** que hacemos está muy acorde con el grupo y sus características. Por ejemplo, sería ilógico, en quinto o sexto curso, comenzar en septiembre con el aprendizaje sobre la iniciación deportiva y terminar el curso con otras que tienen como objetivos la mejora de las habilidades perceptivas.

De cualquier forma, si observamos detenidamente lo expresado en los decretos y órdenes comprenderemos el comentario anterior. No olvidemos que los objetivos marcados en la legislación vigente son para cumplirlos en sexto curso, al final de la Etapa, de ahí que los tengamos que concretar en cada ciclo acrecentando su grado de dificultad.

Otras veces dependemos mucho de las condiciones climáticas y su influencia en nuestro centro, habida cuenta las instalaciones externas y bajo techo disponibles. Ello suele limitarnos a la hora de la temporalización de las Unidades.

Por todo ello, mostramos una posible relación de **temáticas** en las UDI a tratar en cada uno de los ciclos:

1º CICLO:

- Esquema corporal y sus componentes. Lateralidad. Sensomotricidad.
- Percepciones espacio-temporales y sus componentes.
- Capacidades coordinativas y equilibradoras.
- Habilidades y destrezas básicas y sus tipos.
- Habilidades expresivas y sus componentes más sencillos.
- Tratamiento de la salud.
- Juego y sus variantes, desde el popular-tradicional más simple al acuático y en el medio natural, pasando por el realizado con material reciclado, cooperativo, etc.

2º CICLO:

Seguimos el mismo esquema que en primer ciclo, pero aumentando la intensidad y complejidad de las Unidades. En función del grupo, podemos disminuir lo concerniente al esquema corporal y a las habilidades perceptivo-motrices y progresar en el aprendizaje de las habilidades genéricas y el juego pre-deportivo.

Las actividades en el medio natural nos permiten hacer salidas cortas con contenidos acordes a la edad.

3º CICLO:

Sobre la base de lo hecho en el ciclo anterior, seguimos aumentando la dificultad. Por ejemplo, ya aparecen unidades destinadas a la iniciación deportiva (habilidades específicas) porque en ciclos anteriores las básicas, genéricas y el juego pre-deportivo nos sirvieron de aprendizajes previos. También programaremos alguna destinada a la condición física-salud. El juego expresivo ya no es tan fácil como el "cuento-motor" de primero o segundo curso; podemos hacer un juego dramático de cierta consistencia, con personajes, diálogos, etc.

Las actividades simples en el medio natural de años anteriores plantearán un mayor nivel de complejidad, incluyendo orientación, montaje de tiendas, etc.

11.4. Contribución a los hábitos de lectura, escritura y expresión oral.

Diversa legislación incide que en todas las áreas debemos contemplar actividades encaminadas a la práctica de la lectura, escritura y expresión oral. Por ejemplo, el R. D. 126/2014, O. 17/03/2015, entre otros documentos legislativos.

Por ello, entendemos, debemos citar cómo en la programación vamos a tratar este aspecto. Mostramos una serie de ejemplos a citar en función del espacio disponible:

- Actividades de expresión verbal y corporal
- Uso del diálogo para la resolución de conflictos
- Redacción de lo que recuerden de los cuentos motores (cuento-lección) que hayamos usado

- Elaboración de fichas con los juegos realizados en cada unidad didáctica
- Realización de los trabajos que traen los cuadernos de clase
- Expresión verbal de situaciones y opiniones personales con motivo de algún hecho destacable de índole deportiva o relacionado con la salud o el juego
- Uso de las TIC/TAC y aplicaciones App. Por ejemplo, resolver las propuestas efectuadas por las Webquest

Independientemente de ello, y dada la proliferación de información utilizable -no olvidemos que estamos muy limitados por el espacio disponible-, podemos plasmar en la programación un serie de ejemplos de los Elementos Transversales/Educación en Valores, otras Áreas, etc., concretándolos en una tabla como la que ahora mostramos y acompañada de un texto similar a éste:

"*Tomando como referencia los Contenidos Transversales/Educación en Valores especificados en la legislación vigente, aquellos que de una manera más significativa vamos a tratar a lo largo del curso, son*":

ELEMENTO TRANSVERSAL	EJEMPLOS	U. D.
CULTURA ANDALUZA	• Investigamos y practicamos los juegos populares andaluces. • Realización de juegos y actividades físicas características de las fiestas de la localidad.	9, 7
CONSUMO RESPONSABLE	• Saber elegir vestido y calzado en función de su utilización, distinguiendo materiales de uso deportivo y escolar. • Establecer criterios de utilización del material deportivo que nuestros alumnos y alumnas usan, el consumismo.	8, 12

"*Tomando como referencia los contenidos de las diferentes áreas, aquéllos que de una manera más significativa vamos a tratar a lo largo del curso, son*":

ÁREA	EJEMPLOS	U. D.
LENGUA CASTELLANA	• Nuevas expresiones. Uso correcto de la terminología específica del área: pica, colchoneta, bádminton, etc. • Relación entre las habilidades perceptivo-motrices y la lecto-escritura.	4, 5
MATEMÁTICAS	• Situación de un objeto en el espacio. • Distancias, giros como elementos de referencia. • Uso de la medida numérica en el reconocimiento del cuerpo. • Conteo, sumas de pulsaciones, medidas antropométricas, etc.	9, 10, 12, 14

En cualquier caso, igualmente, podemos aportarlo como **anexo** y así defenderlo mejor ante el tribunal.

12.- METODOLOGÍA Y RECURSOS.

Podemos comenzar este apartado comentando su **concepto** y aspectos metodológicos **generales**, **principios**, etc. Ver el Tema 23, sobre metodología, en Cañizares y Carbonero (2007). Como siempre, todo estará en consonancia con el espacio disponible.

Está aceptado que la metodología constituye el conjunto de criterios y decisiones que organizan, de forma global, la acción didáctica en el aula: papel que juegan los alumnos y profesores, utilización de medios y recursos, tipos de actividades, organización de los tiempos y espacios, agrupamientos, secuenciación y tipos de tareas, etc. (Blázquez -coord.-, 2016).

La LOMCE/2013, nos indica que la "*metodología didáctica comprende tanto la descripción de las prácticas docentes como la organización de su trabajo*".

La Ley 17/2007 de Educación en Andalucía (L. E. A.), señala que debemos "*permitir una organización flexible, variada e individualizada de la ordenación de los contenidos y de su enseñanza, facilitando la atención a la diversidad como pauta ordinaria de la acción educativa del profesorado, particularmente en la enseñanza obligatoria*".

El **D. 97/2015**, indica en su artículo 8, sobre las "**orientaciones metodológicas**", lo siguiente:

1. La metodología tendrá un carácter fundamentalmente activo, motivador y participativo, partirá de los intereses del alumnado, favorecerá el trabajo individual, cooperativo y el aprendizaje entre iguales y la utilización de enfoques orientados desde una perspectiva de género, e integrará en todas las áreas referencias a la vida cotidiana y al entorno inmediato.

2. Permitirá la integración de los aprendizajes, poniéndolos en relación con distintos tipos de contenidos y utilizándolos de manera efectiva en diferentes situaciones y contextos.

3. Se orientará al desarrollo de competencias clave, a través de situaciones educativas que posibiliten, fomenten y desarrollen conexiones con las prácticas sociales y culturales de la comunidad.

4. Favorecerá el desarrollo de actividades y tareas relevantes, haciendo uso de recursos y materiales didácticos diversos.

5. Garantizará el funcionamiento de los equipos docentes, con objeto de proporcionar un enfoque interdisciplinar, integrador y holístico al proceso educativo.

La O. ECD/65/2015, de 21 de enero, en su Anexo II, establece unas **orientaciones metodológicas** que debemos citar y, al mismo tiempo indicar cómo lo vamos a **aplicar**, incluyendo algún **ejemplo** clarificador:

"*Las metodologías **activas** han de apoyarse en estructuras de aprendizaje **cooperativo**, de forma que, a través de la resolución conjunta de las tareas, los miembros del grupo conozcan las estrategias utilizadas por sus **compañeros** y puedan **aplicarlas** a situaciones similares.*

Para un proceso de enseñanza-aprendizaje competencial las estrategias *interactivas son las más adecuadas, al permitir compartir y construir el conocimiento y dinamizar la sesión de clase mediante el intercambio **verbal** y colectivo de ideas. Las metodologías que contextualizan el aprendizaje y permiten el aprendizaje por **proyectos**, los **centros de interés**, el estudio de **casos** o el aprendizaje basado en **problemas** favorecen la participación activa, la **experimentación** y un aprendizaje **funcional** que va a facilitar el desarrollo de las competencias, así como la motivación de los alumnos y alumnas al contribuir decisivamente a la **transferibilidad** de los aprendizajes.*

*El trabajo por **proyectos**, especialmente relevante para el aprendizaje por competencias, se basa en la propuesta de un plan de acción con el que se busca conseguir un determinado resultado **práctico**. Esta metodología pretende ayudar al alumnado a organizar su pensamiento favoreciendo en ellos la **reflexión**, la **crítica**, la elaboración de **hipótesis** y la tarea **investigadora** a través de un proceso en el que cada uno asume la **responsabilidad** de su aprendizaje, aplicando sus conocimientos y habilidades a proyectos **reales**. Se favorece, por tanto, un aprendizaje orientado a la acción en el que **se integran varias áreas o materias**: los estudiantes ponen en juego un conjunto amplio de conocimientos, habilidades o destrezas y actitudes personales, es decir, los elementos que integran las distintas competencias.*

*Asimismo, resulta recomendable el uso del **portfolio**, que aporta información extensa sobre el aprendizaje del alumnado, refuerza la evaluación continua y permite compartir resultados de aprendizaje. El portfolio es una herramienta motivadora para el alumnado que potencia su autonomía y desarrolla su pensamiento crítico y reflexivo".*

Debemos ser un orientador, estimulador y facilitador del aprendizaje, avanzando desde tareas más sencillas a otras más complejas; de lo más cercano al alumno a lo más alejado, todo ello en un contexto lúdico y creativo. Prestaremos atención a las actividades y materiales que supongan peligro, controlando el riesgo y minimizándolo en todo momento. Evitaremos estereotipos sexistas y fomentaremos la participación en grupos mixtos, siendo muy interesante el aprendizaje cooperativo (Curto, 2009).

Relacionaremos los aprendizajes con los de otras áreas y regularemos el uso de materiales y espacios. No olvidemos que los aprendizajes en el ámbito motor se producen por **interacciones** consigo mismo, los demás, el entorno y el docente.

También podemos referirnos a algunos autores que tratan este tema en su bibliografía, como Galera (2001), Sáenz-López (2002), Fernández García (2002), Blázquez -coord.- (2016), etc.

<u>12. 1.- Metodología para el curso elegido.</u>

Nos referimos a la "impronta" que vamos a reflejar. Algunos aspectos a comentar, son:

- Si vamos a optar por una metodología de tipo participativa, cooperativa, indagación o búsqueda o, por contra, directiva. Añadir algún ejemplo preferentemente relacionado con la indagación:
    - ¿Cómo es más fácil saltar esta línea de aros?
    - ¿Quién es capaz de imitar la carrera del león?
    - ¿Cómo podemos hacernos una bolita?
    - ¿Dónde te notas mejor los latidos del corazón?
- Algunas pautas o normas concretas a seguir. Por ejemplo, el aseo tras la clase, el cambio de ropa, los sitios de espera, la organización de los

grupos para las tareas de recogida del material, limpieza, etc. También podemos comentar, si disponemos de espacio suficiente, aspectos tales como la manera de trasladarse, cómo hay que comportarse en estos desplazamientos, cómo proceder en vestuarios, cuándo y de qué manera beber agua, etc.
- Los estilos, técnicas, estrategias, etc. que preferiblemente usaremos, aplicando algún ejemplo aclaratorio. En este sentido, consideramos que es muy gráfico comentar en una tabla los estilos de enseñanza que vamos a usar, en qué temática concreta y en la UDI donde los aplicamos. Por ejemplo:

ESTILO DE ENSEÑANZA	TEMÁTICA	UDI
Asignación de Tareas	Coordinaciones	2,3,4
Resolución de Problemas	Volteretas	7,8
Grupos de Nivel	Habilidad del salto	12
Microenseñanza	Iniciación deportiva a Mini Voley	14

- Además:
    - La organización del grupo que vamos a trabajar: gran grupo, sub-grupos, parejas, individual para el A.N.E.A.E., etc. Tiene gran importancia porque nos va a permitir un máximo tiempo de compromiso motor.
    - Las formaciones a usar: formal, semi-formal o informal.
    - Tipos de canales de comunicación a emplear: auditivo, visual, kinestésico-táctil.
    - Conocimientos de resultados. Los más preferentes que usamos.

Otra opción para este apartado consiste en formular una serie de "**principios metodológicos**" basándonos en las orientaciones que emanan de la legislación y de autores especialista en estos temas. Por ejemplo:

En función de las características del grupo-clase, genéricamente tenemos previsto llevar a cabo una metodología caracterizada por los siguientes aspectos:

- El juego, la "ludomotricidad", es nuestro recurso metodológico para conseguir los objetivos propuestos y como un contenido a aprender por los alumnos.
- Nuestra enseñanza se adaptará a la diversidad porque no todos los alumnos aprenden al mismo ritmo ni tienen los mismos aprendizajes previos, por ello optaremos por la enseñanza individualizada.
- Partiremos del nivel psicoevolutivo de nuestros alumnos y realizar una enseñanza activa, el alumno/a participará activamente en el desarrollo de las sesiones.
- Trabajo individual y en grupo, preferiblemente cooperativo, evitando todo tipo de discriminación por razón de sexo, etnia, nivel de destreza, por lo que organizaremos las actividades mixtas favoreciendo la igualdad entre sexos.
- Crearemos un clima afectivo, de libertad, seguridad y confianza, en el que el alumno/a se sienta a gusto, seguro y cómodo.
- Aprendizajes significativos partiendo de conocimientos previos para relacionarlos con los nuevos. También buscaremos aprendizajes funcionales y realistas, que sean transferibles a la vida diaria.
- Daremos mayor protagonismo a las técnicas de indagación.
- Evolucionar de lo simple a lo complejo y de lo fácil a lo difícil.
- Tomaremos todas las precauciones para evitar accidentes.

De forma más específica, en nuestras **UDI** tendremos en cuenta los siguientes **aspectos metodológicos**:

- Propuesta de actividades muy variadas donde prime la indagación.
- Evitaremos la excesiva competitividad, haciéndoles ver también la importancia de participar y no solo el resultado.
- Los aprendizajes se basan en la transferencia positiva y su interdisciplinariedad.
- Evitaremos actividades de eliminación.
- Progresaremos en complejidad de la habilidad.
- Daremos refuerzos positivos para motivar a los alumnos/ reconociéndoles los logros.
- Promoveremos valores positivos: deportividad, colaboración, compañerismo, competición sana, cooperación, respeto, sacrificio, espíritu de equipo,....
- La intensidad de los estímulos estarán en función de las características particulares de cada uno o una.
- Las actividades poseerán diferentes niveles de solución y posibilidad de adaptaciones para quienes tengan más dificultad.
- Se reforzará desde el principio la formación de grupos aleatorios, modificándolos en cada actividad: "todos juegan con todos".
- De forma más específica, en nuestras sesiones tendremos en cuenta los siguientes aspectos metodológicos:
- Las normas de clase constituyen requisitos que hay que cumplir para el buen funcionamiento de las sesiones. Las estableceremos conjuntamente con el grupo el primer día. Apuntamos algunos ejemplos:
- Cuando algún alumno/a o el maestro/a habla, el resto le escucha en silencio mostrando absoluto respeto.
- Al salir del aula, el grupo forma una fila y esperará a ser guiados por el alumno/a responsable de semana para ir al gimnasio o pistas respetando al resto del alumnado que se están en las aulas.
- Habrá también una rotación semanal de alumnos/as que se encargarán del material.
- No acceder al uso del material hasta que el maestro no lo autorice. En todo momento hay que respetarlo y cuidarlo.
- Respetar a los demás, evitar discusiones y respetar a todos los compañeros, ayudando a los demás.
- No se puede hacer clase práctica si no se acude con ropa y calzado adecuado.
- Está prohibido masticar chicles.
- Respeto de las normas de prevención y seguridad en la práctica de la actividad física. Por ejemplo, protecciones contra el sol o el frío.
- Respetar las normas de aseo e higiene personal al finalizar cada sesión. Llevar el neceser con colonia, toalla, jabón, peine y muda completa.
- Agrupaciones aleatorias en la formación de grupos en cada actividad.

Ahora podemos concretar las **pautas** metodológicas a tener en cuenta particularmente con el alumnado que hayamos detectado tenga necesidades específicas de apoyo educativo (N.E.A.E.) o bien incluirlo conjuntamente con los demás aspectos en el apartado correspondiente (epígrafe 13).

La citada O. de 17/03/2015, entre sus páginas 498-537, manifiesta el **"Desarrollo Curricular del Área de Educación Física"**. Es decir, *"presenta los criterios de evaluación de cada uno de los ciclos y su relación con el resto de elementos curriculares. Partiendo de cada criterio de evaluación, que describe los aprendizajes imprescindibles y fundamentales que el alumnado tiene que alcanzar en cada área, **se ofrecen orientaciones** y ejemplificaciones de actividades y tareas y se concretan los contenidos necesarios"*.

12.2.- Recursos.

Son los **mediadores** que actúan en el proceso de enseñanza-aprendizaje. Suponen una serie de medios **imprescindibles** para nuestra acción didáctica y, por tanto, debemos preverlos antes de iniciar las distintas sesiones (Cañizares y Carbonero, 2007).

Nos referimos a los **espaciales** propios, como el patio o la sala de usos múltiples, o de la comunidad, como el polideportivo municipal. Debemos evitar que los mejores sitios sean ocupados siempre por los mismos sub-grupos. Comentaremos los que dispongamos. Si nos sobra espacio en la Programación, exponer su aspecto de conservación: si se llueve, hay humedades o está muy nuevo y bien cuidado, etc.

Especificar, igualmente, que el centro elegido para la Programación cumple con lo expresado por el R. D. 132/2010, de 12 de febrero, por el que se establecen los requisitos mínimos de los centros que impartan las enseñanzas del segundo ciclo de la educación infantil, la educación primaria y la educación secundaria, B.O.E. nº 62, de 12/03/2010, ya que dispone de una sala de usos polivalente, patio de recreo semi cubierto, accesibilidad, etc.

La seguridad en el uso de los recursos debe ser prioritaria para nosotros. Roldán (2002), coordina la publicación "**Manual de seguridad en los centros educativos**", editada por la C.E.J.A. Indica una serie de pautas a seguir tendente a la protección en las instalaciones escolares.

Debemos procurar recursos **materiales** (picas, pelotas, globos, cuadernos, etc.) en cantidad y calidad suficientes, escogiendo aquellos que sean más apropiados para ayudarnos a conseguir los objetivos, además de ser seguros, adaptables a los distintos niveles de aprendizaje, multifuncionales, motivadores, etc.

Debemos nombrar y especificar los **materiales** que tenemos a nuestra disposición, su número y estado, aunque en función del espacio disponible: picas, aros, balones, globos, espalderas, redes, indiacas, paracaídas, etc., así como el impreso, informático y audiovisual. Es tal la variedad existente que podemos comentarlos por grupos. Por ejemplo:

- Materiales propios del Área
    - Instalado (porterías, postes, espalderas...)
    - Tradicional (colchonetas, bancos...)
    - Móvil (pelotas, picas, aros...)
    - Alternativo (indíacas, paracaídas...)
    - Reciclado (botes, envases, telas, neumáticos...)
    - Impreso y audiovisual (cuaderno, póster, fichas, ordenador...)

Podemos aplicar lo anterior en una tabla que relacione a los recursos con las UDI donde los vamos a necesitar. Por ejemplo:

RECURSOS MATERIALES	TEMÁTICA	UDI DE USO
Aros de 50 cm. diámetro	Coordinaciones	2,4,7,8
Colchonetas 2X1	Giros. Volteretas	5, 6
Cuerdas	Coordinaciones. Juego popular	1,9,12
Ordenador. Internet	Webquest	10

En todo caso, si nos vamos a auxiliar de un libro de texto o de un cuaderno o material fotocopiable, debemos reseñarlo. Justificar si lo escogemos de editorial o es de elaboración propia, como láminas, apuntes, fichas, etc. En este caso, citar a la Orden de 27/04/2005, B.O.J.A. nº 92 de 13/05/2005, por la que se regula el programa de gratuidad de los libros de texto dirigido al alumnado que curse enseñanzas obligatorias en los centros docentes sostenidos con fondos públicos. También citar la Orden de 2 de septiembre de 2005, B.O.J.A. núm. 193, de 03/10/2005, por la que se establecen los criterios y normas sobre homologación de materiales curriculares para uso en los Centros docentes de Andalucía. Deroga la Orden de 21 de marzo de 1994.

Comentaremos también los recursos **humanos**: docente y alumnado, además de personal laboral (monitores), que deben aportar unos recursos **personales**, como pantalón de deporte o útiles de aseo. Incluso, explicitaremos si nuestro centro recepciona a estudiantes de Magisterio en fase de prácticas.

También hay que señalar la importancia de la Biblioteca para fomentar la lectura, en soporte papel o multimedia (Acuerdo de 23/01/07, Plan de Lectura y Bibliotecas Escolares). Comentar las aportaciones que en este sentido podemos hacer desde el Área.

No podemos olvidarnos de reseñar la sala de ordenadores dado que cada vez es más significativa su aplicación a la enseñanza. Si, además, nuestro centro de referencia es T. I. C., implica que los haya en cada aula. En este caso, debemos señalar algunos de los programas más utilizados para elaborar actividades a nuestro alumnado, como el "Hot Potatoes", que incluye al "JCloze", "JMatch", "JMix", "JCross" y "JQuiz". También, las Webquest y las "plataformas de aprendizaje", como Moodle o Tiching.

13.- ATENCIÓN A LA DIVERSIDAD.

Este apartado relativo al concepto de necesidades educativas especiales cobra mucha **importancia** en la programación que realicemos, habida cuenta es un **principio básico** de la misma.

El D. 97/2015, indica en su art. 16 que:

1. Se entiende por atención a la diversidad el conjunto de actuaciones educativas dirigidas a dar respuesta a las diferentes capacidades, ritmos y estilos de aprendizaje, motivaciones, intereses, situaciones socio-económicas y culturales, lingüísticas y de salud del alumnado.

2. Con objeto de hacer efectivos los principios de educación común y atención a la diversidad sobre los que se organiza el currículo de la Educación Primaria, los centros docentes adoptarán las medidas de atención a la diversidad, tanto organizativas como curriculares, que les permitan, en el ejercicio de su autonomía, una organización flexible de las enseñanzas y una atención personalizada al alumnado en función de sus necesidades.

3. Las medidas de atención a la diversidad en esta etapa estarán orientadas a responder a las necesidades educativas concretas del alumnado y al desarrollo de las competencias clave y de los objetivos de la Educación Primaria y no podrán, en ningún caso, suponer una discriminación que le impida alcanzar dichos objetivos.

Desde un punto de vista educativo, la atención a la diversidad es el **conjunto de respuestas** que se otorgan por parte de los docentes en sus centros de enseñanza, con el fin de atender a las necesidades propias de cada alumno (Gómez Baldazo, 2009).

Actualmente, la LOE/2006/2013, texto consolidado, establece que el alumnado con NEAE es aquel que presenta necesidades educativas especiales derivadas de discapacidad o trastornos graves de conducta, al alumnado con altas capacidades intelectuales, al alumnado con incorporación tardía en el Sistema Educativo Español, al alumnado con dificultades específicas de aprendizaje o al alumnado con condiciones personales o de historia escolar compleja. La LEA (2007) y la O. de 25/07/2008, ampliaron dicho concepto incluyendo la compensación de **desigualdades sociales**.

En este gráfico lo resumimos, dando con ello opción a que quienes lo deseen lo incorporen a su trabajo, como **anexo** para su defensa:

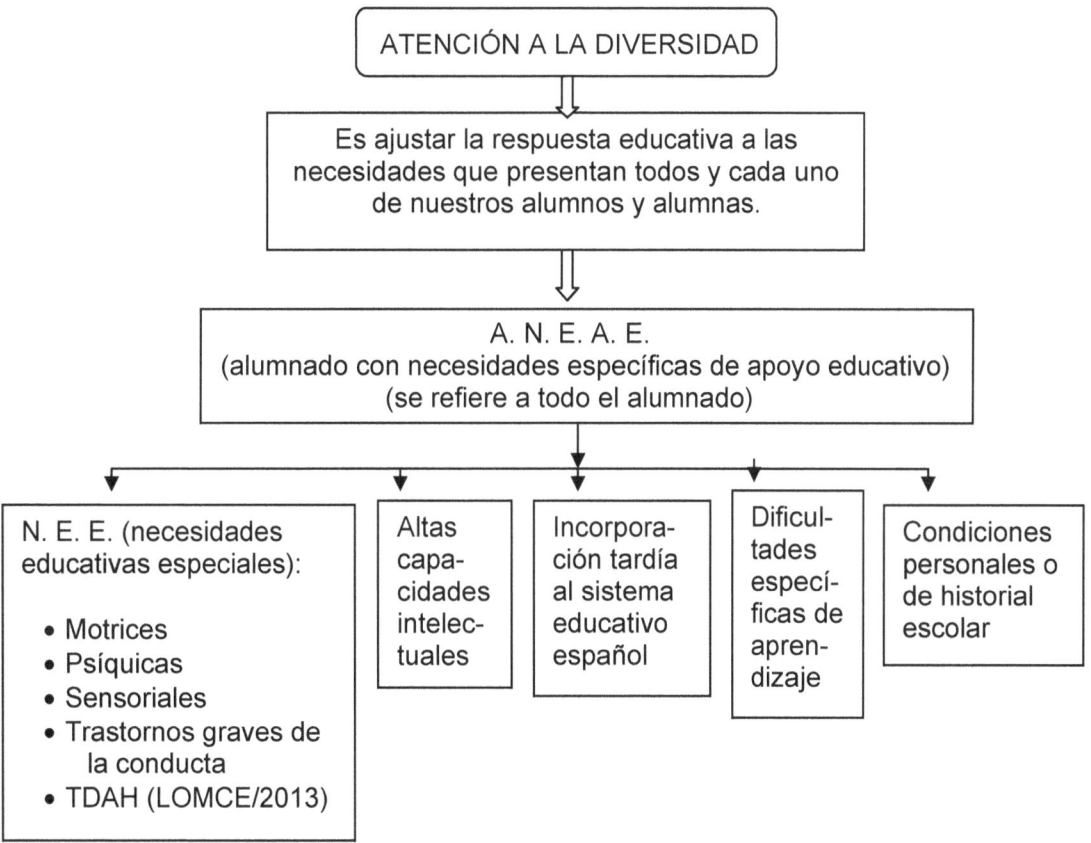

En este mismo sentido, la L. E. A. /2007, artículo 113, establece que "*se considera alumnado con necesidades específicas de apoyo educativo aquel que presenta necesidades educativas especiales debidas a diferentes grados y tipos de capacidades personales de orden físico, psíquico, cognitivo o sensorial; el que, por proceder de otros países o por cualquier otro motivo, se incorpore de forma tardía al sistema educativo, así como el alumnado que precise de acciones de carácter compensatorio y al que presenta altas capacidades intelectuales*". También establece "planes de compensación educativa" en zonas desfavorecidas.

¿Qué características individuales tiene el alumnado tengo en el curso escogido para llevar a cabo la Programación? Partimos de la base que cada alumna y alumno es diferente y con un **ritmo** y **estilo** de aprendizaje propio.

Debemos dar una respuesta educativa individualizada a cada necesidad que presente nuestro alumnado, lo más rápido posible y que debe desaparecer en el momento que se supera la misma.

Esta atención debe estar sujeta a dos **principios** incuestionables en una escuela pública de calidad:

a) No debe reproducir las diferencias sociales, proporcionando las mismas oportunidades a todas y todos partiendo de su nivel inicial.
b) Debe cubrir la diversidad de capacidades, intereses, motivaciones y estilos peculiares de aprender de todo el alumnado. Siempre de acuerdo con el E.O.E.

Así pues, **especificamos** en la Programación **qué alumnado con N. E. A. E. se nos presenta** y lo que pretendemos hacer, el plan general previsto, metodología, evaluación, etc. Estos datos los obtendremos, en un principio, a través de la valoración inicial, que incluye el estudio de los informes de cursos anteriores.

Podemos referirnos a algunos autores que tratan este tema en su bibliografía, como Arráez (1997), Ríos (2003), Hernández -coord.- (2015), etc.

Es conveniente que hagamos referencia a las **últimas novedades legislativas**. Podemos dar una visión global o hacer un comentario general y, a partir de aquí, aplicarlo a las condiciones que tengamos en nuestro centro de referencia.

La Ley 17/2007 de Educación en Andalucía (L.E.A.) indica una serie de aspectos y pautas a tener en cuenta con este alumnado. Recomendamos incluir en la Programación Didáctica algunos **comentarios**, pero muy **resumidos**:

- La C.E.J.A. garantizará la enseñanza a este colectivo en las condiciones más favorables para el mismo.

- El alumnado con N.E.A.E. incluye a las necesidades con varios grados y tipos de capacidades personales: físicas, psíquicas, cognitivas, sensoriales, las propias por proceder de otros países o por sobre dotación. (Ver **gráfico** al final de este apartado).

- Se basa en los principios de normalización, inclusión escolar y social, flexibilización, personalización de la enseñanza y coordinación interadministrativa.

- Desde un punto de vista metodológico, se propondrán medidas organizativas flexibles y disminución de la ratio.

- El alumnado con sordera estará, preferentemente, en un centro con intérprete de lengua de signos española.

- La J. de Andalucía promoverá, en colaboración con otras administraciones, la adopción de planes integrales de compensación educativa en las zonas desfavorecidas económica, social y culturalmente que acogen a población con riesgo de exclusión.

- Los centros dispondrán de autonomía organizativa sin que ello que suponga discriminación del alumnado más necesitado de apoyo.

Por todo ello, el currículo es integrador y no discriminatorio y deberá asumir el compromiso de dar respuesta a la complejidad de intereses, problemas y necesidades que se dan en la realidad educativa.

En el caso del alumnado **inmigrante**, nuestra área y el juego motor constituyen un excelente vehículo para su integración, además de un complemento ideal para el aprendizaje de nuestra lengua. Citar la Orden de 15/01/2007 sobre las Aulas Temporales de Adaptación Lingüística, B. O. J. A. nº 33 de 14 de febrero de 2007. Indica que estos chicos y chicas deben integrarse en las actividades normales y extraescolares del centro.

La **O. 25/07/2008**, por la que se regula la atención a la diversidad del alumnado que cursa la educación básica en los centros docentes públicos de Andalucía, especifica las actuaciones y medidas de atención a la diversidad a seguir, los programas de atención a la diversidad (programas de refuerzo; programas de adaptación curricular, tipos y apoyos; adaptaciones curriculares significativas o no; programas de diversificación curricular, etc.)

Por último, **citar** las **Instrucciones** de 22 de junio de 2015, de la D. G. de Participación y Equidad, por las que se establece el **protocolo** de detección, identificación del alumnado con necesidades específicas de apoyo educativo y organización de la respuesta educativa. También a las Instrucciones de 12/01/2016, de la D. G. de Participación y Equidad, por las que se regula el funcionamiento del programa de profundización de conocimientos "ANDALUCÍA PROFUNDIZA" para el curso 2015-2016.

Así pues, incluiremos, si las hubiere, las adaptaciones significativas o poco significativas, estrategias y ejemplos-tipo, profesorado de apoyo, tutor, E.O.E., etc. Después, en cada Unidad, hay que **especificar** las adaptaciones concretas, siempre de acuerdo a las **directrices oficiales** de la consejería, como en Andalucía sucede con las Instrucciones de 22/06/2015, sobre el **protocolo** a seguir.

Por todo ello, debemos pensar muy bien este apartado porque nos **compromete** tanto a esta parte como a las UDI.

Entendemos que poner algún caso concreto da más **calidad** y mayor **trabajo** a considerar en la Programación. Lo **habitual** es comentar que en el centro de referencia hay uno o dos alumnos con algún tipo de necesidad que no necesitan adaptación curricular significativa, como déficit visual leve o motor. Esto no nos debe complicar en exceso la Programación ni las unidades. Tan sólo, **ajustaremos** detalles de índole metodológica.

Unos **ejemplos** los matizamos ahora:

PATOLOGÍA	SITUACIÓN	ACTUACIÓN
ALUMNO CON DISCAPACIDAD AUDITIVA LEVE.	-Dificultades de atención. -Problemas para entender la tarea. -Lleva prótesis auditiva que facilita su actividad normal en clase. Informe médico aportado por la familia.	-Colocarse lo más cerca posible del alumno. -Realizar una entonación clara y apoyada en gestos explicativos de la acción a realizar.

ALUMNA CON BRONQUITIS ASMÁTICA PAUTAS GENERALES DE ACTUACIÓN
Evitaremos: o   Ambientes fríos, secos, contaminados, con humo. o   Contacto con una persona infectada con bronquitis. o   Cualquier tipo de infección respiratoria, pitos o tos. o   Actividad intensa o de mucha duración. Realizaremos: o   Tomar la medicación antes de la actividad. o   Realizar un calentamiento prolongado y progresivo. o   Realizar el ejercicio a intervalos (intensidad moderada) o   Respirar despacio, por la nariz, para reducir la hiperventilación. o   Realizar ejercicios que dilaten, movilicen el tórax. La actividad física y el juego posee resultados beneficiosos, tales como: o   Mejorar el desarrollo del niño /a. o   Favorecer la integración en el grupo. o   Incrementar la condición física y la propia tolerancia al ejercicio. o   Reducir los ataques ocasionados por el esfuerzo. o   Controlar mejor las crisis. o   Disminuir el nerviosismo ocasionado por los ataques

Otra forma de expresar en nuestra Programación los casos **concretos** que podamos tener es con una tabla. Por ejemplo:

PATOLOGÍA	CARACTERÍSTICAS	PAUTAS DE ACTUACIÓN
ALUMNO CON DISCAPACIDAD PSÍQUICA LEVE	Es la presencia de un desarrollo mental incompleto o detenido, con deterioro de las funciones concretas de cada época del desarrollo y que contribuyen al nivel global de la inteligencia, tales como las funciones cognoscitivas, del lenguaje, motrices y la socialización. Coeficiente Intelectual entre 50 y 70.	Las informaciones serán concretas precisas, organizadas y simplificadas que lleguen por el mayor número de vías posibles. Tareas simples. Vocabulario adaptado. Periodos cortos de aprendizaje. Paciencia en el trabajo. Potenciar la expresión corporal y la creatividad. Animar y reconocer éxitos. Trabajar orientado a la mejora de la autonomía.

También podemos presentar una tabla expresando la patología y los patrones habituales de actuación:

PATOLOGÍA	PATRONES DE ACTUACIÓN
ALUMNO CON OBESIDAD	- Evitar saltos y trabajos continuados. - No hacer esfuerzos bruscos. - Insertar pausas recuperatorias. - Conocimiento de resultados de tipo afectivo y motivador. - Valorar los progresos. - Comunicación con la familia y médico. - Dar pautas alimenticias. - Animarlo para que acuda a escuelas deportivas vespertinas. - Favorecer el ejercicio aeróbico. - Controlar el peso en relación a la estatura.
ALUMNA CON CALZADO/PLANTILLAS ORTOPÉDICOS	- Evitar saltos continuados. - Eludir carreras mantenidas. - Vigilar la forma de los apoyos. - Comunicación con la familia y médico.

Planteamos ahora un resumen con las principales **pautas de actuación** a tener en cuenta con el A.N.E.A.E. Puede servirnos de gran ayuda a la hora de expresar a grandes rasgos cómo va a ser nuestro proceder con...

DISCAPACIDAD AUDITIVA
Nos apoyaremos en los otros sentidos: visión y tacto sobre todo. Uso de señales y signos previamente pactados. Tendremos un discurso sencillo, claro, directo y corto. Lo apoyaremos con un lenguaje no verbal, gesticulando. Nos situaremos frente a frente para que puedan leernos los labios. Usaremos estímulos motivadores con variedad de tipos de recursos, colores, volúmenes, formas, etc. Variar las agrupaciones, todos ayudan y cooperan con él o ella. Volcarnos en mejorar el componente perceptivo.

DISCAPACIDAD VISUAL
Nos apoyaremos en los otros sentidos: auditivo y kinestésico-táctil sobre todo. El mensaje oral deberá ser muy claro y concreto. Daremos mayor tiempo de percepción y ejecución de las tareas. Los móviles serán de colores vivos. Variar las agrupaciones, todos ayudan y cooperan con él o ella. Volcarnos en mejorar el componente perceptivo. Prever el uso del bastón en los desplazamientos. Buscar concienzudamente la mejor metodología en cada situación didáctica.

DISCAPACIDAD MOTÓRICA

Existe mucha variedad. Depende de las circunstancias específicas para proceder de una manera u otra. De forma general, apuntamos:

Adaptarles los recursos y que estos les resulten fáciles de manejar.

Procurar una motricidad liviana y fácil. Tener en cuenta ayudas en el trabajo de habilidades que les resulten más complejas, así como el uso de prótesis específicas.

Prever más pausas de recuperación porque su gasto cardiorrespiratorio es mayor.

Daremos mayor tiempo en la ejecución de las tareas.

Variar las agrupaciones, todos ayudan y cooperan con él o ella.

Volcarnos en mejorar el componente de ejecución.

DISCAPACIDAD PSÍQUICA

Nos apoyaremos en los todos sentidos, con mensajes escuetos y claros.

Preveremos la posibilidad de que realice ensayos antes de la ejecución de "verdad".

Daremos mayor tiempo durante todo el proceso de percepción, elaboración y ejecución de las tareas.

A veces es preciso analizar las tareas, paso a paso, aunque estas sean muy sencillas.

Los recursos que usemos serán muy fáciles de manipular y motivadores.

DISCAPACIDAD "TRASTORNOS GRAVES DE CONDUCTA"

Usaremos una metodología participativa, cooperativa y lúdica para integrarlos prontamente en el grupo.

Darles alguna responsabilidad nos resultará de gran ayuda.

El juego suele dirigido ser una gran herramienta en la integración.

La competición educativa en muchos casos es también muy beneficiosa.

No olvidar una continua motivación.

Estaremos atentos a cualquier situación conflictiva, incluyendo la posible presión de unos "grupos emergentes" hacia otros.

Nos volcaremos hacia el desarrollo de las actitudes y las habilidades sociales.

El siguiente ejemplo muestra otra opción de tabla, algo más compleja que las anteriores, a insertar en la programación:

	Alumno con hipoacusia
Diagnóstico:	Hipoacusia post locutiva a consecuencia de un accidente de circulación. Tiene una pérdida auditiva de 45 decibelios en el oído izquierdo y 43 en el derecho. Posee audífono en ambos.
Tipo de dificultades	Tipos de adaptaciones
- Posible afectación: Sentido del equilibrio (saltos, giros). - Algunas actividades pueden producir mareos, nauseas y dolor de cabeza. - Posibilidad de no recibir alguna información. - Problemas en la comprensión del habla y vocabulario; orientación hacia estímulos sonoros.	- Explicaciones cortas y precisas, mirándole a la cara para que lea los labios. Utilizar lenguaje no verbal (gestos, mímica), modelos, croquis en la explicación de las actividades. - Asegurarse que ha entendido las realizaciones. Acompañamiento por el docente o compañero/a si es necesario. - Atención al trabajo elevado y con base inestable.
	Alumno con obesidad
Diagnóstico:	Tiene una obesidad (tipo II, pre obesidad) asociada a hábitos de vida (alimentación irregular y sedentarismo). Tiene un peso de 52 Kg. y una altura de 1'32 m. Su I.M.C.= 29.84. Tiene seguimiento por parte de su pediatra y del médico del E.O.E.
Tipo de dificultades que nos podemos encontrar	Tipos de adaptaciones a realizar
- Cansancio excesivo en el trabajo dinámico continuado. - Posibilidad de molestias en tobillos, rodillas y cadera fruto de la exigencia a las articulaciones. - "Torpeza motriz" a la hora de deambular por el espacio. - Mayor enrojecimiento facial y sudoración que el resto.	- Toma de frecuencia cardiaca cuando se sienta muy cansado y pausas. - Es recomendable aumentar el número de sesiones de ejercicio físico, desarrollando la resistencia aeróbica, para favorecer la disminución del peso y el volumen corporal. - Evitar esfuerzos violentos, reduciendo el impacto en las articulaciones. - Las actividades a limitar serán los juegos dinámicos continuos y los saltos, porque pueden producir lesiones en pies y rodillas. El calzado debe ser de calidad para que absorba los impactos. - Cuidar la hidratación, desayunos y llevar un seguimiento con su familia.

Y esta forma es otra **variante** de presentación:

PATOLOGÍA	¿QUÉ LE PASA?	¿CÓMO ACTUAR?
Alumno con asma	- Apariencia ansiosa. - Ventana de la nariz dilatada. - Vómitos. - Cansancio físico no relacionado con la actividad motriz. - Tos sin motivo aparente. - Sudor y palidez. - Frecuencia respiratoria acelerada. - Postura encorvada. - Respiración irregular forzada.	**Actuaciones preventivas**: - Ejercicio físico en ambiente húmedo y templado, con duración de menos de cinco minutos. - Respirar despacio, por la nariz, para reducir posible hiperventilación. - Relajación para control respiratorio. **Actuaciones específicas**: - Relajarlo y tranquilizarlo. - Acompañarlo a un sitio ventilado. - Que realice respiración controlada y ejercicios de relajación. - Si tiene medicación, que la tome.

14.- EVALUACIÓN.

En resumen, apuntamos que es un **indicador** que nos permite saber si el objetivo lo hemos conseguido o no. Es una **valoración** que emitimos sobre el proceso de enseñanza-aprendizaje, una vez que tenemos los **datos** correspondientes.

El D. 97/2015 y la O. de 04/11/2015, por la que se establece la ordenación de la evaluación del proceso de aprendizaje del alumnado de educación primaria en la Comunidad Autónoma de Andalucía, indican que:

- La evaluación del proceso de aprendizaje del alumnado será **continua y global**, tendrá en cuenta su progreso en el conjunto de las áreas del currículo y se llevará a cabo teniendo en cuenta los diferentes elementos del mismo.

- Será **global** en cuanto se referirá a las competencias clave y a los objetivos generales de la etapa y tendrá como referente el progreso del alumnado en el conjunto de las áreas del currículo, las características propias del mismo y el contexto sociocultural del centro docente.

- Será **continua** en cuanto estará inmersa en el proceso de enseñanza y aprendizaje del alumnado con el fin de detectar las dificultades en el momento en que se producen, averiguar sus causas y, en consecuencia, adoptar las medidas necesarias que permitan al alumnado continuar su proceso de aprendizaje.

- La evaluación tendrá un carácter **formativo y orientador** del proceso educativo y proporcionará una información constante que permita mejorar tanto los procesos como los resultados de la intervención educativa.

- El profesorado llevará a cabo la evaluación **criterial**, preferentemente a través de la **observación** continuada de la evolución del proceso de aprendizaje de cada alumno o alumna y de su maduración personal. Los **criterios** de evaluación y los **estándares de aprendizaje** de las áreas serán referente fundamental para valorar tanto el grado de adquisición de las competencias clave como el de consecución de los objetivos. Si el progreso del alumnado no fuese el adecuado, debemos establecer medidas de **refuerzo educativo** en cualquier momento del proceso.

- Los proyectos educativos de los centros docentes establecerán el sistema de **participación** del alumnado y de sus padres, madres o tutores legales en el desarrollo del proceso de evaluación.

Así pues, debemos entenderla como un conjunto de actividades para recoger y, posteriormente analizar, la información obtenida con una serie de técnicas e instrumentos. Ello nos permitirá emitir juicios de valor y tomar **decisiones** siempre enfocadas a la **mejora**.

Es un fundamento de nuestra acción educativa porque nos va a proporcionar información muy valiosa de todo el proceso:

- Cómo es la competencia curricular previa del grupo.
- Cómo el alumnado va logrando el aprendizaje, sus dificultades.
- Nos permite el seguimiento individualizado.
- Nos facilita ajustar el proceso de enseñanza al ritmo personal.
- Nos proporciona la revisión y adaptación del proceso de enseñanza-aprendizaje.

Es un elemento curricular valorativo e investigador y, por ello, facilitador de cambio educativo y desarrollo profesional docente, afectando a los procesos de aprendizaje de los alumnos, a los de enseñanza que realizan los maestros/as y a los planes y programas educativos del centro en los que aquellos se inscriben.

14.1.- Evaluación del alumnado.

Debemos empezar haciendo referencia a lo que expresa la legislación. Cada persona opositora, en función del **espacio disponible**, recogerá más o menos contenido legislativo, pero siempre muy **resumido**.

"La evaluación del alumnado la realizará el profesorado, preferentemente a través de la observación continuada de la evolución de su proceso de aprendizaje y maduración personal" (Ley 17/2007, de Educación en Andalucía).

*"Los **criterios** de evaluación, al **integrar** en sí mismos conocimientos, procesos, actitudes y contextos, se convierten en el referente más completo para la valoración no sólo de los aprendizajes adquiridos en cada área sino también del **nivel competencial** alcanzado por el alumnado. Partir de los criterios de evaluación evidencia la necesidad de incorporar a la práctica docente actividades, tareas y problemas complejos, vinculados con los contenidos de cada área, pero insertados en contextos específicos, lo que facilitará el desarrollo de las capacidades del alumnado y el **logro** de los **objetivos** de la etapa"* (O. 04/11/2015).

Otros ejemplos de puntos que podemos incluir, son:

- Durante el **primer mes del curso** escolar al comienzo de cada ciclo, los tutores y tutoras realizarán una **evaluación inicial** del alumnado. Dicha evaluación incluirá el análisis de los informes personales de la etapa o ciclo anterior correspondientes a los alumnos y alumnas de su grupo, que se completarán con otros datos obtenidos por el propio tutor o tutora sobre el punto de partida desde el que el alumno o alumna inicia los nuevos aprendizajes.

- Dicha evaluación inicial será el **punto de referencia** del equipo docente para la **toma de decisiones** relativas al desarrollo del **currículo** y para su **adecuación** a las características y conocimientos del alumnado.

- El equipo docente, como consecuencia del resultado de la evaluación inicial, **adoptará las medidas** pertinentes de apoyo, refuerzo y recuperación para aquellos alumnos y alumnas que lo precisen o de adaptación curricular para el alumnado con necesidad específica de apoyo educativo.

- La evaluación continua será realizada por el equipo docente que actuará de manera colegiada a lo largo del proceso de evaluación y en la adopción de las decisiones resultantes del mismo, coordinados por quien ejerza la tutoría. Dicho equipo podrá recabar el asesoramiento del equipo de orientación educativa correspondiente.

- Los procedimientos formales de evaluación, su naturaleza, aplicación y criterios de corrección deberán ser conocidos por el alumnado, con el objetivo de hacer de la evaluación una actividad educativa.

- En el proceso de evaluación continua, cuando el **progreso** de un alumno o alumna **no sea** el **adecuado**, se adoptarán las **medidas de atención a la diversidad** que procedan. Estas medidas se adoptarán en cualquier momento del curso, tan pronto como se detecten las dificultades, y estarán dirigidas a garantizar la adquisición de los aprendizajes imprescindibles para continuar el proceso educativo.

- La evaluación del **alumnado con necesidad específica de apoyo educativo** que curse las enseñanzas correspondientes a la educación primaria con adaptaciones curriculares será competencia del tutor o tutora, con el asesoramiento del equipo de orientación educativa. Los criterios de evaluación establecidos en dichas adaptaciones curriculares serán el referente fundamental para valorar el grado de adquisición de las competencias clave.

Los **referentes para la evaluación** son (O. 04/11/2015):

a) Los **criterios de evaluación** y su concreción en **estándares** de aprendizaje evaluables, tal y como aparecen recogidos en el Anexo I de la O. 17/03/2015.

b) Las **programaciones** didácticas que cada **centro** docente elabore de acuerdo con lo que establece el artículo 7 del Decreto 97/2015, de 3 de marzo.

Los 13 criterios y los 44 estándares de aprendizaje evaluables de Educación Física está publicados en el R. D. 126/2014, BOE nº 52, de 01/03/2014, página 19409. Nosotros los recogemos en la **2ª parte** de este **volumen**.

El "*mapa de desempeño*[4]" que publica la O. 17/03/2015, BOJA nº 60, de 27/03/2015, páginas 490 a 497, recoge los criterios y estándares del R.D. 126/2014, pero especificados para cada uno de los **tres ciclos**. Igualmente, la persona lectora los tiene en la **2ª parte** de este volumen.

La citada O. de 17/03/2015, recoge el "**Desarrollo Curricular del Área de Educación Física**". Es decir, "*presenta los criterios de evaluación de cada uno de los ciclos y su relación con el resto de elementos curriculares. Partiendo de cada criterio de evaluación, que describe los aprendizajes imprescindibles y fundamentales que el alumnado tiene que alcanzar en cada área, se ofrecen orientaciones y ejemplificaciones de actividades y tareas y se concretan los contenidos necesarios.*

---

[4] Es la "*secuenciación de objetivos del área a través de los criterios de evaluación por ciclo y su relación con los de la etapa y los estándares de aprendizaje del RD 126/2014*" (O. 17/03/2015).

*También se definen **indicadores de evaluación** como concreción y secuenciación de los **estándares de aprendizaje** evaluables de final de etapa, establecidos en los Anexos I y II del Real Decreto 126/2014, de 28 de febrero, complementándolos con procesos y contextos de aplicación. La integración de estos elementos en diversas actividades y tareas genera competencias y contribuye al logro de los objetivos que se indican en cada uno de los **criterios**".*

14.2 Evaluación por Competencias.

La O. ECD/65/2015, sobre la evaluación de las Competencias Clave, indica que *"las competencias clave deben estar estrechamente **vinculadas** a los objetivos para que la consecución de los mismos lleve implícito el desarrollo competencial del alumnado. Así mismo, establece que la **valoración del nivel competencial** adquirido por el alumnado debe estar **integrado** con la **evaluación de los contenidos** de las distintas **áreas**".* También manifiesta que:

- *Debemos tener en cuenta el grado de dominio de las competencias, a través de procedimientos e instrumentos de obtención de datos de acuerdo con sus desempeños en la resolución de problemas que simulen contextos reales, movilizando sus conocimientos, destrezas, valores y actitudes.*
- *Estableceremos las relaciones de los estándares de aprendizaje evaluables[5] con las competencias a las que contribuyen, para lograr la evaluación de los niveles de desempeño competenciales[6] alcanzados por el alumnado.*
- *La evaluación del grado de adquisición de las competencias debe estar integrada con la evaluación de los contenidos.*
- *Los niveles de desempeño de las competencias se podrán medir a través de indicadores de logro[7], tales como rúbricas[8] o escalas de evaluación que tengan en cuenta el principio de atención a la diversidad, de no discriminación, accesibilidad y diseño universal.*
- *Usaremos procedimientos de evaluación variados.*
- *Incorporaremos estrategias que permitan la participación del alumnado en la evaluación de sus logros, como la autoevaluación, la evaluación entre iguales o la coevaluación.*

---

[5] Estándares de aprendizaje evaluables. Son especificaciones de los criterios de evaluación que permiten definir los resultados de aprendizaje, y que concretan lo que el alumno debe saber, comprender y saber hacer en cada asignatura; deben ser observables, medibles y evaluables y permitir graduar el rendimiento o logro alcanzado. Su diseño debe contribuir y facilitar el diseño de pruebas estandarizadas y comparables.

[6] Niveles de desempeño competenciales. Describen las competencias del alumnado en cuanto a lo que saben y saben hacer según la prueba en cada área y grado evaluado. Al evaluar desempeños o ejecuciones tenemos que decidir qué es lo que tendrá que hacer el estudiante para demostrar su desempeño en una tarea y que se pueda verificar. Al concluir la prueba, se evalúa también el producto final.

[7] Indicadores de logro. Son los referentes de evaluación para valorar el desarrollo de las competencias. De cada competencia se identifican varios indicadores para saber si la está consiguiendo. Son enunciados que, respecto a una o varias competencias dadas, identifican un tipo de guía o patrón de conducta adecuado, eficaz, positivo. Proporcionan, al tiempo, una vía directa para determinar, de manera objetivable, el grado en que se alcanzan las competencias. Por ejemplo, "capta la idea global de las informaciones dadas sobre el calentamiento"; "diseña y elabora reglas de un nuevo juego cooperativo".

[8] Una rúbrica o matriz de valoración, es un recurso para la evaluación y calificación del aprendizaje, de los conocimientos o del desempeño del alumnado en una actividad concreta (o en un módulo, bloque o materia) y que establece criterios o indicadores y una escala de valoración para cada uno de ellos (ver gráfico).

En todo caso, los distintos procedimientos de evaluación utilizables, como la observación sistemática del trabajo de los alumnos, las pruebas orales y escritas, el portfolio, los protocolos de registro, o los trabajos de clase, permitirán la integración de todas las competencias en un marco de evaluación coherente".

Para valorar el desarrollo competencial del alumnado, serán estos estándares de aprendizaje evaluables, como elementos de mayor concreción, observables y medibles, los que, al ponerse en relación con las competencias clave, permitirán graduar el rendimiento o desempeño alcanzado en cada una de ellas.

El conjunto de estándares de aprendizaje evaluables de un área o materia determinada dará lugar a su perfil de área o materia.

Todas las áreas y materias deben contribuir al desarrollo competencial. El conjunto de estándares de aprendizaje evaluables de las diferentes áreas o materias que se relacionan con una misma competencia da lugar al perfil de esa competencia (perfil de competencia). La elaboración de este perfil facilitará la evaluación competencial del alumnado" (O. ECD/65/2015).

En la evaluación por competencias aparece el término "**indicadores de logro**", que se corresponden con un objetivo, están relacionados con el criterio ya que emanan del él, lo especifican y tienen la misión de demostrar lo que el alumno/a ha aprendido. Por ejemplo, para una U. D. relacionada con la afirmación de la lateralidad en 1º ciclo:

- **Objetivos didácticos**:
    - Afirmar la lateralidad
    - Desarrollar la imagen corporal
    - Aumentar el nivel de las habilidades perceptivo motrices relacionadas con la lateralidad
    - Usar convenientemente los segmentos corporales
    - Observar y mejorar el dominio lateral visual, auditivo, manual y pédico

Evidentemente, la consecución de estos objetivos hace que contribuyamos al desarrollo de varias **Competencias Clave**. Por ejemplo:

- Desarrollo de la *competencias sociales y cívicas*. Los juegos motores tienen unas reglas que es preciso respetar para el trabajo colectivo.
- Adquisición de la *conciencia y expresiones culturales*. Las actividades propuestas en la U. D. los alumnos experimentan con los recursos expresivos corporales.
- Consecución del *Sentido de iniciativa y espíritu emprendedor,* en la medida que el alumnado mejora el esquema corporal y las habilidades perceptivo-motrices. Esto significa un incremento en su propia autonomía y autoconfianza.
- Adquisición de la *competencia en comunicación lingüística,* ya que las actividades que propongamos implican escuchar y comprender los mensajes orales.
- **Criterio de evaluación** nº 3: Realizar lanzamientos y recepciones y otras habilidades que impliquen manejo de objetos, con coordinación de los segmentos corporales y situando el cuerpo de forma apropiada.

- **Indicadores de logro**:
  - Distingue su mano dominante.
  - Discrimina la zona derecha de la izquierda en sí mismo.
  - Es capaz de lanzar-recepcionar una pelota entre sus manos.
  - Hace lanzamientos precisos con una pelota usando su mano dominante.
  - Puede guiñar un ojo independientemente del otro
  - Lanza y recepciona una pelota contra la pared con el pie dominante.

La LOMCE/2013 destaca la *necesidad de compromisos compartidos entre familias y profesorado* en diferentes momentos. En concreto, recoge que los padres o tutores deberán **participar** y *apoyar la evolución del proceso educativo* de sus hijos o tutelados, conocer las decisiones relativas a la evaluación y promoción y, finalmente, *colaborar en las medidas de apoyo o refuerzo* que adopten los centros para facilitar su progreso educativo.

Independientemente de los contenidos legislativos anteriores, debemos diferenciar estos **apartados**:

a) ¿Qué evalúo? Concretar los criterios de evaluación del curso elegido, pero teniendo como referencia los expresados por la O. 17/03/2015.

Los definimos como los objetivos del curso, pero más fragmentados y en "presente". Es decir, ¿hace o no hace el objetivo? Por ejemplo:

Objetivo: "Conocer las distintas partes corporales"
Criterio: "¿Conoce las distintas partes corporales?"

Podemos ejemplificar con una lista de control:

C.E.I.P. "14 de Abril".	Nombre: Jacinto García Herrera		
	CRITERIO	SI	NO
1.	¿Participa en todas las actividades propuestas?	X	
2.	¿Respeta las normas y reglas de juego indicadas?		X
3.	¿Manifiesta actitudes cooperativas y ayuda a los compañeros en la práctica de la actividad física?	X	
4.	¿Evita conductas agresivas?	X	

Otra posibilidad es expresar en una tabla el criterio de evaluación recogido de la legislación y los estándares adaptados al curso que nos planteamos. Por ejemplo:

CRITERIO DE AREA	ESTÁNDAR DE APRENDIZAJE
"C.E.2. Utilizar los recursos expresivos del cuerpo y el movimiento, de forma estética y creativa, comunicando sensaciones, emociones e ideas."	STD.2.2. Representa o expresa movimientos a partir de estímulos rítmicos o musicales, individualmente, en parejas o grupos.

Podemos incluir algunos ejemplos de pruebas a pasar al alumnado para comprobar si tienen o no bien realizados los aprendizajes. Por ejemplo:

CUESTIONARIO SOBRE EL ESQUEMA CORPORAL

1. ¿Qué tipos de respiración conoces?
2. Define relajación global y relajación segmentaria.

3. ¿Qué postura es la más adecuada para sentarse en una silla?
4. ¿Cómo debemos agacharnos para coger algún objeto?
5. ¿Qué postura es la más recomendable para dormir? ¿Y la menos?
6. ¿Qué significan los términos diestro, zurdo y ambidiestro?

CUESTIONARIO SOBRE MINI-BASKET

1. ¿Cuál es el número mínimo de jugadores para disputar un encuentro?
2. ¿Cuánto dura un partido?
3. ¿Cuáles son las dimensiones del terreno de juego?
4. ¿Qué tipos de pases conoces?
5. ¿Podemos desplazarnos por el terreno de juego sin botar el balón?
6. ¿Qué es un tiempo muerto?
7. ¿En qué consiste la falta personal?

b) ¿Cuándo evalúo? Se refiere a la temporalidad: inicial, proceso y final. Podemos hacer algún comentario más o menos amplio en función del espacio disponible.

c) ¿Cómo evalúo? Citamos los instrumentos. Por ejemplo:

- Ámbito cognitivo: cuaderno, rúbricas, cuestionarios, trabajos, etc.
- Ámbito motor: observación sobre la práctica, test, listas, pruebas, etc.
- Ámbito socio-afectivo: lista de control, observaciones, etc.

Podemos ejemplificar algún instrumento de los mencionados, si bien debemos sopesar el espacio que nos va a ocupar, aunque nos queda la opción de enseñarlo como apoyo a la defensa de la Programación.

d) ¿Quién evalúa? Se refiere a las personas que vamos a realizar el acto de la evaluación. Habitualmente el docente y alumnado. Podemos insertar un modelo de ficha, como la que ahora especificamos. Se trata de un cuestionario de evaluación, tipo escala, a cumplimentar por el alumno:

Nº	ELEMENTOS A VALORAR EN EL MAESTRO	1	2	3	4
1	¿Explica bien?				
2	Las relaciones con los alumnos son				
3	¿Te atiende a las preguntas?				
4	El control de la clase es				
5	Su participación en la clase es				
6	El ritmo de trabajo es				
7	La nota que me ha puesto es				

Puntuación: 1. Mal   2. Regular   3. Bien   4. Muy bien

e) Evaluación del alumnado con N. E. A. E. Ahora debemos especificar los criterios y otras peculiaridades que vamos a tener en cuenta con el posible alumnado con necesidades específicas de apoyo educativo que hayamos citado. Depende, igualmente, si a este alumno o alumna le vamos a aplicar una adaptación curricular significativa, aunque **no la recomendamos** por lo **complejo** que nos resultaría y el rechazo habitual de la propia familia.

La **rúbrica o matriz de valoración**, es un recurso para la evaluación y calificación del aprendizaje, de los conocimientos o del desempeño del alumnado en una actividad concreta (o en un módulo, bloque o materia) y que establece criterios o indicadores y una escala de valoración para cada uno de ellos. Podemos poner algún ejemplo de aplicación al curso donde centremos la programación o llevarlo como Anexo, ya que esta herramienta adquiere gran popularidad tras la implantación de la LOMCE/2013 y la legislación que la desarrolla:

TABLA. *Componentes de una rúbrica para evaluar el uso de las TIC en la UDI de juegos y danzas populares.*

USO DE LAS TIC PARA INVESTIGAR JJ. PP.					
Indicadores (objetivos)	Grados de dominio adquirido				Instrumentos de evaluación
	1	2	3	4	
Utiliza las TIC para descubrir juegos populares de la región.	Es incapaz de utilizar las TIC	Utiliza las TIC de forma guiada	Utiliza las TIC de forma autónoma	Utiliza las TIC de forma autónoma usando diferentes herramientas en función del objeto de la búsqueda	Valoración de los procedimientos de trabajo del alumnado. Valoración de las producciones del alumnado

14.3.- Evaluación de la propia práctica docente.

Se trata de una reflexión sobre nuestra propia intervención. Podemos incluir un modelo-tipo de ficha como la siguiente lista de control:

ELEMENTOS CURRICULARES A VALORAR	SÍ	NO
1. Competencias Clave		
• Si su grado de consecución es el adecuado y previsto		
2. Objetivos		
• Los objetivos del curso están bien concretados		
• Son coherentes a las necesidades y peculiaridades del curso		
3. Contenidos		
• Son acordes con los objetivos, se desprenden de ellos		
• Están bien secuenciados		
4. Actividades		
• Son armónicas con los contenidos y consiguen los objetivos		
• Se ajustan a las características del curso		
5. Metodología		
• Se ajusta al aprendizaje y al grupo		
• Individualiza el trabajo y da protagonismo al alumnado		
6. Recursos		
• Aprovecho los que tengo disponible, los operativizo		
• Permiten la máxima participación y permiten ritmos distintos		
7. Evaluación		
• Están bien formulados los criterios		
• La he hecho continua, global e individualizada		

*"La evaluación puede llegar a ser un elemento valioso para contribuir al desarrollo de los centros por lo que implica para la **mejora continua de las prácticas docentes** y por las posibilidades que ofrece para la **innovación** y la **investigación educativa**"* (O. 04/11/2015).

<u>14.4.- Evaluación del proceso y validación de cada UDI.</u>

Se trata de un análisis y reflexión crítica sobre lo realizado en la UDI. Damos la posibilidad al grupo que evalúe el conjunto de sesiones que hemos hecho. Ellas y ellos suelen tener una visión distinta a la nuestra que nos puede servir de gran ayuda. Adjuntamos una ficha-modelo:

EVALUACIÓN DE LA UNIDAD POR PARTE DEL ALUMNADO

Para poder saber vuestras opiniones sobre las clases que hemos dado sobre el JUEGO POPULAR, debéis rellenar el siguiente cuestionario haciendo un círculo sobre la opción elegida. Gracias.

1.- He aprendido	mucho	poco	nada
2.- Los juegos han sido	aburridos	divertidos	muy divertidos
3.- La forma de avaluar es	justa	injusta	
4.- El profesor/a ha estado	muy bien	bien	mal
5.- Los materiales son	buenos	normales	malos

Escribe resumidamente:

a) ¿Qué quitarías de lo realizado?

b) ¿Qué añadirías?

c) ¿Qué modificarías?

d) Comentario final

Díaz Lucea (1998), nos indica una escala, que ahora recogemos **modificada**, muy válida para nuestra reflexión sobre la Unidad impartida.

INDICADORES A OBSERVAR	M. A.	A.	P. A.	I.	OBSERVACIONES
Relación con el P. de Centro					
Relación con el P. Educativo					
CC. Clave.					
Objetivos					
Contenidos					
Fichas de trabajo					
Temporalización					
Estilo de enseñanza					
Organización del grupo					
Motivación					
Actividades realizadas.					
Tareas integradas					
Estructura de las sesiones					
Actividades de evaluación					
Instalaciones					
Recursos materiales					
Inclusión de las TIC/TAC.					

M. A.: muy adecuado; A.: adecuado; P. A.: poco adecuado; I.: inadecuado

Un sistema cada vez más utilizado para que ellas y ellos nos evalúen es entregarles una ficha con tres o cuatro ítems donde tienen que colocar una imagen facial (emoticono) "**smile**" que expresa con una sonrisa si le ha gustado o con un gesto serio si los contenidos no han sido de su agrado.

Podemos referirnos a algunos autores que tratan la evaluación en sus bibliografías, como Blázquez (1993), Viciana (2002), Díaz Lucea (1998 y 2005) o Cañizares y Carbonero (2008). Aportan, también, numerosas tablas, gráficos y ejemplos de fichas que podemos incorporar a nuestra programación, si tenemos espacio disponible.

15.- SISTEMA PARA REALIZAR EL SEGUIMIENTO DE LA PROGRAMACIÓN.

Partimos de la base que la Programación es un documento abierto, flexible, dinámico, coherente, que se ajusta a nuestra realidad y que debe ser perfeccionado (Sánchez y Fernández, 2003).

Normalmente lo hacemos a través del **Equipo de Ciclo** en las reuniones semanales. Es preciso acordar este procedimiento a primeros de curso. El control de la misma por parte de todo el profesorado nos permitirá irla auto ajustando a las circunstancias del momento.

En este sentido, el artículo 28 del D. 328/2010, indica que son competencias de los equipos de ciclo, además de la elaboración de las programaciones didácticas y las propuestas pedagógicas correspondientes al mismo, de acuerdo con el proyecto educativo, el **seguimiento** para controlar su **cumplimiento y proponer las medidas de mejora que se deriven del mismo**.

Al final de curso hay que realizar una evaluación de lo realizado para recogerla en la Memoria Final de Ciclo. Citar el D. 328/2010, sobre el Reglamento orgánico de Infantil y Primaria, B.O.J.A. nº 139 de 16/07/2010.

16.- CONCLUSIONES.

Se trata de hacer un **resumen** de los aspectos tratados, cuidando que no sea una "repetición" de la Introducción. Su extensión está en función del espacio que nos quede disponible. Debemos consignar los puntos más "nuestros", los más peculiares.

También es factible realizar algún comentario sobre la labor didáctica que realizamos, la globalidad que seguimos, por ejemplo efectuando contenidos que supongan leer, escribir y expresar oralmente, así como el uso de las TIC/TAC. Esto se opone a la imagen que en algunos contextos tenemos de ser "animadores y monitores deportivos".

17.- BIBLIOGRAFÍA Y CITAS LEGISLATIVAS.

Debemos poner leyes, decretos, órdenes, acuerdos, etc. que **hayamos utilizado o citado**. Lógicamente, los B.O.E. y B.O.J.A. donde se han publicado.

Sería buena señal señalar un libro y cuaderno del alumnado de alguna editorial, como Wanceulen, Edelvives, Paidotribo, etc.

También, evidentemente, los autores citados por orden alfabético, así como algunos libros generales y concretos, como:

- ADAME, Z. y GUTIÉRREZ DELGADO, M. (2009). *Educación Física y su Didáctica. Manual de Programación*. Fondo Editorial de la Fundación San Pablo Andalucía CEU. Sevilla.
- ALONSO, J. (2006). *Programación didáctica del Área de Educación Física. 3º Ciclo de Educación Primaria*. Wanceulen. Sevilla.
- ARRÁEZ, J. M. (1997). *¿Puedo jugar yo?* Proyecto Sur. Granada.
- BARRACHINA, J. (2002). *Unidades Didácticas XII*. INDE. Barcelona.
- BLÁNDEZ, J. (1995). *La utilización del material y del espacio en Educación Física*. INDE. Barcelona.
- BLÁZQUEZ, D. (1993). *Orientaciones para la evaluación de la Educación Física en la Enseñanza Primaria*. En VV. AA. *Fundamentos de Educación Física para Enseñanza Primaria*. Volumen II. INDE. Barcelona.
- BLÁZQUEZ, D. (2006) (9ª edición). *Evaluar en Educación Física*. INDE. Barcelona.
- BLÁZQUEZ, D.; CAPLLONCH, M.; GONZÁLEZ, C.; LLEIXÁ, T.; (2010). *Didáctica de la Educación Física. Formación del profesorado*. Graó. Barcelona.
- BLÁZQUEZ, D. y SEBASTIANI, E. (2010) *Enseñar por competencias en Educación Física*. INDE. Barcelona.

- BLÁZQUEZ, D. -coord.- (2016). *Métodos de enseñanza en educación física. Enfoques innovadores para la enseñanza de competencias.* INDE. Barcelona.
- CAÑIZARES, J. Mª y CARBONERO, C. (2007). *Temario de oposiciones de Educación Física para primaria. Acceso al cuerpo de maestros.* Wanceulen. Sevilla.
- CAÑIZARES, J. Mª y CARBONERO, C. (2008). *Unidades Didácticas en Educación Física. Guía para su realización.* Wanceulen. Sevilla.
- CAÑIZARES, J. Mª y CARBONERO, C. (2009). *Currículum de Educación Física en Primaria para Andalucía.* Wanceulen. Sevilla.
- CASTAÑER, M. y TRIGO, E. (1995). *Globalidad e interdisciplina curricular en la Enseñanza Primaria.* INDE. Barcelona.
- CASTAÑO, J. (2006). *Propuesta didáctica para el Área de Educación Física.* Wanceulen. Sevilla.
- CHINCHILLA, J. L. y MORENO, J. L. (1999). *Desarrollo curricular de la Educación Física en Primaria.* (Tres tomos). Wanceulen. Sevilla.
- CHINCHILLA, J. L. y ZAGALAZ, M. L. (2002). *Didáctica de la Educación Física.* C C S. Madrid.
- Contreras, O. R. y Cuevas, R. (coords.) (2011) *Las competencias básicas desde la Educación Física.* INDE. Barcelona.
- CONTRERAS, O. R. y GARCÍA, L. M. (2011). *Didáctica de la Educación Física. Enseñanza de los contenidos desde el constructivismo.* Síntesis. Madrid.
- CURTO, C. y otros. (2009). *Experiencias con éxito de aprendizaje cooperativo en Educación Física.* INDE. Barcelona.
- DEL VALLE, S. y GARCÍA, M. J. (2007). *Cómo programar en educación física paso a paso.* INDE. Barcelona.
- DELGADO NOGUERA (1993). *Metodología.* En VV. AA. (1993) *Fundamentos de Educación Física para Enseñanza Primaria.* INDE. Barcelona.
- DELGADO, M. A. (1997) -Coord.- *Formación y Actualización del profesorado de Educación Física y del Entrenamiento Deportivo.* Wanceulen. Sevilla.
- DÍAZ LUCEA, J. (1998). *El currículum de la Educación Física en la Reforma Educativa.* INDE. Barcelona.
- DÍAZ LUCEA, J. (2005). *La evaluación formativa como instrumento de aprendizaje en Educación Física.* INDE. Barcelona.
- EXPÓSITO, J. (2010). *Educación Física en Primaria. La programación en la L. O. E.* Wanceulen. Sevilla.
- FERNÁNDEZ GARCÍA, E. -coord.- (2002). *Didáctica de la Educación Física en la Educación Primaria.* Síntesis. Madrid.
- FERNÁNDEZ, E. y SÁNCHEZ, F. (2002). *Didáctica de la Educación Física en la Educación Primaria.* Síntesis. Madrid.
- FERNÁNDEZ TRUÁN, J. C. (1997). *Los Materiales Didácticos en Educación Física.* Wanceulen. Sevilla.
- GALERA, A. D. (2001). *Manual de didáctica de la educación física.* (Dos tomos). Paidós. Barcelona.
- GALLARDO, P. y CAMACHO, J. M. (2008). *Teorías del aprendizaje y práctica docente.* Wanceulen Educación. Sevilla.
- GÓMEZ BALDAZO, H. (2009). *Educación Física y atención a la diversidad.* Ediciones La Tierra de Hoy. Madrid.
- GONZÁLEZ, A. (2007). *Planteamiento globalizado para Educación Primaria. La Bicicleta.* Wanceulen. Sevilla.
- GRUPO PANDORGA (VV. AA.) (2008) *Programación anual de educación física para primaria.* Seis volúmenes. INDE. Barcelona.
- HERNÁNDEZ, J. L. y VELÁZQUEZ, R. (2004). *La evaluación en educación física.* Graó. Barcelona.
- HERNÁNDEZ, F. J. -Coord.- (2015). *El deporte para las personas con discapacidad.* Edittec. Barcelona.

- HOPKINS, D. (1996). *Estrategias para el desarrollo de los centros educativos.* En: VILLA, A. (Coord.). *Dirección participativa y evaluación de centros.* Universidad de Deusto (pp. 377-402).
- JUNTA DE ANDALUCÍA. (2016). *Acuerdo de 16 de febrero de 2016, del consejo de Gobierno, por el que se aprueba el II Plan Estratégico de Igualdad de Género en educación 2016-2021.* BOJA nº 41, de 02/03/2016.
- JUNTA DE ANDALUCÍA (2015). *Orden de 17 de marzo de 2015, por la que se desarrolla el currículo correspondiente a la educación Primaria en Andalucía.* BOJA nº 60 de 27/03/2015.
- JUNTA DE ANDALUCÍA (2015). *Decreto 97/2015, de 3 de marzo, por el que se establece la ordenación y el currículo de la educación Primaria en la comunidad Autónoma de Andalucía.* BOJA nº 50 de 13/03/2015.
- JUNTA DE ANDALUCÍA (2015). *Orden de 04 de noviembre de 2015, por la que se establece la ordenación de la evaluación del proceso de aprendizaje del alumnado de educación primaria en la Comunidad Autónoma de Andalucía.* B.O.J.A. nº 230, de 26/11/2015.
- JUNTA DE ANDALUCÍA (2014). *O. de 05/11/2014, por la que se modifica la de 3 de agosto de 2010, por la que se regulan los servicios complementarios de la enseñanza de aula matinal, comedor escolar y actividades extraescolares en los centros docentes públicos, así como la ampliación de horario* (BOJA nº 233, de 28/11/2014).
- JUNTA DE ANDALUCÍA (2010). *Decreto 328/2010, de 13 de julio, por el que se aprueba el Reglamento Orgánico de las escuelas infantiles de segundo grado, de los colegios de educación primaria, de los colegios de educación infantil y primaria, y de los centros públicos específicos de educación especial.* BOJA nº 139, de 16/07/2010.
- JUNTA DE ANDALUCÍA (2010). *Orden de 20 de agosto de 2010, por la que se regula la organización y el funcionamiento de las escuelas infantiles de segundo ciclo, de los colegios de educación primaria, de los colegios de educación infantil y primaria, y de los centros públicos específicos de educación especial, así como el horario de los centros, del alumnado y del profesorado.* BOJA nº 169, de 30/08/2010.
- JUNTA DE ANDALUCÍA (2008). *Orden de 25/07/2008, por la que se regula la atención a la diversidad del alumnado que cursa la educación básica en los centros docentes públicos de Andalucía.* BOJA nº 167, de 22 de agosto.
- JUNTA DE ANDALUCÍA (2007). *Ley 17/2007, de 10 de diciembre, de Educación de Andalucía (L. E. A.).* B. O. J. A. nº 252, de 26/12/07.
- JUNTA DE ANDALUCÍA. (2006). *Orden de 21 de julio de 2006, por la que se regula el procedimiento para la elaboración, solicitud, aprobación, aplicación, seguimiento y evaluación de los planes y proyectos educativos que puedan desarrollar los Centros Docentes sostenidos con fondos públicos y que precisen de aprobación por la Administración Educativa.* BOJA nº 149, de 03/08/2006.
- LLEIXÁ, T. (2007). *Educación física y competencias básicas. Contribución del área a la adquisición de las competencias básicas del currículo.* Revista Tándem, nº 23, pp. 31-37.
- MARTÍNEZ, L. (2011). *Educación Física, Transversalidad y Valores.* Praxis. México.
- M. E. C. (2013). *Ley Orgánica 8/2013, de 9 de diciembre, para la mejora de la calidad educativa.* B. O. E. nº 295, de 10/12/2013.
- M. E. C. (2006). *Ley Orgánica de Educación (L. O. E.) 2/2006, de 3 de mayo, de Educación.* B. O. E. nº 106, de 04/05/2006. Modificada en varios artículos por la LOMCE/2013.
- M.E.C. (2015) ECD/65/2015, *O. de 21 de enero, por la que se describen las relaciones entre las competencias, los contenidos y los criterios de evaluación de la*

educación primaria, la educación secundaria obligatoria y el bachillerato. B.O.E. nº 25, de 29/01/2015.
- M. E. C. (2014). *Real Decreto 126/2014, de 28 de febrero, por el que se establece el currículo básico de la Educación Primaria*. B. O. E. nº 52, de 01/03/2014.
- M. E. C. (2010). *Real Decreto 132/2010, de 12 de febrero, por el que se establecen los requisitos mínimos de los centros que impartan las enseñanzas del segundo ciclo de la educación infantil, la educación primaria y la educación secundaria, B. O. E. nº 62, de 12/03/2010.*
- M.E.C. y M. de Sanidad. (2009) *Ganar en salud en la escuela. Guía para conseguirlo*. Madrid.
- MAZÓN, V., (coord.). (2010). *Programación de la Educación Física basada en competencias. Primaria*. (Seis tomos). INDE. Barcelona.
- MIRAFLORES, E. y MARTÍN, G. (2014). *Cómo programar la Educación Física en Primaria. Desarrollo de una programación docente*. CCS. Madrid.
- PÉREZ COBACHO, J. (2007). *Ganar oposiciones*. MAD. Sevilla.
- RÍOS, M. (2003). *Manual de Educación Física Adaptada*. Paidotribo. Barcelona.
- RÍOS, M. y Otros (2004). *El juego y los alumnos con discapacidad*. Paidotrobo. Barcelona.
- RODRÍGUEZ GARCÍA, P. L. (2006). *Educación Física y Salud en Primaria*. INDE. Barcelona.
- ROLDÁN, C. (2002) (Coord.). *Manual de seguridad en los centros educativos*. C. E. J. A. Sevilla.
- ROMERO CEREZO, C y CEPERO, M. (2002). *Bases teóricas para la formación del maestro especialista en educación física*. Grupo Editorial Universitario. Granada.
- RUIZ PÉREZ, L. M. (2005). *Moverse con dificultad en la escuela*. Wanceulen. Sevilla.
- SÁENZ-LÓPEZ, P. (2002). *La Educación Física y su Didáctica*. Wanceulen. Sevilla.
- SÁNCHEZ, F. y FERNÁNDEZ, E. -coords.- (2003). *Didáctica de la Educación Física*. Prentice Hall. Madrid.
- SÁNCHEZ GARRIDO, D. y CÓRDOBA, E. (2010). *Manual docente para la autoformación en competencias básicas*. C.E.J.A. Málaga.
- SÁNCHEZ, J. y RUIZ, J. -coords.- (2013). *Recursos didácticos y tecnológicos en educación*. Síntesis. Madrid.
- TAMARIT, A. (2016). *Desarrollo cognitivo y motor*. Síntesis. Madrid.
- TORRE, E. y GIRELA, M. J. (1997). *Desarrollo de los Temas Transversales desde el Área de Educación Física*. En DELGADO, M. A. -Coord.- *Formación y Actualización del profesorado de Educación Física y del Entrenamiento Deportivo*. Wanceulen. Sevilla.
- VICIANA, J. (2002). *Planificar en Educación Física*. INDE. Barcelona.
- VILLADA, P. y VIZUETE, M. (2002). *Los Fundamentos teóricos-didácticos de la Educación Física*. Secretaría General Técnica del M. E. C. D. Madrid.
- VV. AA. (2008). *Colección de manuales de atención al alumnado con necesidades específicas de apoyo educativo*. (10 volúmenes). C. E. J. A. Sevilla.
- ZAGALAZ, Mª L. (2003). *La evaluación de los aprendizajes en Educación Física*. En SÁNCHEZ, F. y FERNÁNDEZ, E. *Didáctica de la Educación Física*. Prentice Hall. Madrid.
- ZAGALAZ, Mª L.; CACHÓN, J.; LARA, A. (2014). *Fundamentos de la programación de Educación Física en Primaria*. Síntesis. Madrid.

18.- WEBGRAFÍA.

Ponemos aquellas webs o "bibliografía digital" de las editoriales u organismos donde vengan programaciones-modelo e información válida y relevante para la nuestra. Citar dos o tres de los siguientes ejemplos:

http://www.adideandalucia.es
http://servicios.educarm.es/admin/webForm.php?ar=1007&mode=visualizaAplicacionWeb&aplicacion=EDUCACIONFISICA&web=132&zona=PROFESORES
http://rubistar.4teachers.org/index.php?&skin=es&lang=es&
http://www.vicensvives.es
http://www.indexnet.santillana.es/scripts/indexnet/primaria/iBien.asp
http://www.anayaeducacion.com/
http://www.ecir.com/
http://www.educaguia.com
http://www.edelvives.es/recursos/programaciones.php
http://www.educacion-fisica.es.
http://recursos.cnice.mec.es/edfisica/
http://www.ite.educacion.es/es/recursos
http://www.educarm.es/admin/recursosEducativos#nogo
http://www.juntadeandalucia.es/averroes/
http://www.gobiernodecanarias.org/educacion/webdgoie/
http://www.educarex.es/web/guest/apoyo-a-la-docencia
http://www.catedu.es/webcatedu/index.php/recursosdidacticos
http://www.educa2.madrid.org/educamadrid/servicios
http://www.educa.jccm.es/educa-jccm/cm/recursos
http://www.educa.jcyl.es/profesorado/es/recursos-aula
http://lapizarraweb.wordpress.com
http://www.educastur.es
http://www.guiaderecursos.com/webseducativas.php

19. TEMPORALIZACIÓN.

Ahora pondríamos la Temporalización, como nexo entre la Programación y las UDI.

Temporalizar consiste en estructurar, **ordenar** los contenidos, seleccionándolos en función de su **jerarquización** vertical y horizontal, teniendo en cuenta el contexto, durante el curso escolar. En ella indicamos la duración de cada Unidad (Viciana, 2002). En otras palabras, temporalizar es repartir objetivos y sus contenidos previstos para cada nivel, en UDI y sesiones.

Como "portada" podríamos poner una tabla como la que adjuntamos a modo de ejemplo. En ella se ve claramente la descripción de las unidades a lo largo del curso, por trimestre; las treinta y dos semanas lectivas; la temática o contenido más significativo de la unidad; el nombre con que titulamos cada una; número de horas/semana y número de sesiones.

Debemos matizar que las unidades están distribuidas coherentemente a lo largo de los tres trimestres del curso. No obstante, debemos resaltar si vamos a destinar varias sesiones al inicio del curso para hacer una valoración previa de varios parámetros. Por ejemplo:
- o Si el grado de consecución de competencias y objetivos que muestra el grupo tras una prueba se corresponde con el que deberían tener.

- Si vamos a aprovechar los primeros días para realizar las fichas personales, encuestas, hablar de qué vamos a hacer durante el curso, el libro y cuaderno a usar, las actividades complementarias y extraescolares previstas, etc.
- Podemos, igualmente, aprovechar para observar mediante unas sencillas pruebas si algún alumno tiene algún tipo de problema relacionado con rodillas, plantas de los pies, columna vertebral o con la capacidad cardiorrespiratoria, etc.

TEMPORALIZACIÓN				
Semanas lectivas por meses y trimestres			QUINTO CURSO	Carga lectiva: 2 sesiones por semana	Nº de sesiones
PRIMER TRIMESTRE	Sept.	1	Presentación. Talla, peso y envergadura		2
		2	Test de control de la condición física-salud (1ª toma)		2
	Oct.	3	Nos conocemos	1ª UDI "De nuevo al cole"	4
		4			
		5	Destrezas básicas	2ª UDI "Lanzamos y tomamos"	4
		6			
	Nov.	7	Percepción espacial	3ª UDI "Nos orientamos en el espacio"	4
		8			
		9	Coordinación y equilibrio	4ª UDI "Me coordino y equilibro".	4
		10			
	Dic.	11	Juego dramático	5ª UDI "Hacemos teatro"	4
		12			
SEGUNDO TRIMESTRE	Ene.	13	Juegos populares y tradicionales	6ª UDI "Los juegos de mi tierra"	4
		14			
		15	Salud	7ª UDI "Me cuido jugando".	4
	Feb.	16			
		17	Habilidades genéricas	8ª UDI "Botamos, conducimos, fintamos…"	4
		18			
	Mar.	19	Juegos cooperativos	9ª UDI "Juego con mis amigos".	4
		20			
		21	Act. en Medio Natural	10ª UDI "Nos vamos al campo".	4
		22			
TERCER TRIMESTRE	Abr.	23	INICIACIÓN DEPORTIVA ADAPTADA	11ª UDI "Jugamos a Voleibol"	4
		24			
		25		12ª UDI "Jugamos a Fútbol-Sala"	4
	May	26			
		27		13ª UDI "Jugamos a Baloncesto"	4
		28			
	Jun.	29	14ª UDI "Otros juegos alternativos"		3
		30			
		31	15ª UDI "Somos olímpicos"		3
		32	Test de control de la condición física-salud (2ª toma)		2

Así pues, a partir de ahora empezaríamos con la segunda parte del trabajo: el desarrollo de las **quince UDI** numeradas y con una serie de apartados mínimos. Nuestro modelo abarca una ficha de **dos páginas** por cada Unidad, lo que hace un total de treinta páginas, por lo que la Programación Didáctica tendrá, como máximo, un total de veinte y así cumplir con lo estipulado en la última convocatoria.

De cualquier forma, deberemos esperar a lo que exprese la próxima Orden de la convocatoria para cumplir con sus requisitos formales.

Para ello nos remitimos al volumen correspondiente a las Unidades Didácticas Integradas (UDI) de esta Editorial, realizado por los mismos autores.

3. AUTOEVALUACIÓN DE LA PROGRAMACIÓN DIDÁCTICA DISEÑADA.

Una vez que creemos hemos terminado nuestra Programación Didáctica debemos repasarla para estudiar su coherencia, su relación interna, mediante una autoevaluación. No se trata, pues, de realizar la Programación con todos sus elementos curriculares sin ton ni son. Debemos perseguir, por ejemplo, que sus objetivos tengan **relación** con los contenidos, las actividades y los criterios de evaluación asociados. En cualquier caso, esta autoevaluación es personal e interna y **nunca** para añadirla a la programación a presentar al Tribunal. Debemos **revisar** y reflexionar sobre:

- Contrastar que en la **Introducción** expresamos las líneas maestras de la Programación, sus características y peculiaridades más significativas, esos rasgos que nos van a diferenciar de los trabajos de los demás opositores.
- Comprobar si hemos explicado los **niveles de concreción curricular**, cada uno de ellos con sus particularidades. Por ejemplo, la legislación nacional y autonómica a tener en cuenta en el 1º. Las especiales circunstancias de nuestro centro de referencia reflejadas a través de las Líneas Generales de Actuación Pedagógica, su contexto, etc. y el Plan de Centro, con sus tres apartados, que se corresponde con el 2º nivel y que nos va a condicionar la Programación. ¿He citado los planes y programas del CEIP e insistido en aquellos que más están relacionados con el área de Educación Física?
- Verificar que la información descrita para el 3º nivel, nuestra Programación, se desprende del anterior, al mismo tiempo que justificamos nuestra propuesta dada las características de nuestro grupo-clase. En este mismo sentido, si expresamos la diversidad del conjunto de alumnos/as, con especial incidencia en quienes tienen necesidades educativas especiales, por lo que ya estaríamos en el 4º nivel de concreción.
- Sobre las **competencias**, debemos comprobar que las hemos mencionado con ejemplos precisos que situamos en algunas unidades concretas.
- En relación a los **objetivos** del curso, debemos cerciorarnos que vienen concretados de los Generales del Área y dan servicio a las Líneas del centro. Comprobar si hemos puesto ejemplos de las unidades donde los tratamos. No se nos deben olvidar referencias a los llamados "Objetivos de Andalucía", ¿dónde los hemos tratado, con ejemplos?
- ¿Sirven los **contenidos** para trabajar los objetivos, están relacionados? ¿Los hemos secuenciado y justificado? ¿Hemos puesto ejemplos concretos de unidades donde los llevo a la práctica?
- Sobre las **actividades** y sus tipos. ¿Proceden de los contenidos? ¿Hemos explicado y adjuntado ejemplos de su tipología? ¿Tienen, en general, varios niveles de resolución, son variadas y respetan la individualización? Nos hemos detenido algo más en las complementarias y extraescolares? Con respecto a éstas, ¿hemos matizado su organización y condiciones a cumplir?

- **Metodología**. ¿Hemos expuesto las líneas maestras a seguir (individualizada, creativa, cooperativa, etc.? ¿Hemos descrito ejemplos concretos que llevo a la práctica en una o varias unidades?
- ¿Hemos indicado los **recursos** de todo tipo que tenemos a nuestra disposición y, por ende, vamos a usar? ¿Hemos incluido concreciones y ejemplos en algunas unidades, y de esta manera el tribunal podrá verificar que es un trabajo personalizado? Hemos especificado las características que deben cumplir? ¿Y los recursos de tipo TIC/TAC, con ejemplos?
- ¿Hemos tratado convenientemente la **transversalidad** y las conexiones con **otras áreas** con ejemplos específicos y en qué unidades las vamos a concretar?
- ¿Hemos matizado ejemplos sobre el tratamiento de la **lectura, escritura y expresión oral**?
- ¿Cómo hemos llevado a la práctica diaria el tratamiento a la **diversidad**, especialmente con algunos alumnos afectados de discapacidad que tenga en el grupo-clase de referencia? ¿Hemos indicado ejemplos concretos que demuestran es así?
- ¿Hemos contrastado que la **evaluación** se refiere al aprendizaje del alumnado, al proceso de enseñanza y a nuestra propia práctica docente? ¿Están relacionados los criterios con los objetivos del curso? ¿Hemos puesto ejemplos de herramientas y en qué unidad las voy a usar?
- Sobre la **temporalización**. ¿Es coherente, comenzando por unidades donde tratamos aprendizajes más básicos para culminar el curso con otras de objetivos más complejos?
- ¿Hemos incluido en las **referencias consultadas** bibliografía, legislación y webgrafía? La bibliografía debe incluir referencias recientes, aunque sin olvidarnos de las "clásicas". La legislación debe estar totalmente actualizada.
- ¿Hemos corregido el **estilo** expresivo, ortografía, etc.?
- Todos los apartados de la Programación tendrán **autores** y referencias **legislativas** adecuadas... y sin pasarnos del número máximo de **páginas** permitido.
- Únicamente si hemos revisado y razonado sus vínculos internos, su coherencia, tenemos muchas opciones para **defenderla** con convicción y seguridad en la prueba oral ante el Tribunal.

4. PAGINACIÓN DE LA PROGRAMACIÓN.

Nos referimos al **número de folios numerados** que debemos **dedicar** a cada **apartado** de la programación que acabamos de ver.

Partimos de la base del **número máximo** que la Convocatoria nos permite. En Andalucía, que es la que tomamos como referencia, son **50**. De esta cantidad debemos reservar 30 páginas para las UDI, es decir, dos páginas por cada una de las 15 UDI que estamos obligados a presentar (O. de 23 de marzo de 2015, *por la que se efectúa convocatoria de procedimiento selectivo para el ingreso en el Cuerpo de Maestros*, BOJA nº 62 de 31 de marzo).

Por ello, nos restan para usar como contenidos de la programación 20 páginas. A su vez, de esta veintena debemos emplear varias en apartados "formales" y muy concretos: Índice, Introducción, Conclusiones, Bibliografía, Legislación y Webgrafía.

Así pues, en resumen, estimamos esta distribución de contenidos/páginas:

PÁGINA	APARTADO
S/N	Portada con datos pedidos
1	Índice
2	Introducción
3 a 16	Apartados de la programación: contexto, competencias, etc.
17	Conclusiones
18	Bibliografía
19	Legislación y Webgrafía
20	Tabla con la temporalización de las UDI a lo largo del curso. Nos sirve de nexo con la relación de las UDI.
21 y 22	1ª UDI
23 y 24	2ª UDI
25 a 48	3ª a 14ª UDI
49 y 50	15ª UDI
S/N	Anexos varios de apoyo al discurso de nuestra defensa

Dado que tenemos 14 páginas para distribuir los 12-14 apartados o epígrafes de la programación, cuando comencemos a redactarla debemos tener presente el **"principio de la síntesis"**. Si escribimos más de lo que nos cabe, perderemos doblemente el tiempo: primero por escribir de más y segundo por borrarlo.

2ª PARTE

**ANEXOS DE APOYO A LA REALIZACIÓN
DE LA PROGRAMACIÓN.**

Presentamos unos anexos con el objetivo de que cada lectora o lector tenga más posibilidades de **personalizar** su Programación a partir de la **estructura vista anteriormente**.

La **primera** parte está relacionada con las peculiaridades del alumnado en función a su edad. Son características psicobiológicas tomadas de diversos autores y, lógicamente, con enfoques distintos. El volumen de las mismas que tomaremos para nuestra Programación estará en consonancia con el espacio que tengamos disponible.

La **segunda** pretende ser una guía de apoyo a la hora de programar objetivos, contenidos y criterios de evaluación.

1.- CARACTERÍSTICAS DEL ALUMNADO DE PRIMARIA.

Presentamos las propuestas de varios autores con objeto que las personas interesadas opten por el que más se adecue a sus intereses.

1.1.- Características del alumnado de Primaria (Oña, 1987).

Tomado de Oña, A. (1987). Desarrollo y Motricidad: Fundamentos evolutivos de la Educación Física. I. N. E. F. Granada.

PRIMER CICLO DE PRIMARIA (6-8 años)

Aspectos cognitivos

- El desarrollo cerebral atraviesa un periodo de crecimiento estable.
- Pensamiento intuitivo que se va descentrando con predominio de la percepción global e indiferenciada, polarizada sobre los aspectos más llamativos.
- No tienen una representación adecuada de la realidad: conciben las cosas a su imagen (gran subjetivismo) y se creen el centro de todo (egocentrismo).
- La atención es inestable y se mantiene mientras dura el interés, manifestándolo por las cosas que le gustan.
- Carecen del sentido de lo relativo, de la reflexión y de la autocrítica.
- Tienen imaginación, curiosidad, impaciencia e imitan.
- En este ciclo se produce el paso progresivo del pensamiento egocéntrico y sincrético al descentrado y analítico.

Aspectos corporales y motores

- Aumento progresivo y estable en el crecimiento físico, sobre todo a nivel de las extremidades inferiores.
- El cuerpo manifiesta generalmente una forma rectilínea y plana, sobre todo la caja torácica.
- Hay una pérdida en las almohadillas de grasa, sobre todo en las articulaciones, y una mayor robustez en el cuello.
- Debido a que el desarrollo de los grandes grupos musculares es mayor que el de los pequeños, se produce un desequilibrio en la coordinación.
- No obstante, como los procesos de maduración del equilibrio y de la coordinación son patentes, muestran una aceptable habilidad motriz.
- Considerable gasto de energía ya que hacen gestos explosivos.
- La resistencia es baja y se cansan rápidamente.
- Poco control de los impulsos motores.
- Paso progresivo de la acción del cuerpo a la representación corporal.
- Paso del movimiento global al diferenciado.
- Tienen sentido kinestésico del ritmo y del espacio.
- Afirmación definitiva de la lateralidad y diferenciación derecha/izquierda.
- Padecen con cierta facilidad enfermedades respiratorias altas, por el aumento del tejido linfático, productor de las defensas sanguíneas (amígdalas y vegetaciones).
- Los defectos posturales del movimiento pueden aparecer durante este periodo.

Aspectos afectivos y actitudinales

- La salida del entorno familiar propicia el inicio de la sociabilidad, pero la camaradería es casual y cambiante.
- Son egocéntricos, individualistas, impositivos, sensibles y no aceptan bien las críticas, pero buscan y desean la aprobación del adulto.
- El deseo de afirmar su personalidad crea tensiones.
- Pocas veces son generosos; no obstante, comienzan a cooperar y trabajar en grupo, pero necesitan la intervención del adulto para asentar las bases.
- En la mayoría de sus acciones son indiferentes al sexo.
- Les gustan las cosas familiares y tienen necesidad de seguridad.
- Tienen dificultades para tomar decisiones y un comportamiento inquieto.
- Participan en juegos de cooperación y respetan las reglas establecidas si son simples y concretas.

SEGUNDO CICLO DE PRIMARIA (8-10 años)

Aspectos cognitivos
- Periodo de estabilidad del crecimiento cerebral, con aumento de las conexiones dendríticas y sinápticas.
- Entran de lleno en el sub periodo de las operaciones concretas.
- Empiezan a utilizar la lógica y a ser más independientes de los aspectos perceptivos.
- Predomina la realidad sobre la imaginación.
- Se desarrolla y consolida la capacidad analítica.
- Pueden organizar nociones espaciales y temporales.
- Son capaces de formar clasificaciones y categorías de objetos.
- Aparecen nociones de conservación de la sustancia, del peso y del volumen.
- La atención es mayor, pero es evidente un desasosiego general.
- La representación mental del cuerpo se consolida, así como las nociones derecha/izquierda.
- Esta edad es intelectualmente más curiosa que la anterior y generalmente aventurera.

Aspectos corporales y motores
- El ritmo de desarrollo se estabiliza y los cambios estructurales son menores.
- El crecimiento en altura es más lento que en el periodo anterior; en cambio, aumenta en anchura por lo que, morfológicamente están muy proporcionados; no obstante las extremidades crecen más que el resto del cuerpo.
- Debido a que los músculos pequeños se desarrollan más que los grandes y a que hay una mejora sensorial y neurológica, el nivel de coordinación es significativo, sobre todo la óculo-manual.
- Aumenta el tejido graso subcutáneo, lo que unido a alimentación inadecuada, puede provocar la aparición de sobrepeso.
- Ganan en equilibrio y vigor. Tienen un excedente de energía que se traducen en un aumento de la vitalidad y en un infatigable afán de actividad.
- Motricidad orientada y voluntaria, consiguiendo dominar su movimiento desde un punto de vista motor y físico.
- Independencia funcional de los segmentos y elementos corporales.
- Independencia derecha/izquierda.
- Aumenta la economía motriz a favor del movimiento más exacto y funcional. Es una fase de mayor rendimiento corporal y de movimientos más económicos y eficaces.
- Responden mejor a los esfuerzos de resistencia porque el corazón y los pulmones alcanzan mejores condiciones.
- La recuperación tras el esfuerzo es relativamente rápida.
- Con una práctica apropiada se estimula la capacidad aeróbica y la hipertrofia cardiaca.

Aspectos afectivos y actitudinales
- Edad de oro de la infancia.
- Pierden la ingenuidad del comportamiento.
- Extroversión hacia el mundo exterior.
- Afán de aventuras.
- Disminuye la timidez y aparece la acción.
- Suelen tener atrevimiento, entusiasmo y reflexión.
- No suelen tener problemas de relación con la persona adulta.
- La determinación de tomar decisiones se desarrolla.
- Se interesan por las actividades deportivas.
- Discuten sobre lo correcto e incorrecto.

- Están bien adaptados a su estatus y satisfechos con el papel que les corresponde.
- A pesar de que tienen gran deseo de independencia y el sentido de la rivalidad es grande, la búsqueda y aceptación por los demás se hace muy importante, desarrollándose los instintos gregarios (hacen pandillas).

TERCER CICLO DE PRIMARIA (10-12 años)

Aspectos cognitivos

- El cerebro es capaz de actuar de forma más eficiente, de tratar más información y más rápidamente.
- Maduración de las estructuras cognitivas (atención, percepción, memoria e inteligencia).
- Se perfecciona la comprensión temporal, lo que se traduce en capacidad para hacer proyectos.
- Acceden al pensamiento formal (comprenden las leyes internas que subyacen en los fenómenos reales, comprenden los principios generales de la acción, y son capaces de elaborar síntesis a partir de datos reales).
- Desarrollo del pensamiento abstracto (capacidad crítica y afán por explicarlo todo en término de leyes del pensamiento).
- La lógica de las operaciones concretas tiene su apogeo (reflexionan, se plantean problemas, sopesan los pro y los contra antes de tomar una decisión, suspenden la acción y pesan sus ideas ejerciendo una crítica rigurosa).
- Al final del ciclo empieza a emerger la inteligencia teórica, diferenciándose de la práctica.

Aspectos corporales y motores

- El proceso de desarrollo se acelera preparando la pubertad.
- Aparecen los primeros signos de maduración sexual.
- Se origina el segundo cambio de configuración morfológica, caracterizado por peculiares desarmonías y crecimiento rápido de las extremidades inferiores.
- Es el momento del llamado estirón del crecimiento, debido a que en poco tiempo aumenta un considerable número de centímetros.
- Los cambios estructurales se manifiestan por modificaciones en el tejido óseo (a nivel escapular en los niños y pélvico en las niñas).
- Los músculos aumentan en longitud a medida que crecen los huesos.
- Equilibrio en todas las funciones del desarrollo.
- Se perfeccionan muchos de los logros motores alcanzados en años anteriores.
- Aumenta la actividad física, manifestando mejoras en los grandes sistemas encargados de la producción de energía, lo que favorece que sean capaces de estar más tiempo trabajando, con mayor intensidad y rapidez, es decir, hay una mejora cualitativa y cuantitativa.

Aspectos afectivos y actitudinales

- Sentimiento vital de optimismo.
- Separación definitiva del mundo interior del exterior.
- Poseen un conocimiento más objetivo de la realidad.
- Descubren el "yo personal", aumento del sentimiento de sí mismo, de la propia identidad.
- La motivación por el logro se va independizando de la estimulación familiar y docente.
- Interés por practicar y compararse a los demás en sus habilidades motrices.
- Reforzamiento de las relaciones con el grupo.
- Elaboran un sistema de valores relativamente rígido.

> - Quieren ser tratados como personas adultas.
> - Pérdida de la espontaneidad (no dicen lo que sienten y piensan).
> - Distanciamiento entre los dos sexos.
> - A lo largo del ciclo se refuerzan las formas y los comportamientos relacionados con el sexo, acaban identificándose con el papel que la sociedad le asigna a cada sexo interiorizando las normas de conducta correspondientes.
> - Aparece el "orgullo masculino" (sentimiento de superioridad frente a las niñas o "sexo débil").
> - Comienzan a preocuparse por todo lo relativo al aspecto corporal.

1. 2.- Características generales del alumnado de Primaria (Castaño, 2006).

Tomado de Castaño, J. (2006). "Propuesta didáctica para el área de Educación Física. Educación Primaria". Wanceulen, Sevilla.

Niña y niño de 6 años.

PLANO MOTOR:

Tiene adquirido el ritmo, equilibrio y las coordinaciones tanto a nivel de motricidad fina y gruesa como de espacio y tiempo. Reconoce la derecha-izquierda en sí mismo y realiza órdenes de desplazamiento en el espacio. Sabe sentirse solo, va al baño, hace lazos y se ducha solo.

PLANO EMOCIONAL:

Responde negativamente a coacciones. La docilidad que mostraba a los cinco años la va perdiendo y se rebela ante situaciones que considera injustas, tanto si son provocadas por adultos o por sus compañeros. Es más "respondón".

PLANO SOCIAL:

Le gusta la actividad física, las luchas. Busca amigos constantemente, discrepando de ellos por las ideas propias.

PLANO ESCOLAR:

El criterio del maestro o maestra prevalece por encima de todo, habla para dirigirse a alguien y suele estar centrado en las tareas, permaneciendo mayor tiempo ejecutándolas, prestando su colaboración.

Niña y niño de 7 años.

PLANO MOTOR:

Baja su actividad con respecto a los seis años. Pone mucha atención, repite la misma acción muchas veces hasta llegar a dominarla. Controla mejor sus manos y ojos, pudiendo permanecer más tiempo en las mismas posturas.

PLANO EMOCIONAL:

Se emociona fácilmente. Se tapa los oídos para no escuchar ruidos fuertes. Le falta confianza en sí mismo, siente con mayor sensibilidad y se muestra algo introvertido.

PLANO SOCIAL:

Se hace servicial, soporta los juegos en grupo. Ordena su habitación, tiene celos de los menores, comienza la afición por el coleccionismo. Los niños tienen juegos violentos, al contrario de las niñas.

PLANO ESCOLAR:

Se fija en los demás que le rodean, tiene sosiego en su trabajo, conoce el tiempo y se da cuenta de su consumo.

Niña y niño de 8 años.

PLANO MOTOR:

Cambian las proporciones corporales y ya hay diferencias morfológicas entre los sexos. Los ritmos psicomotores se encuentran en alza. Los niños juegan con cierta dureza y entusiasmo.

PLANO EMOCIONAL:

Es espontáneo y desordenado. Pasa continuamente d un tema a otro. Admira a los padres.

PLANO SOCIAL:

Aprecia más a los demás. Tiene necesidad de consejos y es menos servicial, aunque le gustan los premios. En los juegos hay separación por razón de sexo y tiene rivalidades con los demás. La televisión es muy importante en su vida.

PLANO ESCOLAR:

Le gusta la escuela, ya domina mejor el espacio y es capaz de volver a casa solo. Habla en familia de la vida escolar y de sus experiencias.

Niña y niño de 9 años.

PLANO MOTOR:

Aumenta su control postural y conoce sus dimensiones. Es más coordinado y su complexión física es un puente entre la infancia y la preadolescencia.

PLANO EMOCIONAL:

Expresa las emociones. Hay que motivarlo y se siente avergonzado si se le llama la atención delante de los demás. Le agrada que le traten como un adulto, aunque desprecia al otro sexo.

PLANO SOCIAL:

Es servicial y ayuda. Tiene amigos íntimos. Quiere clasificar y conocer todo.

PLANO ESCOLAR:

Le gusta la escuela. Tiene orden, trabajo rápido, aunque necesita ser estimulado.

Niña y niño de 10 años.

PLANO MOTOR:

La estructura corporal ha cambiado. Quiere gastar las energías. Las niñas muestran ya signos de preadolescencia, mientras que los niños se desarrollan más lentamente. Por ello, empeora el nivel de coordinación y equilibrio. Aumenta la fuerza muscular y hay mayor desarrollo neurofisiológico.

PLANO EMOCIONAL:

Es menos miedoso, más sincero y apegado a la familia. Es más realista y tiene poca armonía con el otro sexo.

PLANO SOCIAL:

Ocupa su tiempo de ocio en juegos. Le gusta crear y tener amigos íntimos. La televisión sigue teniendo gran importancia.

PLANO ESCOLAR:

Muestra autocrítica. Le gusta aprender y tiene más memoria. Muestra ansiedad de una libertad de acción y organiza él mismo su espacio y tiempo.

Niña y niño de 11 años.

PLANO MOTOR:

Tiene un gasto continuo de energía. Muestra su competitividad y es fuerte. Las niñas se lanzan hacia la preadolescencia y los niños aumentan su masa corporal.

PLANO EMOCIONAL:

Es rencoroso, y a veces desagradable. Tiene mejor comportamiento fuera de la familia. Tiene celos y muestra curiosidad.

PLANO SOCIAL:

Suele discutir y criticar. Muestra intereses personales. Se separa del otro sexo.

PLANO ESCOLAR:

Descubre el humor. Tiene gran capacidad de trabajo. Les gustan las actividades extraescolares y muestra una insaciable curiosidad, al mismo tiempo que habla y expresa ideas.

1.3.- Características del alumnado de Primaria, por Ciclo (Zagalaz, Cachón y Lara, 2014).

a) Seis a ocho años.

Son creativos, entusiastas y muy activos desde un punto de vista motor. Tienen gran curiosidad por todo cuanto les rodea y aprenden de lo que tienen más cerca. Llevan a cabo un gran desarrollo de sus ámbitos cognitivo, psicomotor, personal, social y moral. Aumenta su capacidad de trabajo, atención y adquieren el lenguaje.

Motrizmente mejora el control postural o equilibrio y la respiración. La afirmación de su lateralidad es determinante, así como los aspectos coordinativos globales y óculo segmentarios, por mejora en su esquema corporal. Los factores contextuales influye en su comportamiento: voces, falta de concentración, hiperactividad, nerviosismo, etc. Aumenta la fuerza y resistencia de forma natural.

b) Ocho a diez años.

Continúa la mejora en sus ámbitos cognitivo, psicomotor, personal, social y moral. Hace acto de presencia la socialización, ayudada por el centro y familia. Empieza a relacionarse con los grupos sociales de su alrededor: barrio, comunidad, participantes en zonas de juegos, interacciones con los demás a través de redes sociales, etc.

Tiene ya conciencia de sí mismo, se cree mayor y se diferencia de los demás. Hace planes de futuro y se interesa por los demás. Es una época de ganancia en peso y estatura, sí como de condición física. La percepción espacial tiene ya gran nivel, por lo que es capaz de mejorar su habilidad en los juegos con móviles.

Necesitan jugar para satisfacer su capacidad de movimiento y de relaciones con los demás.

c) Diez a doce años.

Se producen los mayores cambios de desarrollo físico y motor y comienzan los primeros brotes de pubertad, sobre todo en las niñas, que adquieren antes (entre uno y dos años) más masa corporal. Se integran en grupos donde los intereses sexuales van apareciendo, haciendo en muchas ocasiones caso de sus consejos, por lo que debemos estar atentos a los mismos, junto a sus familias, para evitar conductas no deseadas, máxime con la influencia que ejercen los demás a través de las redes sociales.

Se hacen críticos con los adultos merced a los conocimientos que ya tienen. El pensamiento formal se está consolidando y el desarrollo psicomotor consiste en un aumento de la fuerza en ellos y de la flexibilidad en ellas. Los cambios producidos les llevan a establecer comparaciones, por lo que establecerán grupos en función de la apariencia y potencial físico-deportivo.

Los factores externos determinarán, en gran parte, los comportamientos de estos pre adolescentes.

1.4.- Características del alumnado de Primaria -resumen para toda la Etapa- (Zagalaz, Cachón y Lara, 2014).

El alumnado de Primaria presenta unas características similares para la franja de edad de 6-12 años, si bien las diferencias más significativas son las de tipo físico de la pre adolescencia, alrededor de los 11 años.

* Desarrollo físico y motor:
a) buena salud con posibles deficiencias sensoriales y enfermedades contagiosas o derivadas de una alimentación pobre.
b) Desarrollo perceptivo: esquema corporal propio y del compañero. Percepción de la capacidad de rendimiento.
c) Progresos en la interacción espaciotemporal con interpretación del movimiento y de la velocidad.
d) Gran desarrollo de las habilidades motrices: correr, saltar, etc.
e) Interés por la competición.
f) Diferencias moderadas entre sexos.

* Características cognoscitivas:
a) Representación de objetos y acciones mediante signos.
b) Reducción del animismo e incremento del realismo.
c) Principio de conservación e identidad.
d) Autonomía.
e) Capacidad de resolver problemas concretos en forma lógica.
f) Creatividad creciente.

* Habilidades comunicativas: incremento de recursos de comunicación verbal y no verbal, de posibilidades de comunicación en diferentes contextos, con personas distintas.

* Características del desarrollo moral:

a) Progreso hacia una moral de cooperación: flexibilidad y papel activo en su elaboración (aceptación del grupo).
b) Cumplimiento de las normas para lograr la aceptación de los demás (aceptación y respeto por otros equipos deportivos).
c) Dificultad para ponerse en el lugar del otro.

* Características del desarrollo personal y social: estabilidad emocional e importancia del grupo de iguales en el desarrollo de las capacidades, en la seguridad afectiva y en la construcción del autoconcepto.

2.- GUÍA DE APOYO PARA LA ELABORACIÓN DE LOS ELEMENTOS CURRICULARES. LEGISLACIÓN APLICADA.

Recogemos una serie de **ejemplos de aplicación** que viene recogidos en la legislación que también expresamos y de la que hemos hecho referencia en la 1ª parte de este volumen.

2.1.- Contenidos expresados en la O. 17/03/2015.

La *Orden de 17 de marzo de 2015, por la que se desarrolla el currículo correspondiente a la educación Primaria en Andalucía*, BOJA nº 60 de 27/03/2015, indica en la página 538 y siguientes la **propuesta de contenidos secuenciados** para cada ciclo:

PRIMER CICLO

Bloque 1: "El cuerpo y sus habilidades perceptivo motrices"
1.1. Toma de conciencia y aceptación del propio cuerpo, afianzando la confianza en sí mismo.
1.2. Conocimiento de los segmentos corporales y observación de éstos en sí mismo y los demás.
1.3. Identificación y conocimiento del cuerpo en relación con la tensión, relajación y respiración.
1.4. Relación de las principales partes del cuerpo con los movimientos realizados.
1.5. Afirmación de la lateralidad y discriminación de derecha e izquierda sobre sí y sobre los demás.
1.6. Identificación y reconocimiento del lado dominante (ojo, brazo y pierna).
1.7. Exploración y diferenciación de las posibilidades sensoriales del cuerpo (visión, audición, táctil, olfativa y cenestésica).
1.8. Coordinación corporal (ojo, oído, tacto, cenestesia) con el movimiento.
1.9. Posturas corporales. Corrección y elección de las más adecuadas para el desarrollo de los ejercicios.
1.10. Experimentación de situaciones de equilibrio tanto estático como dinámico en diversas situaciones (base estable o inestable y modificando los puntos de apoyo).
1.11. Dominio progresivo de la percepción espacial, a través de básicas nociones topológicas y de distancia (arriba-abajo, delante-detrás, dentro-fuera, cerca-lejos, alto-bajo, juntos-separados).
1.12. Apreciación y cálculo de distancias en reposo y en movimiento, respecto a uno mismo, a los demás y diversos objetos.
1.13. Dominio progresivo de la percepción temporal a través de sencillas nociones relacionadas con el tiempo (ritmos, secuencias, velocidad, duración).
1.14. Experimentación de diferentes formas de ejecución y control de las habilidades motrices básicas (desplazamientos, saltos y suspensiones, giros, lanzamientos y recepciones, transportes y conducciones).
1.15. Disposición favorable a participar en actividades diversas aceptando la existencia de diferencias en el nivel de habilidad.

Bloque 2: "La Educación Física como favorecedora de salud"
2.1. Adquisición de hábitos básicos de higiene corporal, alimentarios y posturales relacionados con la actividad física.
2.2. Relación de la actividad física y de la alimentación con el bienestar y la salud.
2.3. Movilidad corporal orientada a la salud.
2.4. Respeto de las normas de uso de materiales y espacios en la práctica de actividades motrices.
2.5. Toma de conciencia y aceptación del uso de ropa y calzado adecuados para una correcta práctica deportiva.

Bloque 3: "La Expresión corporal: Expresión y creación artística motriz"
3.1. Indagación y exploración de las posibilidades expresivas del cuerpo (tono muscular, mímica, gestos) y del movimiento (ritmo, espacio, tiempo).
3.2. Expresión e interpretación de la música en general y el flamenco en particular a través del cuerpo, sincronizando sencillas estructuras rítmicas a partir de un compás y un tempo externo.
3.3. Práctica de sencillos bailes y danzas populares o autóctonas de la Comunidad Autónoma de Andalucía.
3.4. Imitación y representación desinhibida de emociones y sentimientos a través del cuerpo, el gesto y el movimiento.
3.5. Imitación de personajes, objetos y situaciones; cercanos al contexto, entorno y vida cotidiana de los niños/as.
3.6. Participación y disfrute en actividades que supongan comunicación a través de las expresiones, el cuerpo y el movimiento.
3.7. Respeto y aceptación hacia los demás por las formas de expresarse a través del cuerpo y el movimiento.

Bloque 4: "El juego y deporte escolar"
4.1. Reflexión e interiorización sobre la importancia de cumplir las normas y reglas de los juegos.
4.2. Utilización y respeto de reglas del juego para la organización de situaciones colectivas.
4.3. Conocimiento y práctica de diferentes tipos de juegos: libres-organizados, sensoriales, simbólicos y cooperativos.
4.4. Indagación y práctica de juegos populares y tradicionales propios de la cultura andaluza.
4.5. Práctica y disfrute de juegos en los que se utilicen las habilidades básicas, fundamentalmente los desplazamientos.
4.6. Aceptación de diferentes roles en el juego.
4.7. Respeto y aceptación de las demás personas que participan en el juego.
4.8. Participación activa en los juegos, buscando siempre el aspecto lúdico y recreativo.
4.9. Espacios para desarrollar el juego: colegio, calles, plazas, campo, etc. con gran arraigo en Andalucía.

SEGUNDO CICLO

Bloque 1: "El cuerpo y sus habilidades perceptivo motrices"
1.1. Desarrollo global y analítico del esquema corporal, con representación del propio cuerpo y el de los demás.
1.2. Descubrimiento progresivo a través de la exploración y experimentación de las capacidades perceptivas y su relación con el movimiento.
1.3. Desarrollo de la relajación global y de grandes segmentos corporales para aumento del control del cuerpo en relación con la tensión, la relajación y actitud postural.
1.4. Conocimiento e indagación de las fases, los tipos y los ritmos respiratorios, para su progresivo control en diferentes actividades.
1.5. Adecuación autónoma de la postura a las necesidades expresivas y motrices para mejora de las posibilidades de movimiento de los segmentos corporales.
1.6. Consolidación y abstracción básica de la lateralidad y su proyección en el espacio. Aprecio eficaz de la derecha y la izquierda en los demás.
1.7. Control del cuerpo en situaciones de equilibrio y desequilibrio modificando la base de sustentación, los puntos de apoyo y la posición del centro de gravedad, en diferentes planos.
1.8. Estructuración y percepción espacio-temporal en acciones y situaciones de

complejidad creciente. Apreciación de distancias, trayectorias y velocidad. Memorización de recorridos. Reconocimiento de la posición relativa de dos objetos.
1.9. Desarrollo de la autoestima y la confianza en uno mismo a través de la actividad física. Valoración y aceptación de la realidad corporal propia y de los demás.
1.10. Experimentación con distintas posibilidades del movimiento.
1.11. Ajuste y utilización eficaz de los elementos fundamentales en las habilidades motrices básicas en medios y situaciones estables y conocidas.
1.12. Desarrollo del control motor y el dominio corporal en la ejecución de las habilidades motrices.
1.13. Experimentación y adaptación de las habilidades básicas a situaciones no habituales y entornos desconocidos, con incertidumbre, reforzando los mecanismos de percepción y decisión en las tareas motrices.

Bloque 2: "La Educación Física como favorecedora de salud"
2.1. Valoración de los hábitos posturales más correctos. Asimilación progresiva de una actitud postural correcta y equilibrada en reposo y en movimiento.
2.2. Adquisición y puesta en práctica de hábitos alimentarios saludables relacionados con la actividad física. Consolidación de hábitos de higiene corporal.
2.3. Mejora global de las cualidades físicas básicas de forma genérica. Mantenimiento de la flexibilidad y ejercitación globalizada de la fuerza, la velocidad y la resistencia aeróbica a través de las habilidades motrices básicas.
2.4. Aceptación y actitud favorable hacia los beneficios de la actividad física en la salud.
2.5. Desarrollo de medidas de seguridad en la práctica de la actividad física. Calentamiento, dosificación del esfuerzo y relajación. Indagación de los efectos inmediatos del ejercicio sobre la frecuencia cardiaca.
2.6. El sedentarismo en la sociedad actual. Uso racional de las TIC en el tiempo libre.
2.7. Medidas básicas de seguridad en la práctica de la actividad física. Uso sostenible y responsable de materiales y espacios.
2.8. Protagonismo y participación activa en la preparación y uso de ropa y calzado adecuados para una correcta práctica.

Bloque 3: "La Expresión corporal: Expresión y creación artística motriz"
3.1. Indagación y experimentación de las posibilidades expresivas del cuerpo (la actitud, el tono muscular, la mímica, los gestos) y del movimiento (el espacio, el tiempo o la intensidad).
3.2. Expresión y representación desinhibida de emociones y sentimientos a través del cuerpo, el gesto y el movimiento.
3.3. Representación e imitación de personajes reales y ficticios. Escenificación de situaciones sencillas a partir del lenguaje corporal.
3.4. Investigación y uso de objetos y materiales y sus posibilidades en la expresión.
3.5. Expresión e interpretación de la música flamenca a través del cuerpo, adecuándolo a un compás y a un tiempo externo.
3.6. Identificación a través de movimientos y los recursos expresivos del cuerpo de aquellos palos flamencos más representativos de Andalucía: fandango de Huelva, sevillanas, soleá, tientos, alegrías, tangos y bulerías.
3.7. Ejecución de bailes y coreografías simples combinándolos con habilidades motrices básicas. Práctica de bailes y danzas populares y autóctonos de la Comunidad Andaluza.
3.8. Valoración y respeto de las diferencias en el modo de expresarse a través del cuerpo y del movimiento de cada uno. Participación disfrute y colaboración activa en cada una de ellas.

Bloque 4: "El juego y deporte escolar"
4.1. Aplicación de las habilidades básicas en situaciones de juego. Iniciación a la práctica de actividades deportivas a través del juego predeportivo y del deporte

adaptado.
4.2. Práctica de juegos cooperativos, populares y tradicionales, pertenecientes a la Comunidad de Andalucía.
4.3. Experimentación, indagación y aplicación de las habilidades básicas de manejo de balones y móviles, con o sin implemento, en situaciones de juego.
4.4. Aprendizaje y utilización de estrategias básicas en situaciones de cooperación, de oposición y de cooperación-oposición, en la práctica de juegos y deportes.
4.5. Práctica de juegos y actividades físicas en un entorno tanto habitual como no habitual y en el medio natural. (Colegios, calles, plazas, campo.)
4.6. Sensibilización y respeto por el medio ambiente a partir de los juegos y deportes por su cuidado y mantenimiento sostenible.
4.7. Propuestas lúdicas de recorridos de orientación, pistas y rastreo.
4.8. Respeto hacia las personas que participan en el juego y cumplimiento de un código de juego limpio. Compresión, aceptación, cumplimiento y valoración de las reglas y normas de juego.
4.9. Interés y apoyo del juego como medio de disfrute, de relación y de empleo del tiempo libre.
4.10. Valoración del esfuerzo personal en la práctica de los juegos y actividades. Interés por la superación constructiva de retos con implicación cognitiva y motriz.
4.11. Disposición favorable a participar en actividades motrices diversas, reconociendo y aceptando las diferencias individuales en el nivel de habilidad y respetando los roles y estrategias establecidas por el grupo.

TERCER CICLO

Bloque 1: "El cuerpo y sus habilidades perceptivo motrices"
1.1. Exploración de los elementos orgánico-funcionales implicados en las situaciones motrices habituales.
1.2. Conocimiento y puesta en marcha de técnicas de relajación para toma de conciencia y control del cuerpo en reposo y en movimiento.
1.3. Adaptación del control tónico y de la respiración al control motor para adecuación de la postura a las necesidades expresivas y motrices de forma equilibrada.
1.4. Ubicación y orientación en el espacio tomando puntos de referencia. Lectura e interpretación de planos sencillos.
1.5. Discriminación selectiva de estímulos y de la anticipación perceptiva que determinan la ejecución de la acción motriz.
1.6. Ejecución de movimientos sin demasiada dificultad con los segmentos corporales no dominantes.
1.7. Equilibrio estático y dinámico en situaciones con cierta complejidad.
1.8. Estructuración espacio-temporal en acciones y situaciones motrices complejas que impliquen variaciones de velocidad, trayectoria, evoluciones grupales.
1.9. Valoración y aceptación de la propia realidad corporal y la de los demás mostrando autonomía personal y autoestima y confianza en sí mismo y en los demás.
1.10. Adaptación y resolución de la ejecución de las habilidades motrices a resolución de problemas motores de cierta complejidad, utilizando las habilidades motrices básicas eficazmente.
1.11. Valoración del trabajo bien ejecutado desde el punto de vista motor en la actividad física.

Bloque 2: "La Educación Física como favorecedora de salud"
2.1. Consolidación de hábitos posturales y alimentarios saludables y autonomía en la higiene corporal.
2.2. Valoración de los efectos de la actividad física en la salud y el bienestar. Reconocimiento de los efectos beneficiosos de la actividad física en la salud y el bienestar e identificación de las prácticas poco saludables.

2.3. Indagación y experimentación del acondicionamiento físico orientado a la mejora de la ejecución de las habilidades motrices. Mantenimiento de la flexibilidad, desarrollo de la resistencia y ejercitación globalizada de la fuerza y la velocidad.
2.4. Sensibilización con la prevención de lesiones en la actividad física. Conocimiento y puesta en práctica de distintos tipos de calentamiento, funciones y características.
2.5. Valoración del calentamiento, dosificación del esfuerzo y recuperación necesarios para prevenir lesiones. Aprecio de la "Vuelta a la calma", funciones y sus características.
2.6. Conocimiento de los sistemas y aparatos del cuerpo humano que intervienen en la práctica de la actividad física.
2.7. Identificación y aplicación de medidas básicas de prevención y medidas de seguridad en la práctica de la actividad física. Uso correcto de materiales y espacios.
2.8. Aprecio de dietas sanas y equilibradas, con especial incidencia en la dieta mediterránea. Prevención de enfermedades relacionadas con la alimentación (obesidad, "vigorexia", anorexia y bulimia).
2.9. Valoración y aprecio de la actividad física para el mantenimiento y la mejora de la salud.
2.10. Desarrollo adecuado de las capacidades físicas orientadas a la salud.
2.11. Preparación autónoma de ropa y calzado adecuados para su uso en una práctica concreta.

Bloque 3: "La Expresión corporal: Expresión y creación artística motriz"
3.1. Exploración, desarrollo y participación activa en comunicación corporal valiéndonos de las posibilidades y recursos del lenguaje corporal.
3.2. Indagación en técnicas expresivas básicas como mímica, sombras o máscaras.
3.3. Composición de movimientos a partir de estímulos rítmicos y musicales. Coordinaciones de movimiento en pareja o grupales, en bailes y danzas sencillos.
3.4. Identificación y disfrute de la práctica de bailes populares autóctonos de gran riqueza en Andalucía, con especial atención al flamenco y los procedentes de otras culturas.
3.5. Experimentación y marcado, a través de movimientos y los recursos expresivos del cuerpo, de aquellos palos flamencos más representativos de Andalucía.
3.6. Comprensión, expresión y comunicación de mensajes, sentimientos y emociones a través del cuerpo, el gesto y el movimiento, con espontaneidad y creatividad, de manera individual o colectiva.
3.7. Disfrute y experimentación del lenguaje corporal a través de improvisaciones artísticas y con la ayuda de objetos y materiales.
3.8. Escenificación de situaciones reales o imaginarias que comporten la utilización de técnicas expresivas.
3.9. Valoración, aprecio y respeto ante los diferentes modos de expresarse, independientemente del nivel de habilidad mostrado.
3.10. Control emocional de las representaciones ante los demás.

Bloque 4: "El juego y deporte escolar"
4.1. Investigación, reconocimiento e identificación de diferentes juegos y deportes.
4.2. Aprecio del juego y el deporte como fenómenos sociales y culturales, fuente de disfrute, relación y empleo satisfactorio del tiempo de ocio.
4.3. Práctica de juegos y actividades pre-deportivas con o sin implemento.
4.4. Adaptación de la organización espacial en juegos colectivos, adecuando la posición propia, en función de las acciones de los compañeros, de los adversarios y, en su caso, del móvil.
4.5. Conocimiento y uso adecuado de las estrategias básicas de juego relacionadas con la cooperación, la oposición y la cooperación/oposición.
4.6. Puesta en práctica de juegos y actividades deportivas en entornos no habituales o en el entorno natural. Iniciación y exploración del deporte de orientación.

4.7. Respeto del medio ambiente y sensibilización por su cuidado y mantenimiento sostenible.
4.8. Aceptación y respeto hacia las normas, reglas, estrategias y personas que participan en el juego.
4.9. Aprecio del trabajo bien ejecutado desde el punto de vista motor y del esfuerzo personal en la actividad física.
4.10. Aceptación de formar parte del grupo que le corresponda, del papel a desempeñar en el grupo y del resultado de las competiciones con deportividad.
4.11. Contribución con el esfuerzo personal al plano colectivo en los diferentes tipos de juegos y actividades deportivas, al margen de preferencias y prejuicios.
4.12. Valoración del juego y las actividades deportivas. Participación activa en tareas motrices diversas, reconociendo y aceptando las diferencias individuales en el nivel de habilidad.
4.13. Experimentación de juegos populares, tradicionales de distintas culturas y autóctonos con incidencia en la riqueza lúdico-cultural de Andalucía.
4.14. Investigación y aprecio por la superación constructiva de retos con implicación cognitiva y motriz

2.2. Mapa de desempeño. Concreción de objetivos del área de Educación Física, a través de los criterios de evaluación, por ciclos. (O. 17/03/2015), BOJA nº 60, de 27/07/2015, páginas 490-497).

El "mapa de desempeño" nos facilita y orienta acerca de los objetivos para cada ciclo en función de los criterios de evaluación y estándares de aprendizaje.

3. MAPA DE DESEMPEÑO DEL ÁREA DE EDUCACIÓN FÍSICA

Objetivos del Área	Criterio de evaluación Ciclo 1	Criterio de evaluación Ciclo 2	Criterio de evaluación Ciclo 3	Criterio de evaluación Etapa	Estándares de aprendizaje
O.EF.1. Conocer su propio cuerpo y la relación del mismo y sus posibilidades motrices en el espacio y el tiempo, ampliando este conocimiento al cuerpo de los demás. O.EF.2. Reconocer y utilizar sus capacidades físicas, habilidades motrices y conocimiento de la estructura y funcionamiento del cuerpo para el desarrollo motor, mediante la adaptación del movimiento a nuevas situaciones de la vida cotidiana.	C.E.1.1. Responder a situaciones motrices sencillas, identificando los movimientos (desplazamientos, lanzamientos, saltos, giros, equilibrios...) mediante la comprensión y conocimiento de sus posibilidades motrices y su intervención corporal ante la variedad de estímulos visuales, auditivos y táctiles.	C.E.2.1. Integrar y resolver satisfactoriamente variadas situaciones motrices, utilizando las habilidades perceptivo-motrices básicas más apropiadas para una eficaz solución.	C.E.3.1. Aplicar las habilidades motrices básicas para resolver de forma eficaz situaciones de práctica motriz con variedad de estímulos y condicionantes espacio-temporales.	C.E.1. Resolver situaciones motrices con diversidad de estímulos y condicionantes espacio-temporales, seleccionando y combinando las habilidades motrices básicas y adaptándolas a las condiciones establecidas de forma eficaz.	STD.1.1. Adapta los desplazamientos a diferentes tipos de entornos y de actividades físico deportivas y artístico expresivas ajustando su realización a los parámetros espacio-temporales y manteniendo el equilibrio postural. STD.1.2. Adapta las habilidades motrices básicas de salto a diferentes tipos de entornos y de actividades físico deportivas y artísticas expresivas, ajustando su realización a los parámetros espacio-temporales y manteniendo el equilibrio postural. STD.1.3. Adapta las habilidades motrices básicas de manipulación de objetos (lanzamiento, recepción, golpeo, etc.) a diferentes tipos de entornos y de actividades físico deportivas y artístico expresivas aplicando correctamente los gestos y utilizando los segmentos dominantes y no dominantes. STD.1.4. Aplica las habilidades motrices de giro a diferentes tipos de entornos y de actividades físico deportivas y artístico expresivas teniendo en cuenta los tres ejes corporales y los dos sentidos, y ajustando su realización a los parámetros espacio temporales y manteniendo el

			equilibrio postural STD.1.5. Mantiene el equilibrio en diferentes posiciones y superficies. STD.1.6. Realiza actividades físicas y juegos en el medio natural o en entornos no habituales, adaptando las habilidades motrices a la diversidad e incertidumbre procedente del entorno y a sus posibilidades.
O.EF.1. Conocer su propio cuerpo y la relación del cuerpo al cuerpo como mismo y sus posibilidades motrices en el espacio y el tiempo, ampliando este conocimiento al cuerpo de los demás. O.EF.3. Utilizar la imaginación, creatividad y la expresividad corporal a través del movimiento para comunicar emociones, sensaciones, ideas y estados de ánimo, así como comprender mensajes expresados de este modo.	C.E.1.2. Conocer recursos expresivos del cuerpo a través de bailes y danzas sencillas, coreografías simples o pequeños representando personajes, ideas y sentimientos, a través del cuerpo, el gesto y el movimiento, ideas, sencillas, emociones y sentimientos.	C.E.2.2. Indagar y utilizar recursos representaciones utilizando los recursos expresivos para el cuerpo y el movimiento comunicarse con otros, como recursos expresivos, de pequeños personajes, demostrando la capacidad musicales y simbolizar, ámbitos competenciales creativos y pequeñas coreografías con comunicativos.	C.E.3.2. Crear representaciones utilizando los recursos expresivos del cuerpo individualmente, en parejas o en grupos. C.E.3. Utilizar el movimiento, expresivos del cuerpo y de forma estética comunicando creativa, sensaciones, sensaciones y ideas. especial énfasis en el rico contexto cultural andaluz.	STD.2.1. Representa personajes, situaciones, ideas, sentimientos utilizando los recursos expresivos del cuerpo individualmente, en parejas o en grupos. STD.2.2. Representa o expresa movimientos a partir de estímulos rítmicos o musicales, individualmente, en parejas o grupos. STD.2.3. Conoce y lleva a cabo bailes y danzas sencillas representativas de distintas culturas y distintas épocas, siguiendo una coreografía establecida. STD.2.4. Construye composiciones grupales en interacción con los compañeros y compañeras utilizando los recursos expresivos del cuerpo y partiendo de estímulos musicales, plásticos o verbales
O.EF.5. Desarrollar, a través del juego, actitudes y hábitos de tipo cooperativo y	C.E.1.3. Identificar, comprender y respetar las normas y reglas de los	C.E.2.3. Identificar y utilizar estrategias básicas de juegos y actividades	C.E.3.3. Elegir y utilizar adecuadamente las tácticas elementales estrategias de juegos y de	Resolver retos STD.3.1. Utiliza los recursos adecuados para resolver situaciones básicas de táctica individual de juego y de y colectiva en diferentes situaciones motrices.

PROGRAMACIÓN DIDÁCTICA LOMCE EN EDUCACIÓN FÍSICA: GUÍA PARA SU REALIZACIÓN Y DEFENSA

social basados en el juego limpio, la solidaridad, la tolerancia, el respeto y la aceptación de las normas de convivencia, ofreciendo el diálogo en la resolución de problemas y evitando discriminaciones por razón de género, culturales y sociales.	juegos y actividades físicas, mientras participa, favoreciendo las buenas relaciones entre compañeros/as.	actividades físicas para interaccionar individual, coordinada y cooperativa favoreciendo las relaciones entre resolviendo los retos de la combinación de ambas, presentados por la acción jugada.	actividades físicas, con actividades físicas, con las in oposición, aplicando habilidades básicas ajustándose a un objetivo y a cooperación, la oposición y principios y reglas para unos parámetros espacio-temporales. combinación de ambas, resolver las situaciones resolver los retos motrices, actuando de forma individual, coordinada y cooperativa y desempeñando las diferentes funciones implícitas en juegos y actividades.
O. EF.6. Conocer y valorar la diversidad de actividades físicas, lúdicas, deportivas y artísticas como propuesta al tiempo de ocio y forma de mejorar las relaciones sociales y la capacidad física, teniendo en cuenta el cuidado del entorno natural donde se desarrollen dichas actividades.			
O.EF.2. Reconocer y utilizar sus capacidades físicas, habilidades motrices y conocimiento de la estructura y funcionamiento del cuerpo para el desarrollo motor, mediante la adaptación del movimiento	C.E.2.4. Poner en uso durante el desarrollo de actividades físicas artístico-expresivas, la conexión de conceptos propios de educación física con los aprendidos en otras áreas y las distintas	C.E. 3.4. Relacionar los conceptos específicos de educación física con los introducidos en otras áreas al practicar actividades motrices artístico-expresivas.	C.E. 4. Relacionar los conceptos específicos de educación física y los ejercicios, áreas con la práctica de actividades físicas deportivas y artístico expresivas. STD. 4.1. Identifica la capacidad física básica implicada de forma más significativa en los ejercicios. STD. 4.2. Reconoce la importancia del desarrollo de las capacidades físicas para la mejora de las habilidades motrices. STD. 4.3. Distingue en juegos y deportes individuales y colectivos estrategias de

- 127 -

Objetivos	Competencias	Criterios de Evaluación	Estándares
a nuevas situaciones de la vida cotidiana.	competencias.		cooperación y de oposición. STD.4.4. Comprende la explicación y describe los ejercicios realizados, usando los términos y conocimientos que sobre el aparato locomotor se desarrollan en el área de ciencias de la naturaleza.
O.EF.3. Utilizar la imaginación, creatividad y la expresividad corporal a través del movimiento para comunicar emociones, sensaciones, ideas y estados de ánimo, así como comprender mensajes expresados de este modo.			
O.EF.4. Adquirir hábitos de ejercicio físico orientados a una correcta ejecución motriz, a la salud y al bienestar personal, del mismo modo, adoptar actitud crítica ante prácticas perjudiciales para la salud.	C.E1.4. Mostrar interés por adquirir buenos hábitos relacionados con la salud y el bienestar, tomando conciencia de la importancia de una buena alimentación e higiene corporal.	C.E.2.5. Tomar conciencia de los efectos saludables derivados de la actividad física relacionados con los hábitos posturales y alimentarios, además de consolidar hábitos higiene postural e higiene corporal teniendo en cuenta las características de nuestra comunidad en estos aspectos, por ejemplo la dieta mediterránea y el clima caluroso.	C.E.3.5 Reconocer e interiorizar los efectos beneficiosos de la actividad física en la salud y valorar la importancia de una alimentación sana, hábitos posturales correctos y una higiene corporal responsable sobre la salud y el bienestar, manifestando una actitud responsable hacia uno mismo.	C.E.5. Reconocer los efectos del ejercicio físico, la alimentación, la higiene, los hábitos posturales y el ejercicio físico sobre la salud y bienestar, manifestando una actitud responsable hacia uno mismo.	STD.5.1. Tiene interés por mejorar las capacidades físicas. STD.5.2. Relaciona los principales hábitos de alimentación con la actividad física (horarios de comidas, calidad/cantidad de los alimentos ingeridos, etc…). STD.5.3. Identifica los efectos beneficiosos del ejercicio físico para la salud. STD.5.4. Describe los efectos negativos del sedentarismo, de una dieta desequilibrada y del consumo de alcohol, tabaco y otras sustancias. STD.5.5. Realiza los calentamientos valorando su función preventiva.
O.EF.2. Reconocer y utilizar sus capacidades físicas,	C.E1.5. Mostrar interés por mejorar la competencia	C.E.2.6. Investigar, elaborar y aplicar sus	C.E.3.6. Mejorar el nivel de sus capacidades físicas	C.E.6. Mejorar el nivel de sus capacidades físicas	STD.6.1. Muestra una mejora global con respecto a su nivel de partida de las capacidades físicas

habilidades motrices y conocimiento de la estructura y funcionamiento del cuerpo para el desarrollo motor, mediante la adaptación del movimiento a nuevas situaciones de la vida cotidiana. O.EF.4. Adquirir hábitos de ejercicio físico orientados a una correcta ejecución motriz, a la salud y al bienestar personal, del mismo modo, adoptar actitud crítica ante prácticas perjudiciales para la salud.	motriz y participar en actividades diversas.	propuestas para aumentar la condición física, partiendo de sus posibilidades.	regulando y dosificando la intensidad y duración del esfuerzo, teniendo en cuenta sus posibilidades y su relación con la salud.	dosificando la intensidad y duración de su esfuerzo, teniendo en cuenta sus posibilidades y su relación con la salud.	STD.6.2. Identifica su frecuencia cardíaca y respiratoria, en distintas intensidades de esfuerzo. STD.6.3. Adapta la intensidad de su esfuerzo al tiempo de duración de la actividad. STD.6.4. Identifica su nivel comparando los resultados obtenidos en pruebas de valoración de las capacidades físicas y coordinativas con los valores correspondientes a su edad.
O.EF.1 Conocer su propio cuerpo y la relación del mismo y sus posibilidades motrices en el espacio y el tiempo, ampliando este conocimiento al cuerpo de los demás.	C.E.1.6. Tomar conciencia y reconocer el propio cuerpo y el de los demás, mostrando respeto y aceptación por ambos.	C.E.2.7. Valorar y aceptar la propia realidad corporal y la de los demás, desde una perspectiva respetuosa que favorezca relaciones constructivas.	C.E.3.7. Valorar, aceptar y respetar la propia realidad corporal y la de los demás, mostrando una actitud reflexiva y crítica.	C.E.7. Valorar, aceptar y respetar la propia realidad corporal y de niveles de competencia motriz entre los niños y niñas de la clase.	STD.7.1. Respeta la diversidad de realidades corporales y de niveles de competencia motriz entre los niños y niñas de la clase. STD.7.2. Toma de conciencia de las exigencias y valoración del esfuerzo que comportan los aprendizajes de nuevas habilidades.
O.EF.6. Conocer y valorar la diversidad de actividades físicas, lúdicas, deportivas y artísticas como propuesta al tiempo de ocio y forma de	C.E.1.7. Descubrir y distinguir las diversas actividades que se pueden desarrollar a partir de la	C.E.2.8. Valorar la diversidad de actividades físicas, lúdicas, deportivas y artísticas, creando gustos y aficiones personales y realizar en la Comunidad	C.E.3.8. Conocer y valorar la diversidad de actividades físicas, lúdicas, deportivas y artísticas que se pueden y artísticas.	C.E.8. Conocer y valorar la diversidad de actividades y/o relaciones entre juegos populares, deportes colectivos, deportes individuales y actividades en la naturaleza.	STD.8.1. Expone las diferencias, características físicas, lúdicas, deportivas colectivos, deportes individuales y actividades en la naturaleza.

	Educación física.	hacia ellas, practicándolas tanto dentro como fuera de la escuela y el entorno más cercano.	Autónoma de Andalucía.	STD.8.2. Reconoce la riqueza cultural, la historia y el origen de los juegos y el deporte.
O.EF.5. Desarrollar, a través del juego, actitudes y hábitos de tipo cooperativo y social basados en el juego limpio, la solidaridad, la tolerancia, el respeto y la aceptación de las normas de convivencia, ofreciendo el diálogo en la resolución de problemas y evitando discriminaciones por razón de género, culturales y sociales.		C.E.1.8. Tomar conciencia de las situaciones conflictivas que puedan surgir en el juego y actividades físicas de distinta índole.	C.E.2.9. Reflexionar sobre las situaciones conflictivas actitud de rechazo hacia los comportamientos antisociales derivadas de la práctica.	C.E.3.9. Mostrar una actitud crítica tanto desde la perspectiva de participante como espectador, ante posibles situaciones conflictivas surgidas, participando en debates, y aceptando las opiniones de los demás. coherente y respetando situaciones conflictivas. críticamente, y respetando el punto de vista de las demás personas para llegar a una solución.	Opinar STD.9.1. Adopta una actitud crítica ante las conmodas y la imagen corporal de los modelos publicitarios. STD.9.2. Explica a sus compañeros las características de un juego practicado en clase y su desarrollo. STD.9.3. Muestra buena disposición para solucionar los conflictos de manera razonable. STD.9.4. Reconoce y califica negativamente las conductas inapropiadas que se producen en la práctica o en los espectáculos deportivos.
O.EF.6. Conocer y valorar la diversidad de actividades físicas, lúdicas, deportivas y artísticas como propuesta al tiempo de ocio y forma de mejorar las relaciones sociales y la capacidad física, teniendo en cuenta el cuidado del entorno natural desarrollan y valorando la		C.E.1.9. Demostrar actitudes de cuidado hacia el entorno y el lugar en el que realizamos los juegos y actividades, siendo conscientes y preocupándose por el medio donde se	C.E.2.10. Mostrar actitudes consolidadas de respeto hacia el entorno y el medio natural en los juegos constructivas, hacia el medio ambiente en las actividades realizadas al aire libre.	C.E.3.10. Manifestar respeto hacia el entorno y el medio natural en los juegos y actividades al aire libre, identificando acciones concretas dirigidas a su preservación.	STD.10.1 Se hace responsable de la eliminación de los residuos que se genera en las actividades en el medio natural. STD.10.2. Utiliza los espacios naturales respetando la flora y la fauna del lugar.

donde se desarrollen dichas actividades.	variedad de posibilidades que le brinda el clima y el entorno de Andalucía.		
O.EF.4. Adquirir hábitos de ejercicio físico orientados a una correcta ejecución motriz, a la salud y al bienestar personal, del mismo modo, adoptar actitud crítica ante prácticas perjudiciales para la salud.	C.E.1.10. Reconocer la variedad de posibles riesgos en la práctica de la actividad física derivados de los materiales y espacios.	C.E.2.11. Desarrollar una actitud que permita evitar riesgos en la práctica de actividades físicas y deportivas tomando precaución y atención necesarias en de la prevención, realizando actividades motrices, evitando riesgos a través de calentamiento correcto previo y medidas de prevención y seguridad para la actividad física, y estableciendo descansos adecuados para una correcta recuperación ante los efectos de un esfuerzo.	C.E.3.11. Identificar la importancia de la prevención, recuperación y las medidas de seguridad en la realización de la práctica de la actividad física.	STD.11.1 Explica y reconoce las lesiones y enfermedades deportivas más comunes, así como las acciones preventivas y los primeros auxilios.
O.EF.7. Utilizar las TIC como recurso de apoyo al área para acceder, indagar y compartir información relativa a la actividad física y el deporte.	C.E.1.11. Iniciarse en trabajos de investigación utilizando recursos de las tecnologías de información y comunicación.	C.E.2.12. Inferir pautas y realizar pequeños trabajos de investigación dentro del área de la Educación Física sobre temas de interés en la etapa, utilizando diversas fuentes de información y destacando las tecnologías de la información y la comunicación, sacando conclusiones personales sobre la información elaborada.	C.E.3.12. Extraer y elaborar información relacionada con temas de interés en la etapa, y compartiría, utilizando fuentes de información determinadas y haciendo uso de las tecnologías de la información y la comunicación como recurso de apoyo al área y elemento de desarrollo competencial.	STD.12.1 Utiliza las nuevas tecnologías para localizar y extraer la información que se le solicita. STD.12.2. Presenta sus trabajos atendiendo a las pautas proporcionadas, con orden, estructura y limpieza y utilizando programas de presentación. STD.12.3. Expone sus ideas de forma coherente y se expresa de forma correcta en diferentes situaciones y respeta las opiniones de los demás.

| O.EF.5. Desarrollar, a través del juego, actitudes y hábitos de tipo cooperativo y social basados en el juego limpio, la solidaridad, la tolerancia, el respeto y la aceptación de las normas de convivencia, ofreciendo el diálogo en la resolución de problemas y evitando discriminaciones por razón de género, culturales y sociales. | C.E.1.12. Valorar y respetar a las otras personas que participan en las actividades, mostrando comprensión y respetando las normas. Valorar el juego como medio de disfrute y de relación con los demás | C.E.2.13. Participar en juegos, deportes y actividades físicas estableciendo relaciones constructivas en virtud de respeto a las normas personales relaciones personales de juego limpio y aceptar las normas. | C.E.3.13. Poner por encima de los propios intereses y resultados (perder o ganar) el juego limpio y en equipo, el juego limpio ya en un equipo. Interiorizar una cultura de juego limpio y práctica de actividades físicas. | C.E.13. Demostrar un comportamiento personal y social responsable, respetándose a sí mismo y a los otros en las actividades físicas y en los juegos, aceptando las normas y reglas establecidas y actuando con interés e iniciativa individual y trabajo en equipo. | STD.13.1. Tiene interés por mejorar la competencia motriz. STD.13.2. Demuestra autonomía y confianza en diferentes situaciones, resolviendo problemas motores con espontaneidad, creatividad STD.13.3. Incorpora en sus rutinas el cuidado e higiene del cuerpo. STD.13.4. Participa en la recogida y organización de material utilizado en las clases. STD.13.5. Acepta formar parte del grupo que le corresponda y el resultado de las competiciones con deportividad. |

2.3. Relación de criterios de evaluación y estándares de aprendizaje del área para toda la Etapa (R.D. 126/2014).

Los criterios de evaluación (R.D. 126/2014), son el referente específico para evaluar el aprendizaje del alumnado. Describen aquello que se quiere valorar y que el alumnado debe lograr, tanto en conocimientos. Para el área de Educación Física establece los siguientes **criterios de evaluación**:

1. Resolver situaciones motrices con diversidad de estímulos y condicionantes espacio-temporales, seleccionando y combinando las habilidades motrices básicas y adaptándolas a las condiciones establecidas de forma eficaz.
2. Utilizar los recursos expresivos del cuerpo y el movimiento, de forma estética y creativa, comunicando sensaciones, emociones e ideas.
3. Resolver retos tácticos elementales propios del juego y de actividades físicas, con o sin oposición, aplicando principios y reglas para resolver las situaciones motrices, actuando de forma individual, coordinada y cooperativa y desempeñando las diferentes funciones implícitas en juegos y actividades.
4. Relacionar los conceptos específicos de educación física y los introducidos en otras áreas con la práctica de actividades físico deportivas y artístico expresivas.
5. Reconocer los efectos del ejercicio físico, la higiene, la alimentación y los hábitos posturales sobre la salud y el bienestar, manifestando una actitud responsable hacia uno mismo.
6. Mejorar el nivel de sus capacidades físicas, regulando y dosificando la intensidad y duración del esfuerzo, teniendo en cuenta sus posibilidades y su relación con la salud.
7. Valorar, aceptar y respetar la propia realidad corporal y la de los demás, mostrando una actitud reflexiva y crítica.
8. Conocer y valorar la diversidad de actividades físicas, lúdicas, deportivas y artísticas.
9. Opinar coherentemente con actitud crítica tanto desde la perspectiva de participante como de espectador, ante las posibles situaciones conflictivas surgidas, participando en debates, y aceptando las opiniones de los demás.
10. Manifestar respeto hacia el entorno y el medio natural en los juegos y actividades al aire libre, identificando y realizando acciones concretas dirigidas a su preservación.
11. Identificar e interiorizar la importancia de la prevención, la recuperación y las medidas de seguridad en la realización de la práctica de la actividad física.
12. Extraer y elaborar información relacionada con temas de interés en la etapa, y compartirla, utilizando fuentes de información determinadas y haciendo uso de las tecnologías de la información y la comunicación como recurso de apoyo al área.
13. Demostrar un comportamiento personal y social responsable, respetándose a sí mismo y a los otros en las actividades físicas y en los juegos, aceptando las normas y reglas establecidas y actuando con interés e iniciativa individual y trabajo en equipo.

Los **estándares de aprendizaje** (R. D. 126/2014), son especificaciones de los criterios de evaluación que permiten definir los resultados de aprendizaje, y que concretan lo que el alumno debe saber, comprender y saber hacer en cada asignatura; deben ser observables, medibles y evaluables y permitir graduar el rendimiento o logro alcanzado. Su diseño debe contribuir y facilitar el diseño de pruebas estandarizadas y comparables. Son:

1.1. Adapta los desplazamientos a diferentes tipos de entornos y de actividades físico deportivas y artístico expresivas ajustando su realización a los parámetros espacio-temporales y manteniendo el equilibrio postural.
1.2. Adapta la habilidad motriz básica de salto a diferentes tipos de entornos y de actividades físico deportivas y artístico expresivas, ajustando su realización a los parámetros espacio-temporales y manteniendo el equilibrio postural.

1.3. Adapta las habilidades motrices básicas de manipulación de objetos (lanzamiento, recepción, golpeo, etc.) a diferentes tipos de entornos y de actividades físico deportivas y artístico expresivas aplicando correctamente los gestos y utilizando los segmentos dominantes y no dominantes.

1.4. Aplica las habilidades motrices de giro a diferentes tipos de entornos y de actividades físico deportivas y artístico expresivas teniendo en cuenta los tres ejes corporales y los dos sentidos, y ajustando su realización a los parámetros espacio temporales y manteniendo el equilibrio postural

1.5. Mantiene el equilibrio en diferentes posiciones y superficies.

1.6. Realiza actividades físicas y juegos en el medio natural o en entornos no habituales, adaptando las habilidades motrices a la diversidad e incertidumbre procedente del entorno y a sus posibilidades.

2.1. Representa personajes, situaciones, ideas, sentimientos utilizando los recursos expresivos del cuerpo individualmente, en parejas o en grupos.

2.2. Representa o expresa movimientos a partir de estímulos rítmicos o musicales, individualmente, en parejas o grupos.

2.3. Conoce y lleva a cabo bailes y danzas sencillas representativas de distintas culturas y distintas épocas, siguiendo una coreografía establecida.

2.4. Construye composiciones grupales en interacción con los compañeros y compañeras utilizando los recursos expresivos del cuerpo y partiendo de estímulos musicales, plásticos o verbales.

3.1. Utiliza los recursos adecuados para resolver situaciones básicas de táctica individual y colectiva en diferentes situaciones motrices.

3.2. Realiza combinaciones de habilidades motrices básicas ajustándose a un objetivo y a unos parámetros espacio-temporales.

4.1. Identifica la capacidad física básica implicada de forma más significativa en los ejercicios.

4.2. Reconoce la importancia del desarrollo de las capacidades físicas para la mejora de las habilidades motrices.

4.3. Distingue en juegos y deportes individuales y colectivos estrategias de cooperación y de oposición.

4.4. Comprende la explicación y describe los ejercicios realizados, usando los términos y conocimientos que sobre el aparato locomotor se desarrollan en el área de ciencias de la naturaleza.

5.1. Tiene interés por mejorar las capacidades físicas.

5.2. Relaciona los principales hábitos de alimentación con la actividad física (horarios de comidas, calidad/cantidad de los alimentos ingeridos, etc.).

5.3. Identifica los efectos beneficiosos del ejercicio físico para la salud.

5.4. Describe los efectos negativos del sedentarismo, de una dieta desequilibrada y del consumo de alcohol, tabaco y otras sustancias.

5.5. Realiza los calentamientos valorando su función preventiva.

6.1. Muestra una mejora global con respecto a su nivel de partida de las capacidades físicas orientadas a la salud.

6.2. Identifica su frecuencia cardiaca y respiratoria, en distintas intensidades de esfuerzo.

6.3. Adapta la intensidad de su esfuerzo al tiempo de duración de la actividad.

6.4. Identifica su nivel comparando los resultados obtenidos en pruebas de valoración de las capacidades físicas y coordinativas con los valores correspondientes a su edad.

7.1. Respeta la diversidad de realidades corporales y de niveles de competencia motriz entre los niños y niñas de la clase.

7.2. Toma de conciencia de las exigencias y valoración del esfuerzo que comportan los aprendizajes de nuevas habilidades.

8.1. Expone las diferencias, características y/o relaciones entre juegos populares, deportes colectivos, deportes individuales y actividades en la naturaleza.

8.2. Reconoce la riqueza cultural, la historia y el origen de los juegos y el deporte.

9.1. Adopta una actitud crítica ante las modas y la imagen corporal de los modelos publicitarios.
9.2. Explica a sus compañeros las características de un juego practicado en clase y su desarrollo.
9.3. Muestra buena disposición para solucionar los conflictos de manera razonable.
9.4. Reconoce y califica negativamente las conductas inapropiadas que se producen en la práctica o en los espectáculos deportivos.
10.1. Se hace responsable de la eliminación de los residuos que se genera en las actividades en el medio natural.
10.2. Utiliza los espacios naturales respetando la flora y la fauna del lugar.
11.1. Explica y reconoce las lesiones y enfermedades deportivas más comunes, así como las acciones preventivas y los primeros auxilios.
12.1. Utiliza las nuevas tecnologías para localizar y extraer la información que se le solicita.
12.2. Presenta sus trabajos atendiendo a las pautas proporcionadas, con orden, estructura y limpieza y utilizando programas de presentación.
12.3. Expone sus ideas de forma coherente y se expresa de forma correcta en diferentes situaciones y respeta las opiniones de los demás.
13.1. Tiene interés por mejorar la competencia motriz.
13.2. Demuestra autonomía y confianza en diferentes situaciones, resolviendo problemas motores con espontaneidad, creatividad.
13.3. Incorpora en sus rutinas el cuidado e higiene del cuerpo.
13.4. Participa en la recogida y organización de material utilizado en las clases.
13.5. Acepta formar parte del grupo que le corresponda y el resultado de las competiciones con deportividad.

3ª PARTE

**INDICADORES Y CRITERIOS DE EVALUACIÓN
QUE SUELEN TENER LOS TRIBUNALES.**

CONSEJOS A TENER EN CUENTA PARA LA EXPOSICIÓN ORAL.

1.- CRITERIOS DE EVALUACIÓN QUE SUELEN TENER EN CUENTA LOS TRIBUNALES.

Saber la forma que tienen los tribunales de evaluar los exámenes escritos y las exposiciones orales era un tanto **tabú** hasta hace muy poco. Lo que sus componentes nos solían transmitir es que "cada tribunal es autónomo y no nos dan unos criterios fijos, tan sólo unas consideraciones generales". También nos dejaban las "**guías**" que habían elaborado para la ocasión. Ello llevó a que en unos tribunales las notas fueran muy altas y en otros todo lo contrario, con el consiguiente perjuicio a la hora de elaborar el puesto de escalafón y pedir plaza cada persona aprobada.

Esto ha cambiado totalmente en las últimas convocatorias porque se han hecho **público** los mismos, si bien debemos tomarlo como meras orientaciones y esperar las correspondientes normas específicas de la Orden de Convocatoria de procedimiento selectivo para el ingreso en el Cuerpo de Maestros.

Adjuntamos unos ejemplos de **lista de control** y otros **instrumentos** que han tenido los tribunales en cuenta, en las últimas convocatorias, a la hora de evaluar. Esto nos permite tener en cuenta los puntos más importantes a la hora de prepararnos:

a) Evaluación de los contenidos de la defensa de la Programación.
b) Evaluación del estilo expositivo en la defensa de la Programación.
c) Orientaciones generales valoración defensa Programación y exposición de la Unidad Didáctica Integrada (C.E.J.A.).
d) Criterios de evaluación para el Concurso Oposición al Cuerpo de Maestros (C.E.J.A.).
e) Criterios de evaluación de las pruebas de oposición en la C. A. de Castilla-La Mancha.
f) Ficha nº 3 sobre "Propuesta de criterios de calificación para la segunda prueba. Aptitud pedagógica". Consejería Educación y Cultura de la Región de Murcia. (Tomado de Pérez Cobacho, 2007)

En la convocatoria de 2011, 2013 y 2015 pudimos observar que muchos tribunales hacían mayor hincapié en si el opositor tenía en cuenta el detalle de citar y usar las **TIC**, así como tener en cuenta actividades de **lectura, escritura y expresión oral** en su programación.

TRIBUNAL Nº ____ EDUCACIÓN FÍSICA FECHA _____

EVALUACIÓN DE LOS CONTENIDOS EN LA DEFENSA DE LA PROGRAMACIÓN

PERSONA OPOSITORA Nº

ASPECTOS TÉCNICOS	VALOR 0-10	OBSERVACIONES
Justifica y fundamenta la programación en el currículo-base		
Indica particularidades del centro y contexto		
Indica objetivos y CC. Clave del curso contextualizadamente		
Los contenidos los estructura y los presenta con claridad		
Expone contenidos de los tres tipos		
Los contenidos tienen congruencia con las CC. Clave y los objetivos.		
Los temas transversales tienen coherencia con la programación		
Alude a la interdisciplinaridad		
Concreta la metodología a desarrollar		
Indica pautas de motivación		
Especifica metodología para ANEAE, con mecanismos de atención		
Comenta la organización de grupos, espacios, tiempos, etc.		
Indica los recursos y sus tipos		
Enfatiza las TIC/TAC en el aula		
Subraya los tipos de actividades y da ejemplos		
Las actividades previstas se ajustan para conseguir los objetivos y CC. Clave		
Plantea actividades con varios niveles de complejidad		
Comunica algún tipo de experiencia o innovación educativa		
Comenta la temporalización		
Los criterios de evaluación tienen relación con objetivos y contenidos		
Expone los tipos de evaluación que va a hacer		
Prevé actividades de recuperación		
Plantea mecanismos para control del desarrollo de la programación		
Lo expuesto es realizable		
Hace resumen final		
Indica autores y legislación durante la defensa y da la reseña al final		
Matiza webgrafía. Plataformas educativas privadas y oficiales		

PUNTUACIÓN MEDIA..........

TRIBUNAL Nº _____   EDUCACIÓN FÍSICA   FECHA _____

EVALUACIÓN DEL ESTILO EXPOSITIVO EN LA DEFENSA DE LA PROGRAMACIÓN

PERSONA OPOSITORA Nº

RASGOS A VALORAR	VALOR 0-10	OBSERVACIONES
Fluidez verbal		
Vocalización		
Muletillas		
Claridad o repetición de ideas		
Seguridad en el discurso, dudas…		
Nervios		
Énfasis en la comunicación		
Ritmo expositivo adecuado		
Vocabulario específico		
Lenguaje coloquial		
Lenguaje sexista		
Distribución de las miradas		
Orden y limpieza en pizarra (si la usa)		
Esquemas puestos		
Faltas de ortografía		
Se apoya en medios multimedia		
Se apoya en otros medios		
Ejemplos aclaratorios		
Se apoya en recursos varios		
Otros		
Otros		
Otros		
Otros		
Otros		

PUNTUACIÓN MEDIA..........

VALORACIÓN FINAL [ ]

La Consejería de Educación de la Junta de Andalucía da a conocer en junio de 2007 unas "**Orientaciones Generales**" para la valoración de las pruebas de oposición. Transcribimos literalmente lo expresado sobre la Programación:

DEFENSA DE LA PROGRAMACIÓN Y EXPOSICIÓN DE LA UNIDAD DIDÁCTICA (PARTES B1 Y B2 DE LA PRUEBA):

---

1. La programación y/o la unidad didáctica se adaptan al curso y nivel elegidos.

2. Los objetivos, competencias, contenidos, actividades, recursos, metodología y criterios de evaluación se presentan de una manera coherente y secuenciada.

3. El tribunal prestará especial atención a la defensa de la programación y, en su caso, a la exposición de la unidad didáctica, que habrá de ser apropiada al alumnado del curso y nivel elegidos y con un uso correcto del lenguaje.

4. Asimismo, se observará si se incluyen medidas destinadas al alumnado con necesidades específicas de apoyo educativo.

La Consejería de Educación de la Junta de Andalucía informa a los sindicatos, en mayo de 2007, sobre unos criterios de evaluación para el "Concurso Oposición al Cuerpo de Maestros 2007", que se han venido repitiendo en años sucesivos, por lo que podemos afirmar que ya son "firmes y estándares". Transcribimos, en primer lugar, lo literalmente expresado sobre la Programación. Posteriormente, incluimos una ficha con la puntuación dada a cada ítem por la Comisión de Selección y que fue entregada a continuación a los tribunales para su aplicación:

CRITERIOS DE EVALUACIÓN A TENER EN CUENTA EN LA P. DIDÁCTICA.

1.- Estructura de la Programación.
   a) Contextualiza y justifica la Programación.
   b) Se adapta al nivel y/alumnado elegido.
   c) Hace mención a las Unidades programadas.

2.- Elementos de la Programación.
   a) Desarrolla y adapta los elementos básicos del currículum.
   b) Tiene en cuenta las CC. Clave
   c) Realiza una concreción y secuenciación correcta de objetivos y contenidos.
   d) Tiene en cuenta las necesidades específicas de apoyo educativo de los alumnos/as.
   e) Prioriza las áreas instrumentales.

3.- Expresión oral.
   a) Muestra seguridad y coherencia en la expresión.
   b) Hace un uso correcto del lenguaje, siendo éste fluido, rico y variado.

4.- Exposición.
   a) Se expresa con fluidez y claridad.
   b) Capta la atención con un discurso ameno.

5.- Bibliografía/Documentación.

   a) Hace referencia a la legislación, autores y bibliografía.

DEFENSA DE LA PROGRAMACIÓN: PARTE B-1

ÍTEMS			NO	SI	DST	OBSERVACIONES
ESTRUCTURA	Justifica y contextualiza P. D.	0'4				
	Se adapta al nivel y alumnado elegido	0'4				
	Menciona las UDI.	0'2				
ELEMENTOS	CC. Clave	0'5				
	Objetivos	0'5				
	Contenidos	1				
	Concreta objetivos y secuencia contenidos	0'75				
	Actividades	0'5				
	Metodología	0'75				
	Evaluación	0'5				
	Materiales y recursos	0'25				
	ACNEAE	0'25				
	Referencia transversalidad	0'25				
	Interdisciplinariedad	0'25				
EXPRESIÓN	Seguridad y coherencia	0'75				
	Uso de lenguaje rico y variado	0'75				
	Uso correcto lenguaje técnico	0'5				
EXPO	Fluidez y claridad	0'5				
	Discurso ameno	0'5				
REF. DOCU	Referencias legislativas	0'25				
	Autores y bibliografía	0'25				
						NOTA:
Observaciones encontradas en la programación impresa:						

Para la convocatoria de 2014 (Secundaria), los criterios que publica la CEJA siguen siendo, prácticamente, los mismos que para Primaria:

CRITERIOS GENERALES PARTE "A" (DEFENSA DE LA PROGRAMACIÓN)
(Puntuación de 0 a 10)

1. Estructura de la programación.
   a. Contextualiza y justifica dicha programación en el marco legal y en la realidad escolar.
   b. Se adapta al nivel y/o alumnado elegido.
   c. Hace mención a las Unidades programadas.

2. Elementos de la programación.
   a. Desarrolla y adapta los elementos básicos del currículum: objetivos, contenidos y criterios de evaluación.
   b. Hace referencia a las Competencias Clave si la programación es de E.S.O.
   c. Realiza una buena secuenciación de contenidos.
   d. Desarrolla una metodología adecuada.
   e. Se contempla la lectura como parte integrante de la programación.
   f. Tiene en cuenta las necesidades específicas de apoyo educativo de los/las alumnos/as y de atención a la diversidad.

3. Expresión y exposición oral.
   a. Muestra seguridad y coherencia en la exposición.
   b. Hace un uso correcto del lenguaje, siendo éste fluido, rico y variado.
   c. Capta la atención con un discurso ameno.

4. Bibliografía/Documentación.
   a. Toma como referencia la normativa vigente.
   b. Hace alusión a autores y bibliografía.

La Consejería de Educación de la Junta de Andalucía, publica unos días antes de comenzar las pruebas de **oposición de Maestros en Junio de 2015**, los **criterios** que deben tener en cuenta los **tribunales**:

CRITERIOS GENERALES DE EVALUACIÓN A TENER EN CUENTA EN LA DEFENSA DE LA PROGRAMACIÓN

1º Contextualización:

A) Relación con la vida cotidiana y el entorno inmediato del alumnado
B) Atención y adaptación a las características y necesidades de aprendizaje del alumnado.

2º Elementos de la Programación:

  2.1. Programación LOE

a) Desarrollo coherente de los elementos básicos del currículum
b) Contribución al desarrollo de las Competencias Básicas
c) Desarrollo de una metodología compatible con las Competencias Básicas.
d) Consideración de la lectura como parte integrante de la programación
e) Forma de atención a la diversidad, si se incluye
f) Utilización de otros procedimientos, técnicas e instrumentos
g) Citas de autores y bibliografía que realmente hacen referencia al contenido tratado

2.2. Programación LOMCE

a) Desarrollo coherente y relación coherente de los elementos del currículum
b) Inclusión de los contenidos propios de Andalucía
c) Estructuración en torno a actividades y tareas que incluyen la lectura, la escritura y la expresión oral, así como el uso de las TAC (tecnologías del aprendizaje y del conocimiento)
d) Desarrollo de una metodología compatible con las Competencias Clave.
e) Forma de atención a la diversidad, si se incluye
f) Consideración de la transversalidad
g) Utilización de otros procedimientos, técnicas e instrumentos, así como la presencia de rúbricas
h) Citas de autores y bibliografía que realmente hacen referencia al contenido tratado

3º Expresión y exposición oral:

a) Exposición clara, ordenada y coherente de los conocimientos
b) Precisión y rigor en el uso terminológico de la especialidad
c) Riqueza léxica y sintaxis fluida sin incorrecciones
d) Debida corrección ortográfica (guión o uso de la pizarra)

La Comisión de Selección de la Especialidad de Educación Física (Comunidad de Castilla-La Mancha), hizo público en junio de 2007 los "**Criterios de Actuación y Evaluación**", en atribución de sus funciones. Transcribimos lo concerniente a la Programación:

CRITERIOS DE EVALUACIÓN EN LA PROGRAMACIÓN DIDÁCTICA

CRITERIOS PARA LA PARTE "B 1". ASPECTOS A EVALUAR	Puntuación
1. Valoración del dossier de la programación. Presentación.	(MÁXIMO 0.5 PUNTOS)
2. Exposición oral en la defensa.	(MÁXIMO 1.5 PUNTOS)
3. Programación didáctica anual para el nivel elegido.	(MÁXIMO 6.5 PUNTOS)
3.1.- Justificación de la programación.	
3.2.- Referencia legislativa de la programación.	
3.3.- La programación didáctica está referida y contextualizada a la realidad de la comunidad de Castilla-La Mancha.	
3.4.- Se hace referencia a las peculiaridades del contexto, aspectos relevantes del proyecto educativo.	
3.5.- Reflejan las CC. Clave y los objetivos generales que se pretenden conseguir. Concreción de los objetivos de aprendizaje.	
3.6.- Se organizan y secuencian los contenidos para el curso.	
3.7.- Principios y estrategias metodológicas.	
3.8.- Relación con las familias y con otros sectores de la comunidad educativa.	
3.9.- Incorporación de los temas transversales.	
3.10.- Actividades de enseñanza y aprendizaje.	
3.11.- Atención al alumnado con necesidades específicas de apoyo educativo.	
3.12.- Criterios, procedimientos y estrategias de evaluación.	
3.13.- Conclusión. Valoración personal.	
3.14.- Bibliografía y páginas web consultadas.	
4.- Coherencia y viabilidad	(MÁXIMO 1.5 PUNTOS)
Total:	10 PUNTOS

FICHA Nº 3 SOBRE "PROPUESTA DE CRITERIOS DE CALIFICACIÓN PARA LA SEGUNDA PRUEBA. APTITUD PEDAGÓGICA". CONSEJERÍA EDUCACIÓN Y CULTURA DE LA REGIÓN DE MURCIA.

FICHA N.º 3
PROPUESTA DE CRITERIOS DE CALIFICACIÓN PARA LA SEGUNDA PRUEBA. APTITUD PEDAGÓGICA

Especialidad:

Apellidos: .... Nombre: .... Nº ......

Área asignatura y módulo: .... Curso y nivel: ....

Porcentaje de la nota	INDICADORES DE VALORACIÓN		Programación escrita (10% de la nota total)	Defensa programación (25% de la nota total)	Unidad Didáctica (40% de la nota)	*Debate: (25% nota total)
		V*	N*	N*	N*	N*
Presentación Escrita Valoración 10%	Presentación: encuadernación, figuras, dibujos, color, etc.	0.05				
	Se ajusta a las indicaciones expuestas en la Orden. (60 folios, Times New Roman 12 puntos sin comprimir).	0.2				
	Contiene, al menos, todos los apartados referidos en la Orden.	0.1				
	Está correctamente estructurada.	0.15				
	Presencia de índice y anexos.	0.1				
	Redacción, ortografía y puntuación.	0.1				
	Claridad, orden, limpieza.	0.1				
	Originalidad e individualidad.	0.1				
	Se expresan citas bibliográficas.	0.1				
Introducción Valoración 10%	Expone en la introducción las referencias legislativas.	0.1				
	Es equilibrado el tratamiento de todas las partes de la misma.	0.2				
	Se especifica la relación con otras materias, de otros cursos o módulos.	0.1				
	Es adecuada al nivel y etapa o ciclo.	0.2				
	Se contempla la importancia de la educación integral y la educación en valores.	0.1				
	Explica la razón de las elecciones realizadas de los contenidos.	0.1				
	Explica la razón de las elecciones realizadas de los métodos.	0.1				
Objetivos Valoración 20%	Se expresa la aportación del área a los objetivos de la etapa, o los de la UD al los del área.	0.25				
	Se relacionan los objetivos del área con los de la etapa, y los de la UD con los de la programación.	0.25				
	Justifica la selección de objetivos.	0.25				
	Los objetivos planteados son evaluables (sobre todo en la UD).	0.25				
	Se relacionan con los criterios de evaluación.	0.25				

			Programación escrita (10% de la nota total)	Defensa programación (25% de la nota total)	Unidad Didáctica (40% de la nota)	*Debate: (25% nota total)
Objetivos Valoración 20%	Emplea verbos concretos y no abstractos.	0.25				
	Están bien contextualizados con el entorno y el alumnado.	0.25				
	Son coherentes con la metodología empleada.	0.25				
Contenidos Valoración 15%	Están presentes todos los contenidos del curso y todos los de la UD.	0.2				
	Justifica la selección realizada.	0.2				
	La selección realizada es realista y coherente.	0.2				
	Establece una secuenciación y temporalización justificada de los contenidos.	0.2				
	Los contenidos se ajustan a los currículos vigentes en esta Comunidad Autónoma.	0.2				
	Establece los contenidos imprescindibles y los complementarios.	0.3				
	Desarrolla los contenidos en la UD.	0.2				
Metodología Valoración 25%	La metodología se ajusta a lo establecido en los currículos vigentes para la etapa.	0.1				
	La metodología de la UD y de la programación es coherente.	0.2				
	Las actividades se plantean coherentes con los objetivos.	0.2				
	Existen actividades de conocimientos previos.	0.2				
	Establece actividades diferentes para atender la diversidad de necesidades, intereses y motivaciones del alumnado.	0.3				
	Las actividades se plantean con una dificultad gradual.	0.2				
	Justifica los agrupamientos de los alumnos.	0.2				
	Organiza adecuadamente el tiempo.	0.2				
	En sus planteamientos de potenciar la relación profesor-alumno.	0.2				
	Utiliza las tecnologías de la información y comunicación como recurso metodológico.	0.3				
	Hace propuestas creativas y originales.	0.2				
	Se plantean actividades extraescolares y complementarias apropiadas y coherentes.	0.2				

			Programación escrita (10% de la nota total)	Defensa programación (25% de la nota total)	Unidad Didáctica (40% de la nota)	*Debate: (25% nota total)
Evaluación Valoración 20%	Están determinados los criterios generales de evaluación y calificación.	0.2				
	Se prevén mecanismos para dar información continua al alumnado.	0.2				
	Los criterios e instrumentos de calificación se ajustan a la programación y a la edad del alumnado.	0.2				
	Los criterios de calificación están bien ponderados.	0.2				
	La evaluación es coherente con el resto de actuaciones de la programación o de la UD.	0.2				
	Están determinados los criterios generales de recuperación.	0.2				
	Se establecen medidas de evaluación de la práctica docente.	0.2				
	Plantea diferentes instrumentos para atender a la diversidad del alumnado.	0.2				
	Establece mecanismos para hacer efectivos los cambios derivados de la evaluación.	0.2				
	Gradúa y secuencia los criterios de evaluación.	0.2				
Defensa y exposición de U.D. 10%	Las propuestas expuestas son realizables y realistas.	0.2				
	Demuestra un buen conocimiento de la realidad escolar, y de los elementos que la configuran.	0.2				
	Desenvoltura, expresión verbal, comunicación.	0.1				
	Se ajusta al tiempo preestablecido.	0.2				
	Saluda y hace una presentación de su exposición.	0.1				
	Uso y desenvoltura con los medios audiovisuales.	0.2				

		Programación escrita (10% de la nota total)	Defensa programación (25% de la nota total)	Unidad Didáctica (40% de la nota)	*Debate: (25% nota total)	
					V*	N*
CUESTIONES PARA EL DEBATE (se puntuará de acuerdo a si contesta con acierto o no, divaga, contesta otra cosa, concreta, etc.)	¿Por qué ha seleccionado los objetivos de la UD entre todos los reflejados en la programación?				0.25	
	¿Cómo ha adaptado los objetivos a las características del grupo?				0.25	
	¿Por qué ha seleccionado estos contenidos?				0.25	
	¿Cómo plantea trabajar con los distintos niveles dentro del mismo grupo de alumnos?				0.25	
	¿Por qué considera que la metodología que propone es la más adecuada para los contenidos y los objetivos que ha propuesto?				0.25	
	¿Por qué utiliza unos recursos y no otros?				0.25	
	¿Qué medidas se plantea para adaptarse al tiempo establecido para la UD?				0.25	
	¿Cómo establece si un alumno ha alcanzado o no los objetivos previstos?				0.25	
	¿Cómo relaciona los criterios de evaluación con los instrumentos y con los criterios de calificación y las características del alumnado?				0.25	
	¿Cómo comprueba que el proceso de aprendizaje ha sido eficaz y se ha realizado de acuerdo a lo programado?				0.25	
NOTA FINAL DE CADA APARTADO						
MEDIA ARITMÉTICA DE TODOS LOS APARTADOS						

V* representa el valor máximo para ese indicador
N* nota obtenida por el opositor para ese indicador

Las casillas en gris no se rellenan

Presidente   Secretario   Vocal 1   Vocal 2   Vocal 3

Esta misma comunidad Autónoma hace público en **2013** los "*Criterios de Valoración*" a tener en cuanta los tribunales en el proceso selectivo para la especialidad de Ed. Física:

SEGUNDA PRUEBA DE APTITUD PEDAGÓGICA
A) PRESENTACIÓN Y DEFENSA DE LA PROGRAMACIÓN DIDÁCTICA

Dada la importancia que la expresión escrita tiene para un maestro por ser una competencia básica en el desempeño de su labor docente, se valorará, especialmente, el cuidado uso ortográfico y discursivo de la lengua, atendiendo preferentemente a los siguientes aspectos lingüístico – textuales: ortografía (acentuación, signos de puntuación), léxico, estructura discursiva adecuada a la tipología textual elegida para la realización del escrito, ausencia de errores gramaticales, limpieza y caligrafía. De acuerdo con lo anteriormente expuesto, cada **falta se penalizará con un punto** según los siguientes criterios:

1. *Ortografía*: las faltas de ortografía detraerán puntos de la nota.
a. **Un error ortográfico** se considerará **una falta**
b. **Cinco tildes** sin colocar o mal colocadas tendrán el valor de **una falta.**
c. El uso arbitrario y/o la ausencia de signos de puntuación se consideran todos ellos **una falta.**

2. *Errores gramaticales*: Tres errores se considerarán **una falta.**
a. Uso inadecuado de formas y tiempos verbales en estructuras sintagmáticas y oracionales.
b. Uso incorrecto de las preposiciones.
c. Utilización de concordancias inválidas que provoquen agramaticalidad, reiteraciones en estructuras sintagmáticas, repeticiones léxicas, tautologías e incongruencias.
d. Uso excesivo de pleonasmos, polisíndeton. Uso inadecuado de marcadores discursivos y de otros elementos de coherencia y cohesión.

VALORACIÓN DE LA PRESENTACIÓN Y DEFENSA DE LA PROGRAMACIÓN: 40%

PONDERACIÓN	CRITERIOS/INDICADORES DE VALORACIÓN
10%	Está correctamente estructurada y la presentación es clara, ordenada y limpia.
	Contiene, al menos, todos los apartados referidos en la Orden. Realiza pertinentes referencias bibliográficas y normativas.

DEFENSA DE LA PROGRAMACIÓN:

PONDERACIÓN		CRITERIOS/INDICADORES DE VALORACIÓN
10%	INTRODUCCIÓN Y CONTEXTUALIZACIÓN	* Contextualiza el centro y el ciclo al que se refiere la programación. Hace referencia a las características de los alumnos y a las familias. * Se especifica la relación de las unidades que componen la Programación. Características más significativas del Proyecto Educativo especificando al menos el Plan de Fomento a la Lectura, aplicación de las Tecnologías de la Información y Comunicación, Plan de Acción Tutorial, medidas de Atención a la Diversidad, Plan de Convivencia. Hace referencia a las características de los alumnos y a las familias
10%	OBJETIVOS	* Los objetivos de área planteados se relacionan adecuadamente con el ciclo y la etapa. * Los objetivos están bien formulados, son coherentes y son evaluables a través de los criterios de evaluación.
10%	CC. CLAVE	Especifica la aportación que los objetivos de área tienen al desarrollo de las competencias clave.
10%	CONTENIDOS	* Los contenidos están planteados y relacionados con los objetivos indicados en el currículo, estableciéndose una secuenciación y temporalización adecuada. * La concreción de los contenidos está secuenciada por ciclo y curso según los bloques de contenido expresados en el currículo.
20%	METODOLOGÍA	* La metodología es coherente y se corresponde con los objetivos y contenidos programados. Especifica correctamente los principios o criterios metodológicos que van a estar presentes en la programación. * Organiza y justifica adecuadamente el tiempo y el espacio dentro y fuera del aula, así como los agrupamientos de los alumnos. * Se plantean actividades extraescolares y complementarias apropiadas y coherentes * Utiliza adecuadamente los recursos didácticos, materiales curriculares y las TAC. * Plantea adecuadamente los diferentes tipos de actividades atendiendo a la diversidad de necesidades, intereses y motivaciones del alumnado, con una dificultad gradual y relacionada con objetivos y contenidos.
20%	CRITERIOS Y PROCESO DE EVALUACIÓN	* Establece diferentes momentos para evaluar el proceso de enseñanza-aprendizaje, reflejando los instrumentos utilizados. * Se establecen procedimientos e instrumentos adecuados para evaluar tanto la práctica docente como el proceso de aprendizaje del alumnado, según normativa. * Se prevén mecanismos para dar información continua al alumnado, profesores y padres. * Plantea instrumentos de evaluación ajustados a la edad y diversidad del alumnado, estableciendo medidas de refuerzo educativo. * La evaluación es coherente con el resto de los elementos de la programación.

DEBATE SOBRE LA PROGRAMACIÓN DIDÁCTICA: (En Murcia existe el debate).

PONDERACIÓN	CRITERIOS/INDICADORES DE VALORACIÓN
10%	* Contesta correctamente a lo que se le pregunta. Evita la divagación y responde con fluidez usando la terminología adecuada. * Los argumentos expuestos son realistas y coherentes con respecto al programa de actuación, aporta argumentos actualizados y/o ampliados respecto a su exposición oral.

La Consejería de Educación de Castilla La Mancha, publica los criterios que van a tener en cuenta los tribunales en la Convocatoria de 2013:

CRITERIOS DE EVALUACIÓN DE LA PROGRAMACIÓN DIDÁCTICA.
2ª PRUEBA

CRITERIOS DE EVALUACIÓN	PUNTUACIÓN
1. VALORACIÓN DEL DOSSIER DE LA PROGRAMACIÓN. PRESENTACIÓN	MÁXIMO 0.25 (PUNTOS)
2. EXPOSICIÓN ORAL EN LA DEFENSA.	(MÁXIMO 1.75 PUNTOS
3. PROGRAMACIÓN DIDÁCTICA ANUAL PARA EL NIVEL ELEGIDO 3.1.- JUSTIFICACIÓN DE LA PROGRAMACIÓN E ÍNDICE DE LA MISMA. 3.2.- REFERENCIA LEGISLATIVA DE LA PROGRAMACIÓN ACTUALIZADA A LEGISLACIÓN NACIONAL Y REGIONAL. 3.3.- LA PROGRAMACIÓN DIDÁCTICA ESTÁ REFERIDA Y CONTEXTUALIZADA A LA REALIDAD DE LA COMUNIDAD DE CASTILLA-LA MANCHA. 3.4.- SE HACE REFERENCIA A LAS PECULIARIDADES DEL CONTEXTO, ASPECTOS RELEVANTES DEL PROYECTO EDUCATIVO. 3.5.- SE REFLEJAN LOS OBJETIVOS GENERALES QUE SE PRETENDEN. CONSEGUIR. CONCRECIÓN DE LOS OBJETIVOS DE APRENDIZAJE. 3.6.- SE ORGANIZAN Y SECUENCIAN LOS CONTENIDOS PARA EL CURSO, ASÍ COMO LAS UNIDADES DIDÁCTICAS Y MOMENTOS DEL CURSO DONDE LAS TRABAJA. 3.7. SE INCORPORAN LAS COMPETENCIAS BÁSICAS Y LA CONTRIBUCIÓN DE LAS MISMAS AL DESARROLLO DEL ÁREA. 3.8. SE REFLEJAN LOS CRITERIOS DE EVALUACIÓN A CONSEGUIR. 3.9. MOMENTOS, PROCEDIMIENTOS Y ESTRATEGIAS DE LA EVALUACIÓN TANTO DEL PROCESO DE ENSEÑANZA COMO EL DE APRENDIZAJE. 3.10.- PRINCIPIOS Y ESTRATEGIAS METODOLÓGICAS. 3.11.- ATENCIÓN AL ALUMNADO CON NECESIDADES ESPECÍFICAS DE APOYO EDUCATIVO. EXPLICA EL TRATAMIENTO DE ALGÚN CASO PARTICULAR SI LO HUBIERA. 3.12.- RELACIÓN CON OTRAS ÁREAS DEL CURRÍCULUM. 3.13.- RELACIÓN CON LAS FAMILIAS Y CON OTROS SECTORES DE LA COMUNIDAD EDUCATIVA. 3.14.- ACTIVIDADES DE ENSEÑANZA Y APRENDIZAJE. 3.15. RECURSOS Y MATERIALES DIDÁCTICOS. 3.16. ACTIVIDADES COMPLEMENTARIAS O EXTRACURRICULARES. 3.18. INCORPORA ACTUACIONES INNOVADORAS RELACIONADAS CON ASPECTOS COMO EL PLAN DE LECTURA DEL CENTRO, TDIC O SECCIONES EUROPEAS. 3.19. INCORPORA LA EDUCACIÓN EN VALORES A CONSEGUIR. 3.20.- CONCLUSIÓN. VALORACIÓN PERSONAL. 3.21.- BIBLIOGRAFÍA Y PÁGINAS WEB CONSULTADAS.	MÁXIMO 7.00 PUNTOS)
4.- COHERENCIA Y VIABILIDAD DE LA MISMA RESPONDE COHERENTEMENTE A ALGUNA PREGUNTA O CONSULTA	MÁXIMO (1.00 PUNTOS)
TOTAL:	10 PUNTOS

2.- ESTRATEGIAS Y RECOMENDACIONES PARA LA REALIZACIÓN DE LA DEFENSA DE LA PROGRAMACIÓN DIDÁCTICA EN EL SISTEMA DE ACCESO A LA FUNCIÓN PÚBLICA DOCENTE.

La **experiencia** acumulada a través de muchos años en la preparación de opositores, nos hace tener en consideración una serie de **consejos** y aspectos que deseamos transmitir a quienes estén interesados.

La prueba oral es el **final**. Después de este "mal rato" todo, por nuestra parte, habrá terminado. Tiene una importancia vital para quienes pasaron a ella, (si es que el primer examen tuviese la consideración de **eliminatorio**).

En este caso, quienes sacaron entre cinco y seis, ahora, con una excelente nota, pueden llegar a un notable que, en muchas convocatorias, ha bastado para sacar plaza. Los que obtuvieron un notable deben sacar, como mínimo, la misma calificación con objeto de no quedarse sin plaza. Quienes en el primer examen sacaron un sobresaliente, y que ahora son los "enemigos a batir", tienen la oportunidad de seguir optando a los primeros puestos que les permitirán pedir los mejores destinos.

2.1.- Los recursos de apoyo.

Las convocatorias **no son iguales** en todas las comunidades autónomas. En unas priman unos aspectos que en otras apenas se tienen en cuenta. Incluso, en una misma comunidad, lo que un año es novedad, en la convocatoria siguiente ni tan siquiera se menciona.

Habitualmente, las órdenes de convocatorias de los últimos tiempos han incluido un comentario relativo a la posibilidad de que la persona opositora pueda **auxiliarse** en la parte oral (defensa de la Programación Didáctica y exposición de una Unidad Didáctica de las tres sorteadas), de un **guión escrito** con una extensión máxima de un folio y que al final del acto hay que entregar al Tribunal. También especificaban los opositores podían aportar algunos **medios de apoyo** para la actuación. Otras veces, la convocatoria ha permitido el guión únicamente en la exposición de la unidad.

Los autores tenemos vivencias desagradables porque en varias ocasiones la convocatoria admitía la posibilidad de usar "medios de apoyo para la exposición, así como un guión de no más de un folio", los tribunales abortaron esa opción, con el consiguiente perjuicio para todos. Como sabemos, ya desde el mismo acto de Presentación, lo que decían muchos tribunales no tenía nada que ver con lo expresado en la Orden de la Convocatoria.

No obstante, **otros tribunales permitían** un guión escrito; otros consentían el uso de una serie de **materiales complementarios**, como fichas, gráficos de circuitos, pruebas de evaluación, disfraces para expresión corporal, etc. que los opositores llevaban para justificar los argumentos expuestos. Otros, incluso, admitían que el aspirante se **apoyase en medios multimedia** (ordenador portátil, pizarra digital, proyector o "cañón", archivo con una presentación y pantalla...), siempre que el propio opositor u opositora los llevase. Pero lo más lamentable, a nuestro juicio, es que un tribunal permitía todo y, justo el de al lado, pared con pared, no admitía nada.

Esto es lo que se ha llegado a llamar en nuestro argot los "**juegos florales**", es decir, un auténtico show que muchos aspirantes guardaban celosamente para que nadie se los "copiase". En Andalucía, por ejemplo, se cortó de raíz en la Convocatoria de 2011 debido a los abusos habidos en años anteriores.

Entendemos que el lenguaje a usar debe ser **científico**, **técnico** y **correcto**, vocalizando de tal forma que sea perfectamente entendible y pueda ser seguido por los miembros del tribunal, que no se "aburran". Además de claro, expresivo, sin prepotencia, etc. Las opiniones personales debemos erradicarlas ya que aún no tenemos "experiencia docente" para ello. **Seguridad** en lo que **defendemos** es lo que debe primar.

Lo curioso es que cuando hace unos años las convocatorias especificaban que los opositores podían aportar este material informático a modo de apoyo, el objetivo que perseguía es que los aspirantes **supiesen manejar** los recursos multimedia para **aplicarlos**, una vez sacada la plaza, en la didáctica a utilizar con el alumnado.

En cualquier caso, estaremos muy **mediatizados** por lo que **exprese** la **Convocatoria** y las recomendaciones y **normas** de los propios tribunales que, en muchos casos, la experiencia nos dice que son **contradictorias**. Por ejemplo, si los **exámenes son eliminatorios o no**. Esto nos condiciona la estrategia a seguir, dedicándonos en gran parte a la superación del primer examen.

Por ejemplo, en algunas comunidades, la Convocatoria da la posibilidad a los opositores de presentar "**anexos**" independientemente de la Programación y UDI. Nosotros entendemos que este es un recurso a utilizar, **trabajándolos previamente**, y que nos puede dar gran resultado de cara a la exposición oral, a modo de "**apoyo a nuestra defensa**", a nuestro discurso. Es decir, nos basamos en un anexo para aseverar lo que expresamos, "demostrarlo", por si algún miembro del tribunal tiene "dudas" sobre nuestro trabajo. Por lo tanto, no se trata de presentar anexos por presentarlos, sino llevarlos preparados de tal forma que vayamos citándolos conforme vamos exponiendo nuestro trabajo. Unas páginas más adelante exponemos numerosos ejemplos genéricos, aunque cuando nos refiramos a cómo debemos defender cada apartado de la programación, indicaremos algunos de los más aplicables y que son fácilmente identificables por enmarcarlos en un "**cuadro de texto**", dentro del punto "momentos **interactivos** en la exposición oral".

Los autores, a la hora de planificar los índices de los libros de la "Guía para la realización de la Programación Didáctica" y de la "Guía para la elaboración de las Unidades Didácticas Integradas (**UDI**)", nos planteamos incluir o no un capítulo destinado a su defensa y exposición oral, respectivamente, dada la "confusión" existente. Pero hemos pensado que esta parte completa a las demás y, al mismo tiempo, ofrece a las personas interesadas una información que les puede resultar muy útil si su Tribunal accede a lo que la Orden de la Convocatoria consiente.

Así pues, esta "ayuda" añadida es un material complementario que nos permite conducir nuestra exposición. No es lo mismo preparar la defensa de la Programación auxiliándonos de un guión escrito o de una pizarra, que hacerlo encomendándonos exclusivamente a nuestra memoria. Evidentemente, si la **Convocatoria no nos permite** el uso del guión, no nos queda más remedio que memorizarlo.

Por todo ello, vamos a considerar varias posibilidades por separado, aunque de hecho van muy ligadas. Los contenidos a utilizar como base en cualquiera de las siguientes opciones los hemos condensado en los **cinco gráficos del final**. La base, al fin y al cabo es la misma, el mismo esquema; el medio es lo que varía: soporte papel o multimedia.

- <u>Uso de recursos multimedia</u>.- Necesitamos un ordenador portátil donde tengamos grabado un archivo de "presentaciones" hecho con el programa Power Point o varias páginas diseñadas con el programa Word. Además, un proyector o "cañón" y una pantalla portátil, aunque una pared adecuada también nos viene bien. Es necesario que la sala de exposiciones tenga luz graduable para que los gráficos, videos, etc. resalten.
No obstante, algunos de nuestros preparados cambiaron el proyector y la pantalla por un monitor de TFT de 19 o más pulgadas, que pusieron sobre la mesa del Tribunal y conectado directamente al portátil. Eso sí, un ratón inalámbrico es mejor que no uno fijo para darnos más libertad de movimientos e independencia del ordenador.
Para las diapositivas a diseñar podemos tomar como referencia los gráficos del final, añadiendo ejemplos con imágenes fijas o video obtenidas con una simple cámara digital.
El programa Power Point nos ofrece casi infinitas posibilidades de diseño, colorido, fondo musical, inserción de imágenes, etc.
Si la sala de examen tiene **pizarra digital** y el tribunal la pone a nuestra disposición, no debemos desaprovecharla ya que, hoy día, es un recurso didáctico habitual.

- <u>Franelograma</u>.- También nos vale este recurso que es muy fácil de hacer. Es un tablero o panel de 1 m. x 0'75 m., aproximadamente, recubierto de una tela áspera como fieltro, franela, etc., sobre la que vamos adhiriendo figuras o gráficos realizados en tela o cualquier material que presente una de sus caras de textura también áspera, como lija o velcro. Sucesivamente iremos colocando los esquemas que nos interesen ya que permite infinitas posibilidades de creación. También podemos partir inicialmente de los gráficos que adjuntamos al final, aunque intercalando viñetas con ejemplos gráficos, fichas de juegos, test, etc. Se suele usar como apoyo a la argumentación que vayamos enlazando.

- <u>Pizarra y tiza</u>.- El tradicional encerado y las tizas, algunas veces "permiten" hasta las de colores, es lo más habitual y, al fin y al cabo, la pizarra debe ser nuestra gran aliada, si la sabemos manejar. Debemos tener en cuenta una serie de consideraciones. Por ejemplo, calidad, tipo, alineación y tamaño de los grafos, sintaxis, la ausencia de faltas de ortografía, la claridad de los dibujos, la calidad de la pizarra y las tizas, que muchas veces plantean problemas de visibilidad por los reflejos que hay en la sala, la distribución del encerado en función del tamaño del mismo, dar la espalda al Tribunal mientras escribimos, etc. Hemos tenido a preparados que no quieren escribir en la pizarra porque poseen una calidad pésima en sus grafos y que se ven imposibilitados de mejorarlos. Podemos intentar que escriban exclusivamente con letras mayúsculas "tipo palotes". Excusas tales como "no escribo en la pizarra porque en esta área lo más fundamental es la voz y el gesto y basándome en ellos voy a expresarme...", no hacen más que demostrar la incompetencia en este tema. En cualquier caso, es muy importante conocer el tipo de pizarra que van a poner a nuestra disposición y a qué altura está situada, para no llevarnos sorpresas de última hora. Si se nos presenta la ocasión, aconsejamos probarla en días previos.

- <u>Cartulinas</u>.- Debemos disponer de varias cartulinas de tamaño A-3 o similar. Iremos enseñando al Tribunal la información que nos interese; fundamentalmente, juegos, fichas de circuitos, fotos ampliadas, etc. como apoyo al discurso que vayamos diciendo.

- <u>Anexos en formato papel</u>.- Vamos a nombrar una serie de medios que suelen estar presentes en todas las escuelas y que "manejamos a diario". Además de secundar lo que vamos narrando, demostramos al Tribunal que dominamos el quehacer habitual de un centro.

Lógicamente, durante nuestra defensa, iremos haciendo referencia a estos materiales de apoyo. Es decir, a la vez que vamos explicando determinados puntos les enseñamos los medios reales que usamos. Por ejemplo, al hablar sobre una actividad extraescolar presentamos la carta-modelo de autorización que han firmado las familias. De esta manera, "defendemos/demostramos" que nuestras propuestas son perfectamente realizables.

El Tribunal estará de esta manera más "entretenido" y atento que con los demás que "siempre dicen lo mismo".

En algunas ocasiones estos "**anexos a la Programación**" fueron recogidos por los tribunales en el acto de la Presentación como un volumen aparte, pero en las últimas convocatorias únicamente han admitido la Programación Didáctica y las Unidades en un único volumen al que los opositores le adjuntaban estas hojas de anexos. Por ello debemos aportarlos en el momento de la defensa oral o en el acto de la entrega de la Programación y UDI, si nos lo permiten. Para más operatividad, recomendamos que cada uno de los tres documentos vayan con un **color de papel** distinto. Cualquier material de apoyo podemos, en este caso, fotografiarlo e imprimirlo en una hoja a incluir en el "anexo".

Destacamos a:

1. Carta para enviar a los padres a primeros de curso.
2. Encuestas a rellenar por el alumnado o sus familias.
3. Documento-tipo para autorizar una visita extraescolar por parte de las familias.
4. Dossier de listas de control, escalas y fichas diversas de exploración inicial, seguimiento y evaluación.
5. Tabla-resumen de cómo están conectadas las competencias, objetivos de etapa y área y que no nos cabría en la programación.
6. Fichas de juegos populares.
7. Ficha médica individual.
8. Fichas sobre calentamientos y estiramientos.
9. Fichas con ejemplos de sesiones.
10. Copia de las ACIs, si las hubiere.
11. Móviles diversos para escenificar algún juego o foto.
12. Móviles adaptados a los ANEAE: pelotas de cascabeles, etc. o fotos
13. Material reciclado, como guiñol, máscaras, etc. o sus fotos
14. Carteles sobre normas.
15. Pictogramas a usar, sobre todo, con discapacitados sensoriales.
16. Cuadrante sobre reservas de uso semanal de los espacios.
17. Pósteres variados.
18. Fotos de experiencias, actividades extraescolares, etc.
19. Impresos diversos. Por ejemplo, con croquis sobre circuitos.
20. Libro de texto o fotocopia de la portada.
21. Cuaderno de patio o fotocopia de su portada.
22. Libros utilizados en la elaboración de Programación/U. Didáctica o fotocopia de sus portadas.
23. Material relacionado con las TIC/TAC o foto de los mismos.
24. Diario del docente o alguna de sus páginas.
25. Impreso con la "normas de clase" consensuadas: horarios, organización en filas, encargados/as de material, normas de aseo, etc.
26. Impresos con la organización de los llamados "recreos inteligentes" o el "día sin balón".

27. Impresos de algún programa multimedia, de Webquest, Hot Potatoes, etc. o de herramientas para la Ipad, como "Idoceo" que viene a sustituir al tradicional cuaderno de clase.
28. Plano-tipo del aula, gimnasio, patio, etc. y cómo lo adaptamos en función de las enseñanzas a tratar.
29. La selección de trabajos que constituyen el portafolio se realiza de manera sistemática al constituir una secuencia cronológica que permite observar la evolución de conocimientos, habilidades y actitudes del alumno o del docente en una o más asignaturas.

- Guión escrito.- Es un documento con una extensión máxima de un folio y que el Tribunal nos pedirá que se lo entreguemos una vez hayamos terminado. La **Convocatoria** dirá si se **puede usar** y las **condiciones de aplicación**.
  ¿Qué poner en el guión? Pues es algo muy personal. Nosotros recomendamos llevar uno de los gráficos comentados y que incluimos más adelante, con aquellas "palabras-claves", conceptos, epígrafes o "flashes" que nos faciliten defender y exponer lo que tenemos previsto, sobre todo en el caso relativamente frecuente de "**quedarnos en blanco**". En cambio, otros de nuestros preparados prefieren llevar nombres de autores, de páginas webs, datos sobre legislación, bibliografía, etc.
  Lo que los autores tenemos claro es que el guión debe estar individualizado y muy ensayado para no fallar en un momento donde no se puede cometer ni un error.
  En todo caso, debemos leer bien los términos de la Convocatoria y, sobre todo, atender las instrucciones concretas que nos diga el tribunal en el acto de la Presentación.
  Algunos de nuestros preparados han aportado una **copia** del guión para cada miembro del Tribunal. Este proceder, seguro, nos va a distinguir de otros opositores, aunque hay tribunales que lo rechazan.

La **originalidad** suele ser un medio muy poderoso a valorar porque nos va a diferenciar de los demás aspirantes. Gran parte de ella nos viene dada por los "recursos" para mostrar al Tribunal a modo de **apoyo a la defensa** de la Programación que nos permitan usar.

Consideramos que es necesario tenerlo en cuenta desde el mismo momento que estamos elaborando la Programación y UDI, porque se trata de unos medios personales que tratan de **enriquecer** la defensa, de hacerla más **amena**, **creativa** y **personal**. Pero dadas las circunstancias antes comentadas, recomendamos que durante la época de preparación, consideremos varias de las posibilidades expresadas para, una vez sepamos lo que nos van a permitir usar, centrarnos en la elegida.

2.2.- Los tres momentos de la exposición oral.

¿Qué ocurre antes, durante y después de la exposición oral (defensa de la Programación y exposición de la UDI)? ¿Qué debemos hacer?
Ya hemos debido de pasar por varias situaciones que no son precisamente muy agradables, sobre todo si eres "primerizo". Nos referimos a:
- Desánimo por una convocatoria escasa en plazas.
- Consternación por el número de opositores inscritos en el tribunal. Debemos tener en cuenta que muchos no se presentan y que otros llevan una preparación escasa.
- Comentarios sobre no transparencia en el proceso. La Administración dicta cada año nuevas normas tendentes a evitar esta posibilidad.
- Falsas creencias diversas. En muchos casos están generados por opositores con varios años de experiencia que buscan desestabilizar días u horas antes del primer examen a los "nuevos".

- Estado emocional inestable, ansiedad, vigilia con el sueño… que como no seamos capaces de combatirla, nos limita nuestra capacidad.

Ahora vamos a diferenciar **tres momentos**, aunque en realidad están entrelazados, aportando una serie de **consejos y estrategias** que a nuestros preparados les han dado excelentes resultados:
a) Momentos pre-activos.
b) Momentos interactivos.
c) Momentos post-activos.

a) Momentos pre-activos.-
Entendemos que, desde el mismo momento que salen publicadas las listas de los tribunales, debemos comenzar a "enterarnos" sobre sus **perfiles profesionales**, planes y programas donde están colaborando, etc. Hoy día es muy fácil saberlo merced a las diversas **herramientas** que nos ofrece **Internet**, incluidas las "redes sociales". Por ejemplo, un perfil de un presidente o vocal de tribunal que exprese sus ganas por ser inspector de educación y que ya se ha presentado a alguna convocatoria, implica que conocerá y será experto en legislación, de ahí que debamos esmerarnos en este sentido.

Por otro lado, debemos tener en cuenta también, si nos es posible, los **destinos** que han tenido por si alguna actividad extra escolar, por ejemplo, la podemos ubicar en alguna zonas que les resulten conocidas.

Es muy recomendable, por otro lado, saber dónde estudiaron los componentes del tribunal, en qué facultades, por si podemos citar autores que sean les más "familiares" por proceder de ese centro.

Es importante **acudir**, si no nos examinamos el primer día, a las sucesivas exposiciones. Allí debemos observar el **estilo** del Tribunal, lo que le gusta, medios de apoyo que admite, etc. También, las **peculiaridades de la sala**, la luz existente, tipo de pizarra y su **altura**, acústica y ruidos habituales, la ubicación de las ventanas y si producen reflejos, etc. También el sitio donde hipotéticamente puede sentarse el público.

En el siguiente gráfico-ejemplo, debemos tener en cuenta los posibles reflejos en la pizarra provenientes de las tres ventanas, sobre todo si nos toca exponer durante determinadas horas. También debemos considerar la postura forzada que deben tener los componentes del tribunal para seguirnos en el encerado. En este caso, nuestra ubicación sobre el mismo debería ser muy corta y priorizar otra más centrada sobre la mesa, aunque podría suceder que nos viesen a "contraluz".

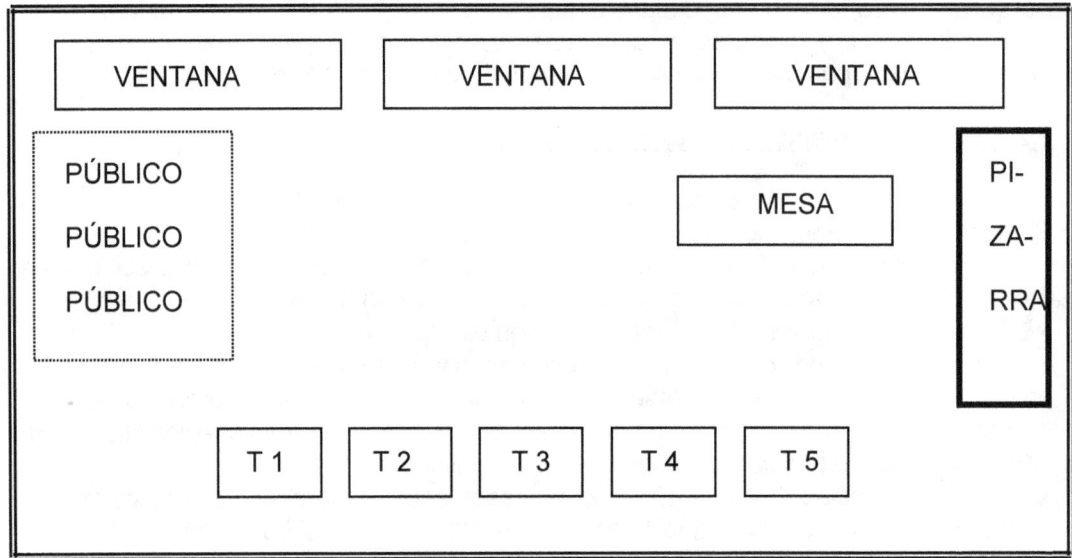

Evidentemente, suponemos que toda persona opositora conoce a la perfección absolutamente todas las peculiaridades del proceso, incluyendo los plazos para las posibles reclamaciones. Incluimos las "recomendaciones particulares" dadas por el tribunal el día de la presentación y que no tienen por qué coincidir con las de otros.

En la "encerrona", que suele durar un máximo de una hora, tenemos que repasar lo que vamos a decir y que, a su vez, lo llevamos muy practicado gracias a los simulacros realizados durante la preparación. A ella hemos debido pasar con el guión de la defensa de la Programación y de la exposición de la Unidad Didáctica para hacer un último ensayo, si así lo **permite la Convocatoria**. No olvidar también los recursos que nos permitan utilizar: medios multimedia, cable alargador con regleta, carteles, pequeños móviles, fichas, etc., aunque siempre de acuerdo con las **normas** dadas por la Convocatoria y el Tribunal.

Estudiar el guión que después debemos entregar al Tribunal, aunque puede suceder que admita la entrega de una copia a cada miembro al principio de la exposición para "facilitar la evaluación", pero en todo momento nos atendremos a sus **indicaciones**, así como la las **condiciones** de la **Convocatoria**.

Los últimos momentos antes de que nos llamen serán para mirarnos y comprobar que estamos "presentables", con buena imagen. **Relájate**, **respira** suave y profundamente. Puedes aclararte la **voz** bebiendo algo de **agua**. Llévate a la sala de exposiciones todos los documentos, guión, recursos, tizas de colores, botella de agua, ordenador portátil y proyector si te **lo permiten** y lo vas a usar, etc. Pon el reloj de forma que controles el tiempo -"timer"- para cada parte de la exposición y no pasarte de los treinta minutos concedidos, salvo que la convocatoria exprese otra duración máxima.

Recuerda los detalles de un buen orador: no arrascarse, no dar muestras de inseguridad, no tener "latiguillos o muletillas", no mantener las manos en los bolsillos, no morderse los labios, no hacer muecas con la cara, etc. A esto hay que unirle nuestra **dicción**, a veces muy cerrada y poco entendible, así como la monotonía en el discurso siempre con el mismo tono, etc. También ser comunicativo facialmente y con las manos, si las tenemos libres, ayuda. Igualmente es interesante, para no ser monótonos, utilizar cambios de entonación y ritmo, con pausas breves, que podemos aprovechar para beber agua.

Todos estos detalles hemos debido **prepararlos desde un principio** porque cualquier fallo, lo más seguro, es que nos reste puntos. Por todo ello, aconsejamos:

- Que la defensa no se convierta en una mera repetición verbal de los contenidos que el tribunal tiene por escrito encima de la mesa. Se trata de defender lo realizado pero con otras palabras, argumentando "**¿por qué he programado yo todo esto y no otra cosa?**", Es decir, lo que conocemos coloquialmente como "vender nuestra mercancía en lugar de que los demás vendan la suya". Para ello **justificaremos** nuestras propuestas y soluciones didácticas a lo expuesto en cada apartado, incluyendo **ejemplos** donde se compruebe fácilmente nuestro argumento e, incluso, aportando gráficos, fotos y documentos en los **anexos**. No olvidemos que nuestra finalidad es **convencer** al tribunal que nosotros y que nuestra propuesta es mejor que la los demás. Quizás sean los **ejemplos aplicados** donde más nos podamos **diferenciar** de los demás, pero sin olvidarnos de la **lógica interna** del área.
- El ejercicio de la docencia se basa, en gran parte, en dominar la palabra, el gesto y la transmisión, de ahí que en muchas ocasiones determinados

argumentos didácticos no "lleguen" al tribunal por mala nuestra mala emisión de los mismos.
- Ensayar el **tiempo** dedicado a cada apartado para que sea **equitativo**.
- De la misma forma que el examen escrito lo debemos practicar en numerosas ocasiones ("estudiar escribiendo"), con el oral debemos proceder de igual forma para intentar **automatizar** el discurso de la defensa. Ello, entre otras cosas, te permitirá dominar el lógico **estrés**.
- El **protocolo** que incluimos en un **esquema** del punto siguiente será de gran ayuda.

b) Momentos interactivos.-

Se trata de la exposición oral en sí. ¿Qué pasa cuando nos "plantamos" ante el Tribunal? No nos deben parecer extrañas sus caras ni su presencia porque ya conoceremos a sus componentes del día de la presentación y del primer examen, además de verlos en las exposiciones celebradas en días anteriores a las que hemos debido asistir.

Normalmente llegaremos a la sala de exposición, que habitualmente es un espacio grande, guiados por un miembro del Tribunal que nos habrá acercado desde el aula de la "encerrona".

Saludamos a todos, al mismo tiempo que pedimos permiso para entrar. Hacerlo en voz alta porque seguramente estarán charlando informalmente.

Comprueba que la pizarra está limpia y que no tiene reflejos que la cieguen, distribuye las tizas de colores y el resto de los recursos que vayas a utilizar y échate agua en el vaso. Evidentemente, las tizas las "cambiamos" por rotuladores si la pizarra es del tipo "vileda".

Un detalle que no se suele tener en cuenta es el borrador. Por las prisas, los nervios o cualquier otra circunstancia, algunos opositores usan su propia mano como borrador. Pues bien, tenemos constancia de que es un detalle tomado como negativo por algunos tribunales, "por la mala imagen que da como maestro/a".

Sería un buen complemento explicar al Tribunal lo que vas a utilizar y su aplicación en la práctica real de la escuela, si lo permite. Ten en cuenta que puedes entregar a cada miembro del tribunal una copia del guión, si te lo aceptan y la convocatoria expresa que podemos usar un guión para la defensa de la programación, que no siempre es así.

Ya hemos dicho que el Tribunal tiene por delante nuestro trabajo, por lo que no debemos decir de memoria su contenido. En cambio, podemos comentarle que la relación completa de objetivos está en la página...; la de contenidos en...; los temas transversales en...; los criterios de evaluación en..., y que vamos a **glosar** los más **destacados**. Lo mismo decimos del uso de los "anexos", si la convocatoria lo faculta. Por ejemplo...

Avísales que estás preparado y empieza presentándote: apellidos, nombre, número y la Orden de la Convocatoria. A partir de aquí comienza a contar el tiempo. Puedes, si el Tribunal es receptivo, hacer un comentario complementario, relativo a los nervios, al calor existente, al buen aire acondicionado de la sala, etc. El caso es "romper el hielo" que supone iniciar el examen más crucial que hayas hecho nunca y, de paso, "enganchar" a los miembros. Precisamente, debes empezar "fuerte" ya que los primeros minutos son claves para ello.

Recuerda que durante la exposición debes dirigirte a todos los componentes para que se sientan "tenidos en cuenta". El contacto visual es imprescindible porque nuestra experiencia nos dice que "al que no miramos no se da por aludido". Si esto tiene mucha dificultad para ti, intenta miran entre cabezas que, aunque no es lo mismo, suele ser positivo.

Debes prestar atención al movimiento, a no estar "firmes" durante tu alocución. Debemos mostrar viveza, aunque sin aspavientos que nos "señalen" y distraigan al tribunal, pero con movimientos seguros y moderados que hayamos ensayado durante la preparación, que apoyen nuestro discurso y pongan énfasis en lo que deseamos resaltar. Los gestos faciales, como la sonrisa, son muy importantes ya que ésta, si no es forzada, demuestra que estás a gusto y seguro. Pero, como todo, en su justa medida, sin abusar.

Otro gran detalle es el uso de los silencios. Antes de comenzar debemos provocarlo, mirando a los componentes del tribunal, para generar expectativa sobre lo que vamos a decir a continuación. También podemos recurrir al silencio en las transiciones, lo mismo que el cambio de tono o un cambio en nuestra ubicación espacial. Por ejemplo, para pasar de los contenidos a las actividades o de éstas a la metodología. Lo importante es que se note que cambiamos de punto.

Los tribunales con alguna experiencia suelen encasillar a los opositores en función de unos rasgos que éstos manifiestan claramente desde el primer momento, por lo que debemos tenerlo en cuenta para alejarse de esos "modelos". Por ejemplo, el opositor "pelota", el "aburrido", el "nervioso" que incluso pide perdón, el de tal o cual "muletilla", entre otros de los que tenemos constancia.

Los nervios son naturales y normales en la mayoría de los opositores, aunque tengan experiencias en convocatorias anteriores, ya que es un acto que nos puede proporcionar un puesto de trabajo vitalicio y ello, en nuestra sociedad, significa mucho. Así pues, consideramos que no es positivo "demostrarlos" aún más pidiendo disculpas al tribunal. Tampoco, la ingesta de pastillas ya que debemos estar "vivos". Entendemos que la mejor medida es un entrenamiento en la exposición oral que nos dé seguridad y confianza en nosotros mismos, junto a unos ejercicios de relajación. En todo caso, podemos tomar alguna infusión, pero teniendo seguridad de sus efectos.

En cualquier caso, debemos abstenernos de hacer comentarios despectivos, manifestar opiniones sesgadas, mantener una actitud de prepotencia o, por contra, de sumisión, etc.

Ahora continúas con la **defensa de la Programación**. Y bien, ¿**qué decimos**?

Pues se trata de "vender" la Programación Didáctica presentada, el proyecto que has elaborado para impartir en un centro, en un nivel educativo y a un grupo, todo ello **real o imaginario**.

Tiene una duración máxima de treinta minutos, aunque hay que prestar atención a lo que ponga la Convocatoria cuando se publique. Por ejemplo, en la Comunidad de Madrid, este tiempo se ha reducido en ocasiones a veinte minutos.

Entendemos que debes tener **claridad de ideas**, que te será fácil si realmente has elaborado la Programación. Otra cosa es que presentes una prestada, comprada o copiada; en este caso su defensa es más difícil porque no conocerás su lógica interna, su verdadero sentido.

Piensa que cada día pasan muchas personas opositoras por el Tribunal, de manera que éste puede caer en episodios de tedio. Esto debemos combatirlo creando un clima de proximidad, manteniendo el mayor tiempo posible la **atención** de todos los miembros. A ello ayuda direccionar nuestro mensaje a todos los componentes, combinando nuestra posición y que ésta no sea estática. Si, además, tenemos riqueza de lenguaje no discursivo (gestos), todo resultará más fácil.

Es importante la **vocalización** y el **tono** que uses, sin que sean forzados ni monótonos. Ello puedes trabajarlo perfectamente durante el tiempo de preparación, a base de exponer y que te corrijan, incluso grabándote para hacer después una **autoscopia**.

Presta atención si tu verbalización es de volumen bajo porque al Tribunal le será difícil seguirte. Otras veces es suficiente que te acerques unos metros más a la mesa donde están, aunque ello pueda alejarte de la pizarra. A partir de aquí debes prestar atención a la **plasticidad** del discurso, aumentando o disminuyendo su intensidad según interese.

La "**velocidad de la alocución**" es muy interesante y determinante. En ocasiones hemos preparado a opositores que querían decir tantas cosas que no se les entendía nada. Lo contrario, una excesiva lentitud, trae consigo una pobreza comunicativa que aburrirá al Tribunal. Entendemos que hay momentos que nos interesa decir "más palabras por minuto" y otros donde el mensaje debe ser más sosegado. Es decir, los **contrastes** del ritmo en la exposición, junto al **tono** de la misma, favorecen nuestra expresividad, precisión y claridad comunicativa, "animando" al Tribunal a que nos siga.

Ya dijimos que la exposición oral **ideal** es aquella donde el mensaje verbal se apoya en gráficos, esquemas, etc. que vamos escribiendo en la pizarra o que aparecen en una pantalla o pizarra digital procedente del ordenador portátil que manejamos, preferiblemente a distancia con un ratón inalámbrico, si nos lo permiten. Muchos tribunales tienen como ítem de la lista de control que usan para evaluar "buen uso de la pizarra", "tipo y calidad de esquema gráfico", etc.

Habitualmente, debemos articular nuestra defensa entorno a los rasgos más característicos que hemos escrito concretando los objetivos, jerarquizando los contenidos y dando continuidad a los diferentes apartados a través de frases adecuadas. Debemos olvidarnos de lo que habitualmente expresan todas las personas opositoras y centrarnos en nuestras singularidades pero, ojo, que sean **reales**, que se puedan **aplicar** y que interesen o capten la atención del Tribunal, para lo cual podemos ayudarnos de los "**anexos**". Ten en cuenta que la "**originalidad**" no debe estar reñida con la "imposibilidad" de llevar a la práctica lo expuesto. También las opiniones personales debemos medirlas, sobre todo si nuestra experiencia profesional es escasa. Puede darse el caso de que el tribunal no sepa mucha teoría, pero sí conoce a la perfección la mecánica diaria de su escuela, por lo que debemos huir de los extremismos.

Al hilo de lo anterior, y tomando como **referencia** los esquemas que adjuntamos más adelante, vamos a ir describiendo cada punto a comentar al Tribunal sin olvidarnos de citar a uno o varios autores especializados en cada uno, así como la legislación a aplicar. Pero, atención, nos reiteramos en que los **tiempos** debemos tenerlos **medidos** muy bien porque cualquier desliz puede dar al traste nuestro trabajo por exceso o por defecto.

El esquema que proponemos está en consonancia, naturalmente, con el esbozo de la Programación que hemos realizado y que se apoya, desde un punto de vista gráfico en los **seis esquemas** que incluimos más adelante. No obstante, también añadimos posteriormente un esquema o **tabla-resumen**, que nuestros preparados han valorado muy positivamente debido a que tienen muy claro qué legislación citar y cuándo. Debemos elegir el gráfico con el que nos encontremos más a gusto o mejor identificados, pero siempre lo haremos con la máxima **calidad** en el diseño y trazo.

Si la Convocatoria permite entregar, junto a la programación y unidades unos "**anexos numerados**", éstos debemos citarlos con tanta frecuencia como nos haga falta. Es un tipo de información eminentemente gráfica que debe completar nuestro discurso. Si los sabemos manejar bien porque lo hemos ensayado múltiples veces durante nuestra preparación, tendremos mucho ganado a nuestro favor, habida cuenta nuestra defensa puede parecerle al tribunal muy **personalizada**, trabajada y distraída, como una "**película**", en el buen sentido del término, que le contamos sacándoles durante nuestra media hora del posible aburrimiento de la mayoría de las defensas de otros opositores que son muy **reiterativas**.

En cualquier caso, debemos tener presente en todo momento que el tiempo concedido para la defensa es inviolable por exceso, de ahí la importancia de haber hecho el máximo número de veces posible ensayos cronometrados. Si nos decidimos por una defensa que cite los catorce puntos que ahora vemos, cada uno no debe sobrepasar los dos minutos.

Bien, ¿**y qué digo en esos dos minutos**? Pues en las siguientes páginas damos numerosos ejemplos, orientaciones y posibilidades de los catorce epígrafes, si bien hay que elegir y decidirse por los que creamos se **ajustan** mejor a nuestro trabajo.

No obstante, para que tengamos una idea-resumen, aportamos un **protocolo** en el siguiente **esquema** que es válido, prácticamente, para cualquiera de los **epígrafes** y que nuestros preparados siempre lo han valorado muy positivamente:

- ¿Qué es?, definición, concepto.
- Referencias a legislación y/o autor que lo trate.
- ¿Por qué lo he programado? Justificarlo/defenderlo con un/unos argumento/s acorde/s con la propia programación, contexto... Es decir, ¿por qué he hecho esto y no lo otro?; lo que me propongo hacer debidamente argumentado.
- Citar, si procede y lo **permiten**, a un **anexo** presentado para mayor y mejor justificación y defensa del proyecto. También señalar a un gráfico concreto de una página de la programación entregada que complemente nuestro discurso de defensa.
- Lo mismo podemos decir de una página Web de recursos educativos (MEC; Consejería de Educación; Editorial; etc.) donde estén recogidos contenidos relacionados con el punto que defendemos.
- 1, 2, 3... ejemplos aplicados en función de tu velocidad de alocución. Y en qué U. D. los voy a sustanciar.

Tras nuestro saludo y presentación y el aviso de que "empezamos ya", desarrollamos la defensa de la programación, señalando que está acorde con lo expresado por la Convocatoria y con la legislación vigente... Ahora ya debes empezar a trabajar con la pizarra con algunos de los gráficos que más adelante exponemos. "La programación es el documento que ordena y sistematiza nuestras intenciones con respecto al grupo X a la que va destinada...", sería uno de los muchos argumentos a usar en este inicio de la defensa.

1.- INTRODUCCIÓN.- Señalar al principio el curso elegido para programar. Podemos referirnos a la importancia de la calidad de la enseñanza y, obligatoriamente, a los rasgos más característicos de nuestra Programación, por ejemplo, la priorización de una enseñanza en valores, la importancia del entorno natural, la enseñanza bilingüe, las **Competencias Clave**, etc. Citar la legislación general actualizada.

También podemos indicar que "viene impuesta por el currículo vigente en Andalucía, el Proyecto Educativo, las programaciones de ciclo, etc.". No obstante, podemos centrarnos en enumerar los apartados tratados: justificación, contexto, competencias, objetivos, etc.

Otra línea de actuación para este apartado es resaltar algunas de las características de la programación, sobre todo su carácter **flexible**, porque está sujeta a posibles cambios; **adaptable**, porque la articulamos en función de las dificultades individuales que nos encontremos, etc.

También podemos referirnos a que la tarea escolar conlleva un elevado nivel de **incertidumbre**, pero que con una planificación previa nos quitamos gran parte de esta inseguridad y tensión natural de todo proceso abierto, constituyéndose como una verdadera guía de acción de la enseñanza. Esto nos permitirá:

a) Valorar lo realizado a través de un proceso concreto de enseñanza-aprendizaje y, por tanto, un referente para cualquier detalle, sobre todo para la evaluación del alumnado.
b) Quitar incertidumbre al alumnado, pues conocerán lo que esperamos alcancen.
c) Tener una herramienta de conexión con las familias, ya que tienen el derecho de conocer lo que hacemos y cómo en la formación de sus hijas e hijos.

También debemos dejar claro el curso al que va dirigida y las "peculiaridades" de la propia programación, es decir, si nuestro trabajo se va a significar del de los demás opositores por algunos rasgos muy concretos, aspectos que nos van a condicionar los elementos curriculares que defenderemos posteriormente. Por ejemplo, el uso muy habitual de elementos multimedia, la profusión de actividades complementarias y extraescolares, el propio contexto, etc.

Los autores entendemos que es "**obligado**" citar lo que expresa el D. 328/2010, entre otros documentos legislativos: todas las **programaciones** de todas las áreas incluirán actividades en las que el alumnado deberá **leer**, **escribir** y **expresarse** de forma oral. Igualmente decimos sobre las de tipo **multimedia**. Lógicamente, debemos expresar un par de ejemplos de aplicación en alguna de las quince UDI presentadas.

> ANEXO: Podemos incluir un gráfico sobre los niveles de concreción curricular.
> También, un logotipo sobre alguna característica del centro de referencia o similar.

2.- JUSTIFICACIÓN CURRICULAR Y LEGISLATIVA DE LA PROGRAMACIÓN DIDÁCTICA. SU VINCULACIÓN CON LA NORMATIVA.- Se trata de ir desglosando la legislación actualmente vigente por orden jerárquico, tanto la correspondiente a nivel del M.E.C., como la de la comunidad autónoma. Por ejemplo, "la Programación se dirige a un grupo definido de alumnas y alumnos de un nivel y centro concreto, lo que vamos a hacer durante un curso escolar. Proviene, como indica la Ley 17/2007, de Educación en Andalucía (L. E. A.), del Plan de Centro, formado por el Proyecto Educativo, el R. O. F. y el Proyecto de Gestión...". Esto nos da pie a comentar algunos detalles de **normas** recogidas para las clases prácticas: higiene personal y de los espacios, guardar silencio durante los tránsitos aulas-pasillos-pistas deportivas, ropa y calzado deportivo, etc.

Podemos basarnos en justificar los tres niveles de concreción y un cuarto, para el alumnado con necesidades específicas de apoyo educativo (N.E.A.E.), como indican autores tales como Viciana (2002), Sánchez y Fernández (2003) o Zagalaz, Cachón y Lara (2014), entre otros.

En este caso, con respecto al **1º Nivel**, diríamos que nuestro trabajo responde a las demandas que la sociedad pide a la enseñanza pública relativo a su calidad, etc. Contribuimos a la consecución de los objetivos de la etapa X, Y, Z, pero poniendo ejemplos. Cómo para ello trabajamos los objetivos del área 1, 2, 3,... Ya en el **2º Nivel** comentaríamos que nos adecuamos a las necesidades de nuestro centro de referencia, habida cuenta su contexto, como queda recogido en el Plan de Centro a través de sus tres documentos: Proyecto Educativo, R.O.F. y P. de Gestión. Se caracteriza porque tiene estos déficits, estas peculiaridades, estos planes y programas, etc. En cuanto al **3º Nivel**, daríamos detalles generales sobre el trabajo concreto con nuestro grupo y, si hemos destacado un **4º Nivel**, las características de este alumnado y como, en general, vamos a adaptarle aquellas actividades que no pueda realizar, por ejemplo...

3.- CONTEXTUALIZACIÓN.- Toda programación se construye a partir de los diversos condicionantes que emanan del contexto: alumnado, instalaciones, "ambiente", etc. Nombrar las características del entorno: ambientales, arquitectónicas, equipamiento en el barrio (polideportivo, zona natural, etc.), profesorado y alumnado, incluyendo si tenemos A. N. E. A. E. niveles socioculturales, etc. Para ello nos basamos en el Plan de Centro, en datos procedentes del municipio, etc. Aludir la legislación sobre el A. N. E. A. E, si lo tenemos reflejado.

Por ejemplo, "Los datos del centro referido en cuanto a situación, contexto, grupo elegido, son..." Otra línea expositiva es centrarnos en glosar las Finalidades Educativas y Objetivos Generales del Centro o las Líneas Generales de Actuación Pedagógica.

ANEXO: Podemos incluir alguna copia del original donde hayamos sacado estos datos: documentación proporcionada por el ayuntamiento, Internet, etc.

4.- COMPETENCIAS CLAVE.- Consideramos muy interesante comenzar este apartado definiéndolas citando algún autor o la propia legislación. Por ejemplo: "las competencias clave representan un grupo de conocimientos, habilidades y actitudes, valores éticos, y emociones, transferibles y multifuncionales. Las necesitan todos los alumnos para su desarrollo y satisfacción personal, integración y empleo. Deben estar desarrolladas al final de la escolarización obligatoria". Debemos manifestar las CC. Clave que vamos a tratar durante el curso y de qué modo están relacionadas con los objetivos, contenidos, actividades y evaluación. De esta manera demostramos que las vamos a trabajar. Una serie de argumentos vienen dados en el R.D. 126/2014, cuando nos indica cómo se trabajan desde el Área. Debemos señalar algunos autores especializados en esta temática, como Cañizares y Carbonero (2009). También es interesante el libro de Blázquez y Sebastiani (2010) o el de Sánchez Garrido y Córdoba (2010).

> ANEXO: Podemos incluir unas tablas con/sin gráficos donde relacionemos una competencia con determinadas actividades de nuestra área. Por ejemplo, la competencia digital se corresponde con las tareas de una Webquest.

5.- OBJETIVOS.- Pretenden el desarrollo de capacidades en el alumnado para la adquisición de las CC. Clave. Además es un concepto que expresa una declaración de intenciones, una meta o finalidad a cumplir para la que disponemos de unos medios determinados o "el resultado que esperamos logre el alumno al finalizar un proceso de aprendizaje", citamos los del curso, pero agrupados. Es decir, los que tienen finalidades expresivas, habilidades motrices, juego popular, iniciación deportiva, salud, etc. No se trata de "recitarlos de memoria" porque el Tribunal los tiene delante. Todo lo contrario, dar detalles para defender su validez en ese curso. Eso sí, podemos decirle que pueden leerlos en la página X de la programación.

Por ejemplo, "para no decir todos los objetivos que hemos programado, y que ustedes tienen delante, los podemos resumir en cuatro áreas o ámbitos: habilidad motriz, salud, expresión y juegos, debido a que el alumnado de nuestro grupo tiene una edad crítica que favorece el desarrollo de las capacidades...". Matizar que provienen de la concreción de los de Ciclo que, a su vez, están recogidos en el Proyecto Educativo del Plan de Centro. Podemos citar a varios autores que escriben sobre el currículo, como, Romero y Cepero (2002), Cañizares y Carbonero (2009), etc. La legislación es la O. 17/03/2015. No olvidar enlazar la consecución de estos objetivos con el logro de las **competencias** de la Etapa. Indicar también alguna de las webs conocidas con recursos para los docentes donde vienen recogidos ejemplos de concreciones de objetivos.

> ANEXO: Podemos incluir alguna tabla de correspondencia entre objetivos de etapa, área, curso, didácticos... que no hayamos podido introducir en la programación por falta material de espacio. De este modo, "demostramos" al tribunal que dominamos la concreción de objetivos.

6.- CONTENIDOS.- Parecido a los objetivos. Tras decir que son "la materia a enseñar para logar los objetivos y las competencias clave", debemos matizar desde un principio que los **secuenciamos de forma globalizada**, no obstante, indicaremos que tendremos en cuenta sus tres tendencias (teóricos, prácticos y los relacionados con valores), por lo que adjuntamos unos argumentos a comentar:

- Los hemos secuenciado desde los más próximos y significativos a los más abstractos...
- Los hemos diseñado priorizando al principio movimientos más genéricos, finalizando con los más específicos, por ejemplo partir de la destreza básica del bote para llegar a la deportiva del bote en Mini-Basket. También comenzamos por movimientos naturales, como el salto, para culminar con otros más eficaces como el salto con carrera talonada. Igualmente, hemos tenido en cuenta el grado de dificultad de los movimientos, comenzando por aquellos que tienen un grado de coordinación más liviano, como la carrera, y terminar con otros más complejos, como la carrera con bote de balón protegiéndolo. También hemos pensado en la progresión de los juegos, comenzando por los más simples, por ejemplo <tocar> y finalizando con otros de mayor complejidad como <balón torre>...

- Incluimos contenidos de tipo actitudinal destinados a la aceptación de las normas, cumplimiento de las mismas, manifestación de actitudes y terminamos con el conocimiento de valores.

Dejar bien claro que están especificados y convenientemente secuenciados en las quince UDI. También, si hemos programado algún núcleo de contenidos o eje de globalización, debemos comentar sus temáticas, pero agrupadas.

Podemos, si los bloques los hemos cuantificado muy bien, defender los porcentajes de cada uno. No debemos olvidarnos de la educación en valores, sobre todo por la importancia que tiene en la nueva normativa. Por ejemplo, "dadas las características de nuestra área, durante todo el curso vamos a insistir en los valores de cooperación mediante los juegos colaborativos, en el valor del respeto al alumnado precedente de otras culturas a través de juegos que estos niños inmigrantes aporten...". La legislación base es la O. 17/03/2015. Como autores de referencia podemos nombrar algunos de los anteriormente citados, así como alguna de las webs conocidas con recursos para los docentes donde vienen recogidos ejemplos de secuenciaciones de contenidos..

Es interesante resaltar que los contenidos tienden también a realizar prácticas de lectura, escritura y expresión oral (D. 328/2010). Otra opción es ir comentando cada uno de los cinco bloques poniendo ejemplos concretos de contenidos que tengamos recogidos en nuestra programación y/o en las UDI.

> ANEXO: Podemos incluir algún gráfico tomando como referencia los expresados en la O. de 17/03/2015.

7.- ACTIVIDADES.- Si bien vienen recogidas en las UDI, debemos nombrar algunos grupos señalando los objetivos que abarcan. No obstante, podemos indicar que son las tareas motrices prácticas que hemos previsto realicen los alumnos/as y poder alcanzar las competencias y los objetivos. Dependiendo del tiempo disponible podemos señalar ejemplos de conocimientos previos, desarrollo, ampliación, refuerzo, etc.

Otros ejemplos a comentar son las actividades lúdicas abiertas y su diversificación, cómo vamos a proceder para adaptarlas a los diversos materiales. Por su relativa novedad, **debemos citar** con algún ejemplo las actividades referidas a la **lectura, escritura, expresión verbal** y las relacionadas con las **TIC/TAC**.

Otra opción es explicar varios ejemplos de actividades destinadas a la Animación, parte Principal y parte Final, dando detalles o no de sus protocolos. Por ejemplo, "dadas las características de la animación, nos basaremos en actividades que supongan movimientos muy dinámicos y motivadores, pero globales y variados a base de formas jugadas: juegos simples de persecuciones, atrapes, saltos, reacción, etc. Todas ellas serán seguras y adaptadas a las características del grupo, con varios niveles de complejidad".

Algunos de los opositores que hemos preparado se han sentido más seguros en este apartado indicando con un gráfico en la pizarra un **ejemplo concreto de aplicación didáctica**, bien a través de un recurso móvil o no, bien teniendo como hilo conductor a una habilidad o a las que son precisas tratar durante las edades propias de la Primaria. Detallamos una aplicación de cada ejemplo, aunque debemos tener en cuenta el **tiempo** que nos puede llevar su **explicación** ante el tribunal:

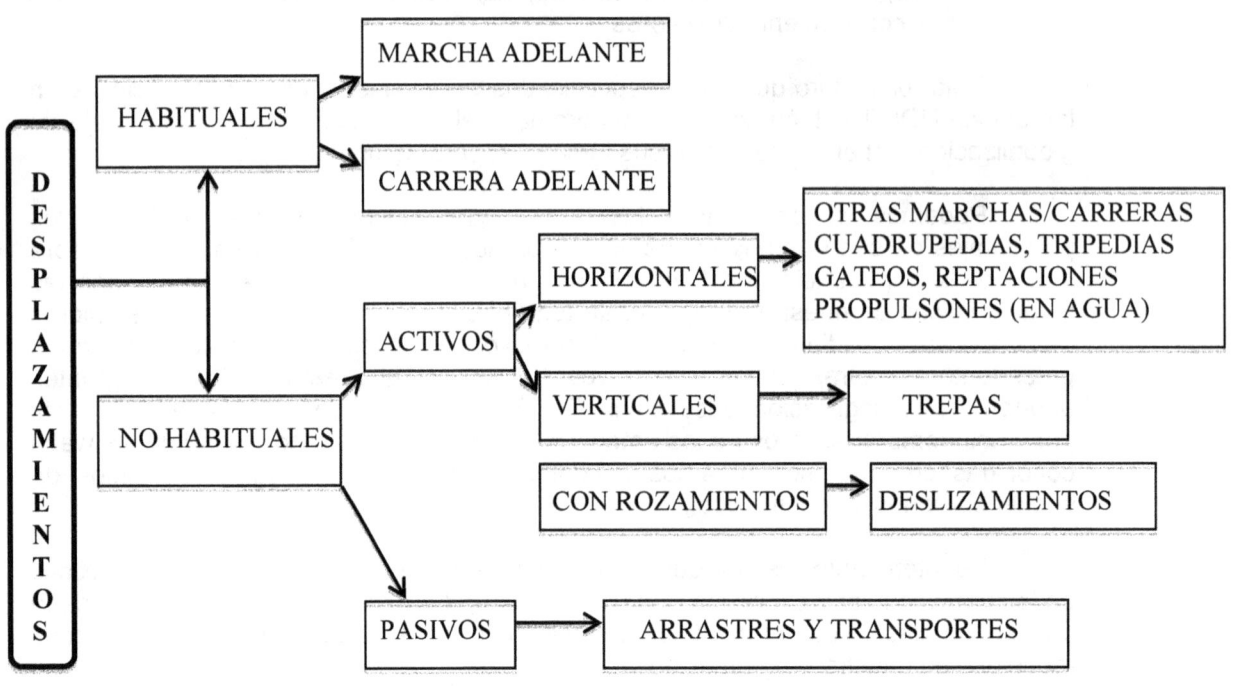

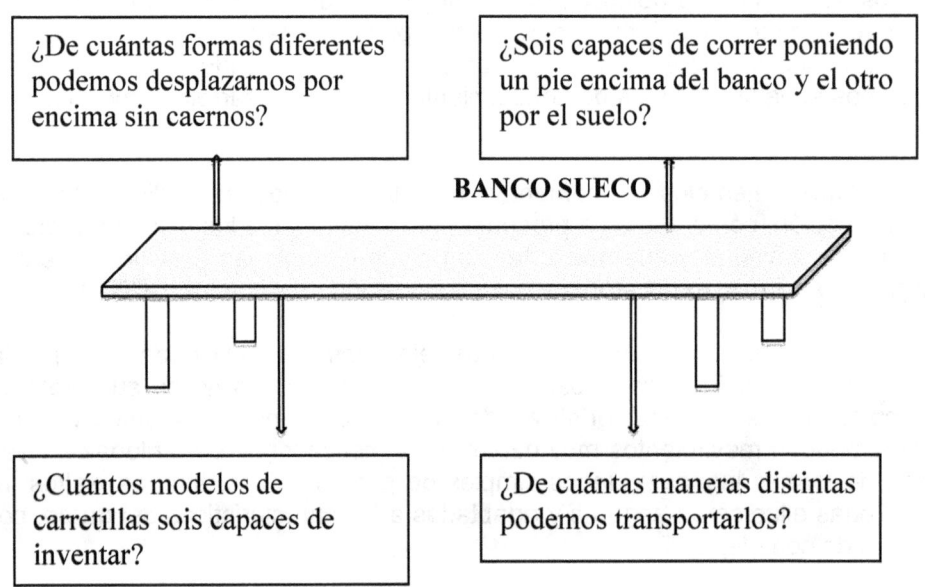

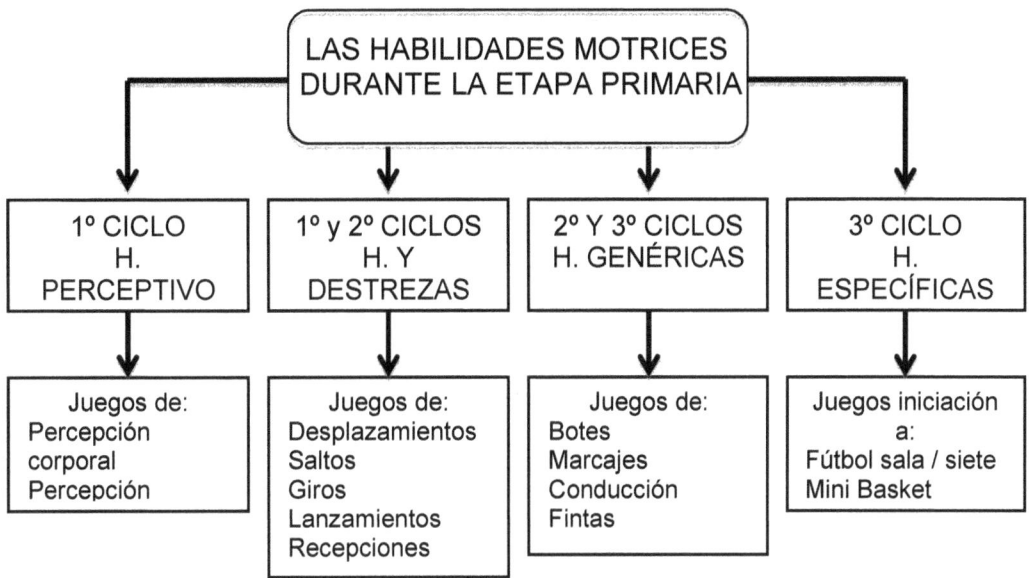

Otra posibilidad gráfica parte de la llamada "pirámide en la construcción de la habilidad motriz". Tras realizar unos trazos rápidos de la misma en la pizarra, vamos explicando de forma muy somera cómo vamos a llevar a cabo su tratamiento durante la Etapa, para centrarnos en el curso de referencia.

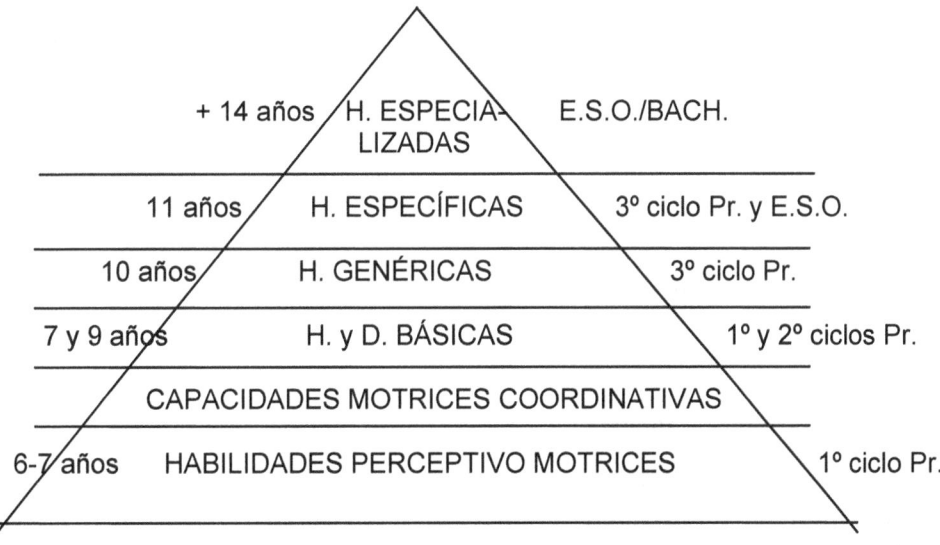

Como vemos en este croquis, la "salida" de la "carrera motriz" comienza con la etapa obligatoria (1º curso de Primaria, 6 años), aunque en realidad tiene lugar mucho antes, si está bien diseñada por el profesorado especialista de la etapa Infantil. Sus contenidos están relacionados, básicamente, con la sensopercepción y con las habilidades perceptivo motrices en general, aunque con prioridad sobre lo relativo al conocimiento del propio cuerpo, por ser el centro de cualquier acto motor, prácticas para el descubrimiento de la lateralidad, etc.

Señalar ejemplos de actividades **adaptadas** para el alumnado con NEAE, si lo hemos consignado. Como legislación podemos nombrar a la Orden de 25/07/2008, por la que se regula la atención a la diversidad del alumnado que cursa la educación básica en los centros docentes públicos de Andalucía. (BOJA 22-8-2008). Al mismo tiempo, a las Instrucciones de 22/06/2015, de la D. G. de Participación y Equidad, por las que se establece el **protocolo** de detección, identificación del alumnado con necesidades específicas de apoyo educativo y organización de la respuesta educativa.

- O. de 5/11/2014, por la que se modifica la de 3 de agosto de 2010, por la que se regulan los servicios complementarios de la enseñanza de aula matinal, comedor escolar y actividades extraescolares en los centros docentes públicos, así como la ampliación de horario (BOJA nº 233, de 28/11/2014).
- Instrucciones de 18/12/1998, de la Dirección General de Planificación y Ordenación Educativa, sobre la organización y desarrollo de las actividades complementarias y extraescolares.
- O. de 14/07/1998, que regula las actividades complementarias y extraescolares y los servicios prestados por los Centros Docentes Públicos no universitarios (BOJA 01/08/1998).
- R. D. 1694/1995, de 20 de octubre, que regula las actividades escolares complementarias, las actividades extraescolares y los servicios complementarios de los Centros Concertados (B.O.E. nº 287, de 01/12/1995).

Las complementarias y extraescolares son otras de las líneas a tener en cuenta para la defensa, habida cuenta que nos permiten muchas posibilidades, detalles, anécdotas, etc. Por ejemplo, "hemos programado una actividad extraescolar por trimestre. En el primero tenemos previsto visitar el P. N. de Doñana, aprovechando la ayuda económica de la A.M.P.A. y un trabajo conjunto con la maestra de Conocimiento del Medio. Desde el punto de vista físico y motor, realizaremos una serie de juegos de orientación espacial, senderismo para recoger insectos...".

Autores que traten las actividades hay muchos, como Mazón -coord.- (2010) o Chinchilla y Moreno (1999). Indicar también alguna de las **webs** conocidas con recursos para los docentes donde vienen recogidos ejemplos de juegos y de otras muchas actividades lúdicas, como las de recursos para el profesorado del MEC y de la mayoría de las consejerías de educación de las comunidades autónomas, sin olvidarnos de las editoriales.

Independientemente de todo lo anterior, podemos centrarnos en desglosar los conceptos "Tarea/Actividad/Ejercicio" (centros Proyecto COMBAS/PICBA[9]) y añadir algún ejemplo que lo hayamos situado en una UDI.

ANEXO: Este apartado, dada su variedad, nos permite multitud de posibilidades. Por ejemplo, podemos incluir gráficos de circuitos, coreografías, fotos con escenas de un juego dramático, juegos populares, etc. Además, fotos sobre las actividades complementarias o extraescolares planteadas: en huerto escolar, en escuelas deportivas, en rutas montados en bicicletas, etc. También, la ficha-modelo de autorización para que las familias den su consentimiento a que su hijo/a realice actividades fuera del centro. No obstante, podemos incorporar fichas de juegos, fichas de calentamientos, lecturas de textos sobre salud, deporte, etc.

---

[9] Centro P. COMBAS es aquel que sigue la consolidación de las CC.BB. como elemento central del currículum. Centro P. PICBA es aquel que realiza el Programa de Integración de las CC. BB. en Andalucía.

8.- METODOLOGÍA.- Podemos empezar definiendo el concepto "metodología". Debemos mencionar las características más generales que describe el R.D. 126/2014, la O. 17/03/2015 y la O. ECD/65/2015, así como las peculiaridades que hayamos puntualizado como trabajo cooperativo, agrupaciones flexibles, grupos interactivos, etc. Por ejemplo, "vamos a tener muy presente una metodología de tipo cooperativo a través de juegos no competitivos, donde la contribución de todas y todos sea la condición indispensable para el logro del fin. Tal es el caso de una coreografía a practicar durante el mes de febrero... y que el Tribunal puede ver en su **aplicación práctica** en la UDI número…"

Mencionar las adaptaciones metodológicas a tener en cuenta con el alumnado con NEAE. Por ejemplo, "con el alumno aquejado de asma, durante los meses de abril, mayo y junio, tendremos en cuenta su estado para proponerle actividades menos dinámicas…, prever el uso de su medicación preventiva, etc."

Por otro lado, debemos describir algunos ejemplos de las organizaciones descritas, preferiblemente tomando como referencia una situación concreta, como una actividad realizada por "grupos de nivel", incluso citando expresamente en qué UDI lo aplicamos. Podemos dar detalles sobre la composición de los grupos: homogéneos o heterogéneos y su por qué.

También, si reflejamos que estamos en un centro TIC/TAC, podemos utilizar actividades multimedia y juegos con distintos **niveles** de dificultad.

A partir de aquí, en función del tiempo disponible, nos podemos extender en detalles como la información a dar -destacando la kinestésico-táctil-; las formaciones; los tiempos de trabajo y recuperación; los tipos de conocimientos de resultado; si las sesiones van a ser teórico-prácticas, si optamos por llevar una línea de índole participativa o directiva en la vertebración de la clase, el control del grupo, etc.

Este apartado puede ser un arma de doble filo habida cuenta lo amplio que permite ser tratado, de ahí que nos veamos en la necesidad de controlar muy bien el tiempo.

En cuanto autores, la nómina es muy extensa. Por ejemplo, Delgado (1993), Galera (2001), Sáenz-López (2002), Sánchez Bañuelos y Fernández García (2003), Blázquez -coord.- (2016), etc. Indicar también alguna de las webs conocidas con recursos para los docentes donde vienen recogidas numerosas pautas y otras consideraciones metodológicas prácticas.

> ANEXO: Podemos incluir gráficos sobre las distintas agrupaciones que vayamos a realizar durante el curso, reproducciones de carteles con normas organizativas, etc.

9.- RECURSOS.- Ya habremos referido algunos al principio de la defensa, cuando comentamos las características del centro. Ahora nos interesa exponer los que concretamente vamos a usar y ejemplos de su aplicación didáctica, aunque podemos empezar diciendo que son "los mediadores en el proceso de enseñanza/aprendizaje y que los hay de varios tipos..."

Es factible destacar algunas de las características de los disponibles. Por ejemplo, "los conos que tenemos son multifuncionales porque nos permiten saltar, transportarlos, usarlos como elementos señalizadores. También, una pelota nos vale para trabajos de lateralidad, ritmo, espacio, coordinación, juegos populares, destrezas básicas y genéricas, etc."

Es el momento de comentar, justificar y hasta enseñar si nos lo permiten, el libro de texto o los apuntes de elaboración propia, así como el cuaderno de patio que usa cada alumno/a diariamente. Si supiéramos con antelación que ello no es posible, llevamos en un **anexo** la foto de la portada de la publicación para referenciarla durante la exposición.

Podemos hablar de los recursos que fabricamos a partir de materiales de deshecho, como botes, envases diversos, etc. Si es posible podemos mostrarlo como apoyo al comentario o, en su defecto, llevar unas fotos representativas en el anexo.

También es muy interesante hablar de los recursos **multimedia** y, si es el caso, explicar cómo usamos las "Webquest" o cualquier otro programa o Apps. Estos son detalles innovadores que nos diferencian de otros opositores, aunque no todos los tribunales lo valoran. Al igual que el anterior, podemos llevar en un anexo las fotos para apoyarnos en ellas durante la exposición oral.

Debemos nombrar como legislación al R.D. 132/2010, entre otros. Como autores, Blández (1995) o Fernández Truán (1997). No olvidar a Roldán (2002), que coordina la publicación "**Manual de seguridad en los centros educativos**", editada por la C.E.J.A. Indica una serie de pautas a seguir tendente a la protección en las instalaciones escolares.

ANEXO: Podemos incluir fotos sobre cualquiera de los recursos espaciales o materiales que tengamos previsto usar: convencionales, alternativos, naturales... No olvidar fotocopiar la portada del libro, cuaderno de campo, etc. que usemos. Tampoco, algunos ejemplos de trabajos con materiales TIC/TAC: multimedia y de Internet: Web, Webquest o similares, Blog, etc.

10.- ATENCIÓN A LA DIVERSIDAD.- Debemos comentar nuestra actuación a partir del contexto escolar que tenemos y que hemos reflejado al principio. Pondremos ejemplos concretos de las adaptaciones, habitualmente poco significativas, incluso **citando** las unidades donde quede reflejado. No obstante, también es posible empezar definiendo lo que significa la diversidad o un eslogan: *"un currículum común para alumnos diferentes"* o *"todos iguales, pero diferentes"* o *"no hay mayor desigualdad que tratar a todos por igual"*. Es, en suma, ajustar una respuesta educativa a las necesidades de todos/as.

En cuanto a legislación debemos referirnos a la O. de 25/07/2008, por la que se regula la atención a la diversidad del alumnado que cursa la educación básica en los centros docentes públicos de Andalucía. Igualmente, a las **Instrucciones** de 22/06/2015, sobre el **protocolo** de detección, identificación del alumnado con necesidades específicas de apoyo educativo y organización de la respuesta educativa.

También hay muchos autores que tratan la diversidad, como Ríos y otros (2004), Ruiz Pérez (2005) o Hernández Vázquez -coord- (2015). Podemos referirnos también a la colección de diez volúmenes de Varios Autores editada en 2008 por la C. E. de la J. de Andalucía que, prácticamente, está en todos los colegios de Andalucía.

> ANEXO: Podemos incluir alguna foto o dibujo sobre las adaptaciones de acceso que podamos realizar a nuestro alumno de referencia, copia de algún documento sobre adaptaciones que, sobre los elementos curriculares, tengamos pensado realizar, etc.

11.- RELACIÓN CON LA EDUCACIÓN EN VALORES Y ELEMENTOS TRANSVERSALES.- Tras decir qué significan, su concepto, sería conveniente nombrar a todos, aunque centrándonos algo más de tiempo en aquellos que vamos a considerar de forma más significativa. Por ejemplo, Coeducación, Salud, TIC/TAC, Educación Ambiental, etc.

Por ejemplo, "los elementos transversales son unas enseñanzas que están presentes en todas los niveles del currículo de las diferentes etapas educativas. Son temas comunes a todas las áreas dirigidos a la formación integral del alumnado, y a su preparación para integrarse en la sociedad, por lo que debemos integrarlos dentro del currículum para que conecten con todas las áreas y que sean la base de los aspectos sociales y culturales relevantes y valores que deben prevalecer en un sistema democrático como el nuestro".

Podemos decir, "vamos a trabajar de forma especial el contenido transversal sobre el riesgo que corremos por el mal uso de las TIC (RD 126/2014). Nos basaremos en…"

La legislación a citar es la LEA/2007, artículo 39 y el R.D. 126/2014, artículo 10. La ley autonómica andaluza cita como "**Educación en Valores**" a la mayoría de los elementos transversales que introduce el R.D. 126/2014. También nombramos algunos autores que los tratan, tal es el caso de Torre y Girela, (1997) y Romero y Cepero (2002).

Indicar también alguna de las webs conocidas con recursos para los docentes donde vienen recogidos ejemplos de educación en valores y transversalidad.

> ANEXO: Como anexos podemos incluir gráficos con ejemplos donde claramente se relacione nuestra área y los elementos transversales. En muchos libros de texto, Internet, etc. existen dibujos y fotos donde se observan estas correspondencias.

12.- RELACIÓN CON OTRAS ÁREAS. PROPUESTAS PARA CONTRIBUIR A LOS HÁBITOS DE ESCRITURA, LECTURA Y EXPRESIÓN ORAL.- Parecido al anterior, pero citamos ejemplos de vínculos con las demás áreas porque no podemos olvidar estamos en un sistema educativo que propugna la globalidad de contenidos. Por ejemplo, "los trabajos de afianzamiento de la lateralidad que hacemos en septiembre están muy relacionados con aspectos de la lecto-escritura dada la psicomotricidad que lleva implícita…"

También podemos referirnos, si no lo hemos hecho con anterioridad, a las actividades complementarias y extraescolares que realizamos conjuntamente con otras áreas citando expresamente, incluso, la unidad didáctica relacionada. Como legislación, citar la O. 17/03/2015 y la O. de 05/11/2014, por la que se modifica la de 3 de agosto de 2010, por la que se regulan los servicios complementarios de la enseñanza de aula matinal, comedor escolar y actividades extraescolares en los centros docentes públicos, así como la ampliación de horario (BOJA nº 233, de 28/11/2014).

En cuanto a autores, podemos aludir a los nombrados en el apartado anterior.

Indicar también alguna de las webs conocidas con recursos para los docentes donde vienen recogidos ejemplos de interdisciplinaridad, ejes de globalización, etc.

> ANEXO: Parecido a lo expresado antes con los elementos transversales. No obstante, podemos incluir también fotos procedentes de las actividades complementarias y extraescolares, que es, en muchas ocasiones, donde se aprecian estas conexiones inter áreas.

13.- EVALUACIÓN.- Además de definirla a través de algún autor especializado, podemos indicar que nos sirve para descubrir si el proceso en su totalidad ha seguido el camino previsto. Podemos centrarnos en algunos aspectos de la misma como las técnicas usadas en la recogida de datos, cómo hacemos para recuperar al alumnado más retrasado y que alcance los criterios de evaluación mínimos, etc., incluso **citando** expresamente la unidad donde lo apliquemos.

Es bueno manifestar que, además de la evaluación de la alumna y del alumno, tendremos en cuenta el resto de los componentes: recursos, organización metodológica. Otros elementos a resaltar son los porcentajes para aspectos teóricos, prácticos y para los relacionados con valores y actitudes, etc.

Un buen recurso para abordar este apartado es a través de las preguntas:

- ¿Qué evaluar? o los criterios de evaluación, individualizados.
- ¿Cuándo evaluar? o su temporalización.
- ¿Cómo evaluar? o los instrumentos a usar y que podemos enseñar al Tribunal si nos es posible.
- ¿Quién evalúa? o las personas que intervienen en la realización de la evaluación.

No debemos olvidarnos mencionar a la evaluación de la práctica docente y cómo hacemos el procedimiento para el seguimiento de la Programación. "*Los maestros y las maestras evaluarán tanto los aprendizajes del alumnado como los procesos de enseñanza y su propia práctica docente, para lo que establecerán indicadores de logro en las programaciones didácticas*".

Como autores de referencia podemos nombrar a Zagalaz y otros (2014), Blázquez (2006), Díaz (2005) o Cañizares y Carbonero (2008). La legislación a citar es: D. 97/2015, de 3 de marzo, por el que se establece la ordenación y el currículo de la educación Primaria en la comunidad Autónoma de Andalucía; O. de 17/03/2015, por la que se desarrolla el currículo correspondiente a la educación Primaria en Andalucía; O. de 04/11/2015, por la que se establece la ordenación de la evaluación del proceso de aprendizaje del alumnado de educación primaria en la Comunidad Autónoma de Andalucía.

No debemos olvidar citar alguna de las webs conocidas con recursos para la evaluación donde vienen recogidos numerosos ejemplos de fácil aplicación.

> ANEXO: Aquí caben los ejemplos de ficha de evaluación, los gráficos de, por ejemplo, circuitos de evaluación, test, pruebas motrices, rúbricas, gráficos sobre percentiles, pruebas escritas, etc.

14.- CONCLUSIONES.- Se trata de destacar en un minuto o minuto y medio las cuatro o seis ideas básicas defendidas, así como las "especiales características de nuestro contexto", un determinado programa que llevamos a cabo, etc. Es decir, un "recordatorio-resumen" de los puntos más destacados de nuestro trabajo. Otra posibilidad es, si hemos dejado en la pizarra nuestro esquema o "huella expositiva", apoyarnos en la misma para recalcar las líneas principales tratadas. Por ejemplo, "la programación expuesta es el resultado de un cúmulo de respuestas que como maestro/a debo ir dando las respuestas oportunas durante el proceso y dirigidas a dar respuesta a las necesidades indicadas".

15.- TEMPORALIZACIÓN.- Podemos empezar diciendo que la misma nos permite regular y ordenar las UDI en función del tiempo disponible durante el curso. Debemos referirnos a las Unidades presentadas y defender su secuenciación, su por qué, su coherencia y progresión. Podemos mencionar especialmente algún aspecto novedoso de las mismas. Cuidado con no repetir lo dicho en el apartado de "Contenidos". Es bueno recalcar al tribunal que la organización de las UDI no responden a un formato lineal, sino que están "dinámicamente alimentadas por todas las sesiones y actividades que vayamos realizando".

Por ejemplo, "tratamos en el primer trimestre las unidades relacionadas con las habilidades básicas y genéricas porque en el segundo trimestre tratamos el juego predeportivo y popular y en el tercero la iniciación al deporte adaptado". "No obstante, durante las dos primeras semanas, tal y como indica la actual legislación, nos centraremos en hacer una evaluación inicial para saber el nivel de habilidad motriz que tiene el grupo, si superó los objetivos del ciclo anterior, si alguno presenta algún tipo de anomalía física cardiorrespiratoria para lo cual aplicamos un test de resistencia, o déficits coordinativos, por lo que efectuamos el test del "trisalto" o "pentasalto". Además, podemos observar mediante la flexión profunda de tronco, si algún componente de nuestro grupo presenta problemas de espalda. Pero también es muy necesario establecer en las primeras sesiones, las normas de funcionamiento, horarios, tiempos de desplazamientos, etc."

16.- CITAS LEGISLATIVAS, BIBLIOGRAFÍA Y WEBGRAFÍA.- Debemos nombrar la que hemos glosado durante la defensa. Además, podemos incorporar la novedad de aludir algún portal educativo, como Averroes o la de recursos del MEC y de las consejerías de educación de las comunidades autónomas. También, muchos CEP cuentan con archivos de recursos, la mayoría como resultado de trabajos de investigación y experiencias en centros escolares. Como es habitual, libros de reciente edición demuestran que estamos actualizados, sin que esto quiera decir que no son eficientes los libros "clásicos".

> ANEXO: Podemos incluir una fotocopia de la portada de los libros más nombrados, de las webs consultadas, etc.

Una vez concluida la defensa de la Programación, seguiríamos con la exposición de la UDI elegida tras el sorteo de tres de ellas. Los datos y pormenores sobre esta parte están recogidos en el tercer volumen de la colección, dedicado a la realización de las quince UDI.

Tras la exposición de la UDI, **empezaría el Debate**. Éste ha estado presente en muchas ocasiones, aunque la Convocatoria de 2007 y 2009 de Andalucía no hacía referencia, por lo que debemos estar atentos a las características que exprese nuestra Convocatoria.

Viene a durar unos diez minutos. Normalmente el Tribunal decide cómo actuar de forma habitual, es decir, si hacen una única pregunta al opositor, si no preguntan nada o lo hacen libremente, etc. De ahí la importancia de acudir los primeros días a las exposiciones que se celebren para conocer cómo obra el Tribunal.

Relájate, bebe agua y espera a las posibles preguntas. Antes de responder, piensa bien, es viable que te pongan a prueba con alguna pregunta de tipo "pega". No te lances a dar la respuesta pensando que mientras antes respondas más nota te van a poner. Si no estás seguro de lo quieren, pide que te repitan la pregunta aclarándote determinados aspectos de la misma. Otras veces lo que pretenden es aclarar dudas o conocer mejor alguna **experiencia** que hayas expuesto y le interesen.

Muchas veces hemos presenciado defensas de la Programación Didáctica donde la persona opositora narraba sus experiencias con algún alumno/a N.E.A.E., con algún plan o programa de innovación educativa o cómo proceder con grupos "difíciles". Algunos miembros del Tribunal que han tenido experiencias similares, **empatizan** con el opositor y sienten curiosidad por las estrategias seguidas, de ahí que pregunten con cierta profundidad.

Es mejor responder con seguridad y, preferentemente, haciendo referencia a la legislación actual y/o algún autor concreto.

Cuando te indiquen que han terminado, despídete dando las gracias por las atenciones recibidas, etc.

NOTA: El **tiempo** destinado a **defender** cada **punto**.

Hasta ahora hemos visto las **múltiples** posibilidades de defensa que tiene cada punto de los **dieciséis** citados. Dado que tenemos como **tope treinta** minutos, ni tan siquiera nos salen las cuentas si empleamos dos minutos/punto.

Por todo ello, recomendamos, **no sobrepasar minuto y medio por apartado**. De esta manera nos quedarían cinco o **seis minutos** para destinarlos a realizar alguno de los **gráficos** que apuntamos más adelante. Para adecuarnos a este escaso tiempo, debemos **ensayar** mucho la "**puesta en escena**" para no fallar el día de la oposición. Tengamos en cuenta que cada opositor/a tiene una **velocidad de locución distinta**.

c) Momentos post-activos.-

Hemos terminado ya con la defensa de la Programación y con la exposición oral de la UDI elegida.

¿Y ahora qué? Pues lo primero es relajarte y realizar una autoevaluación, en "caliente". ¿Cómo lo he hecho? ¿En qué creo que he fallado y por qué? ¿Algún amigo o familiar ha asistido y es capaz de darme idea de la posible nota, comparándome con lo realizado por los demás?

A partir de aquí a esperar las notas, aunque puedes, si tienes ánimo, seguir asistiendo a las exposiciones y calibrar aún más tus posibilidades.

2.3. Otras indicaciones sobre cómo realizar la defensa de la programación en el examen oral.

Realmente estamos totalmente limitados por lo único objetivo que hay en este tipo de oposición: el **tiempo**. Por lo tanto, éste nos condicionará en todo momento.

El llamado "miedo escénico" en el examen oral de una oposición se produce cuando la persona opositora no ha expuesto un número suficiente de veces durante su preparación. Es decir, tiene un "entrenamiento" deficiente y a la hora de la verdad, del "partido", no rinde y desfallece.

En este sentido, durante el tiempo que los autores llevamos preparando a opositores hemos tenido experiencias de todo tipo. A veces nos han llegado chicas y chicos que nos confesaban "nunca he salido ni escrito en la pizarra" o "nunca he hablado en público". Otros, en cambio, aún teniendo experiencias previas, la exposición oral les ha supuesto tal estado de nervios que se les ha olvidado un porcentaje muy alto de contenidos a defender o exponer.

El mejor remedio para subsanarlo es **práctica y más práctica** dirigida, metódica y, a ser posible, progresiva. Es decir, emplear cada día un poco más de tiempo y de contenido en la exposición para ir tomando confianza. El guión, si el Tribunal lo permite, es un buen recurso, lo mismo que tener agua a mano y dar un sorbo mientras mentalmente "ajustamos" la situación.

No podemos olvidar que el objetivo de esta prueba es, precisamente, que el Tribunal compruebe que la persona candidata sepa **hablar en público**, tenga habilidades verbales y expresivas, así como conocimiento práctico suficiente que le permita "enfrentarse" con garantías ante sus futuros alumnos y alumnas.

Por todo ello, entendemos, que la **práctica preparatoria** es fundamental máxime si, como sabemos, una décima de punto supone sacar o no plaza.

El croquis final que debe quedarnos en la pizarra, si la usamos, es lo que denominamos nuestra "**huella expositiva**". Debe ser muy claro y concreto porque no se trata de escribir lo que, al mismo tiempo, vamos diciendo porque duplicaríamos la información, además de consumir un porcentaje muy significativo de tiempo en ello; es un modo de apoyar nuestro discurso porque, no olvidemos, es una prueba oral.

La experiencia y las opiniones que hemos tenido de los tribunales nos dice la importancia de nombrar **autores** y **legislación** en los puntos que tratemos.

2.4. Los esquemas de apoyo.

Ahora vemos **seis esquemas**, ya citados en páginas anteriores, a plasmar en la pizarra/procesador de texto que nos sirven de apoyo para la defensa de la Programación y que son perfectamente válidos para llevarlos como **guión** en formato papel o como presentación multimedia, **si nos lo permiten**.

Los aportamos como ejemplos de los que podemos diseñar. Nuestros preparados se han sentido siempre muy seguros con ellos porque se adaptan a la capacidad de expresión de cada uno, si bien es preciso individualizarlo para adecuarlo a las características de cada persona opositora.

Nota: Si bien los presentamos ciñéndonos exclusivamente a los distintos apartados de la programación, entendemos que debemos prever un **espacio**, a la derecha o a la izquierda del esquema para ir escribiendo los **autores** y los **elementos legislativos** que vamos citando. De esta manera tendremos una "huella expositiva" más completa y el **tribunal** podrá **comprobar** en qué bibliografía y documentos normativos nos hemos basado a la hora de su realización.

Primer esquema:

Es el que está más detallado, las **mayúsculas** indican lo que aconsejamos **escribir**. En **minúsculas**, los **argumentos** para explicar, así como algunas observaciones y consejos a tener en cuenta. Podemos completarlo con lo explicado en páginas anteriores en el punto de "momentos interactivos".

Empezamos a decirle al Tribunal de dónde "procede" la Programación Didáctica que vamos a defender y los tres niveles de concreción en que nos basamos. A partir de aquí vamos desarrollando la misma partiendo del contexto, comentando objetivos y contenidos, metodología, actividades, atención a la diversidad, interdisciplinaridad, temas transversales, evaluación y temporalización, para terminar señalando la legislación y fuentes consultadas.

Segundo esquema:

Es más **genérico** y con un enfoque alternativo al anterior, aunque muy susceptible de adecuarlo a los intereses de cada persona opositora.

Lo iniciamos a partir de los autores y la legislación en que nos basamos. Después empezamos nombrando el contexto, las finalidades, la organización pedagógica, etc.

Tercer esquema:
El tercero es similar al primero. En **mayúsculas**, lo que aconsejamos **escribir** en la pizarra/procesador, y en **minúsculas** los parámetros a **comentar** verbalmente. Tiene un planteamiento más "novedoso" porque defendemos nuestra Programación a través de **siete interrogantes**:
- ¿Dónde estamos?
    - Introducción
    - Contexto
    - Detalles de características

- ¿Qué es lo que deseamos lograr?
    - Alcanzar los objetivos. Su concreción
    - Las competencias clave
    - Ejemplos varios

- ¿Qué es lo que queremos enseñar?
    - Los contenidos. Su secuenciación
    - Elementos transversales
    - Relación con otras áreas
    - Ejemplos diversos

- ¿Cómo enseñar?
    - Metodología y Recursos
    - Metodología aplicada al ANEAE
    - Actividades y juegos. Tipos. Expresar variables

- ¿Cuándo enseñar?
    - Temporalización
    - Reseña de las UDI: grupos de temas que tratan

- ¿Qué, cuándo, cómo y para qué evaluar?
    - ¿Qué? → Todo: procesos de enseñanza y de aprendizaje (criterios de evaluación), así como la programación
    - ¿Cuándo? → Continuamente
    - ¿Cómo? → Técnicas e instrumentos
    - ¿Para qué? → Comprobar los logros
    - Señalar ejemplos

- ¿Qué fuentes he usado?
    - Bibliografía
    - Legislación
    - Webgrafía
    - Ejemplos

Cuarto esquema:

Es muy similar al anterior, si bien cambia los términos a detallar en la pizarra. Es en este sentido, es más clásico que el que le precede.

Quinto y sexto esquemas:

Ambos son iguales al tercero. La diferencia radica en que exponemos los puntos sobre el gráfico de media cancha de baloncesto o de un campo de balonmano.

Primer esquema

DESDE DÓNDE VIENE → **LA PROGRAMACIÓN DIDÁCTICA**

3º NIVEL DE CONCRECIÓN

2º NIVEL DE CONCRECIÓN
PE→ ROF→ PG;
(Nombrar ejemplos concretos y rasgos diferenciadores)

1º NIVEL DE CONCRECIÓN
Parto de normativa (LOE, LEA, R. D. 126/2014; D. 97/2015, etc.)

CONTEXTO ESCOLAR:
- Tipo de Centro (rasgos característicos)
- Alumnado (tipología, ANEAE). Profesorado

CC. CLAVE/OBJETIVOS:
- Comentarlos por grupos: habilidad, pre-deporte, etc.
- Justificarlos por edad/legislación. Edades críticas.
- Cómo contribuyen al logro de las Competencias Clave.
- Ejemplo de concreción de uno más significativo: Etapa → Área → Programación → UDI → Sesión

CONTENIDOS:
- Qué son, cómo los has secuenciado.
- Especificados en la UDI.
- Referencia legislativa.

ACTIVIDADES:
- Especificadas en UDI Algún ejemplo de adaptación al aneae.
- Las complement. y extraescolares. Características. Legislación.

INTERDISCIPLINARIDAD:
- Ejemplos.
- Centros de Interés programados y que actúan como núcleos motivadores y dinamizadores. Son nexos interdisciplinares y los agrupamos en campos semánticos.

ELEMENTOS TRANSVERSALES:
- Citarlos. Ejemplos. Rasgos característicos.

METODOLOGÍA:
- Aspectos generales: lúdica, exploratoria... Legislación.
- Adaptada al ANEAE. Detalles en cada UDI Organización.
- Recursos disponibles. Propios. Otros. Naturales. Legislación.
- Libro, cuaderno, material informático.

ATENCIÓN A LA DIVERSIDAD:
- Especificadas en UDI Poco significativa. Individualizar.
- Características por informes años anteriores. Legislación.

EVALUACIÓN:
- Su importancia. Citar todos los elementos a evaluar.
- Ejemplos de criterios, instrumentos. Legislación.
- Individualizada. ANEAE.
- Seguimiento-evaluación de la Programación.

TEMPORALIZACIÓN DE LAS UDI:
- Justificarla. Su por qué. Comentarios.
- Por qué esa es la 1ª UDI y no otra.
- Relación con los Objetivos. Coherencia.
- 1º Trimestre voy a hacer...
- 2º   "   "   "   ...
- 3º   "   "   "   ...

FUENTES CONSULTADAS:
- Legislativas.
- Bibliográficas.
- Webgrafía.

Segundo esquema

DESARROLLO CURRICULAR DE LA PROGRAMACIÓN

- AUTORES
- LEGISLACIÓN

Ramas principales:
- CONTEXTO / ENTORNO / ALUMNADO
- FINALIDADES EDUCATIVAS DEL CENTRO
- ORGANIZACIÓN PEDAGÓGICA
- COMPONENTES EDUCATIVOS DEL GRUPO-CLASE

OBJETIVOS DE PROGRAMACIÓN DIDÁCTICA

COMPETENCIAS CLAVE

CONTENIDOS UDI
- Componentes Básicos
- Componentes Transversales
- Secuenciación / Su vertebración

- ACTIVIDADES COMPLEMENT. EXTRAESCOL.

METODOLOGÍA
- ENFOQUE DE LA ETAPA
- INTERVENCIÓN EDUCATIVA DOCENTE
- INNOVACIÓN EDUCATIVA PERSONAL
- ACCIÓN TUTORIAL

RECURSOS
- ORGANIZACIÓN / AGRUPAMIENTO / A. N. E. A. E.
- MATERIALES
- LEGISLATIVA

VALIDAR = EVALUACIÓN HOLÍSTICA

Tercer esquema

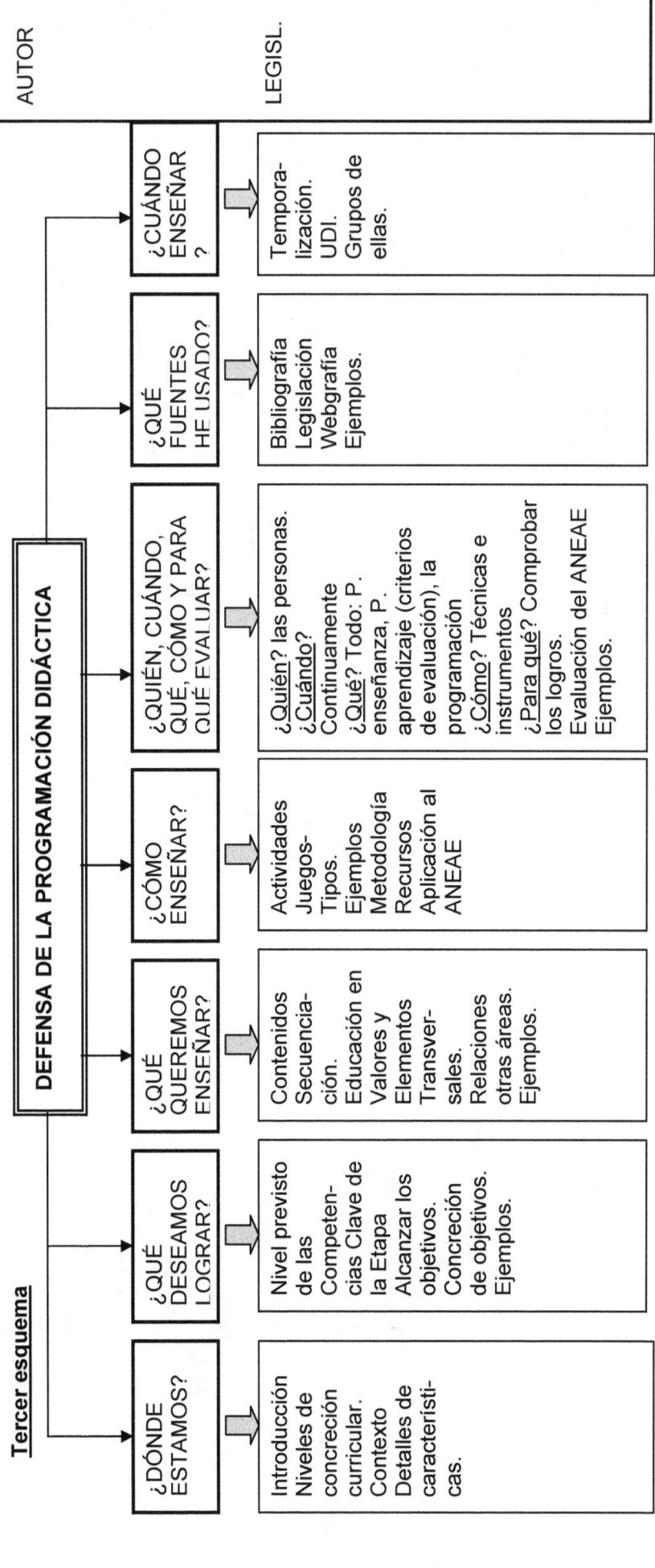

Cuarto esquema

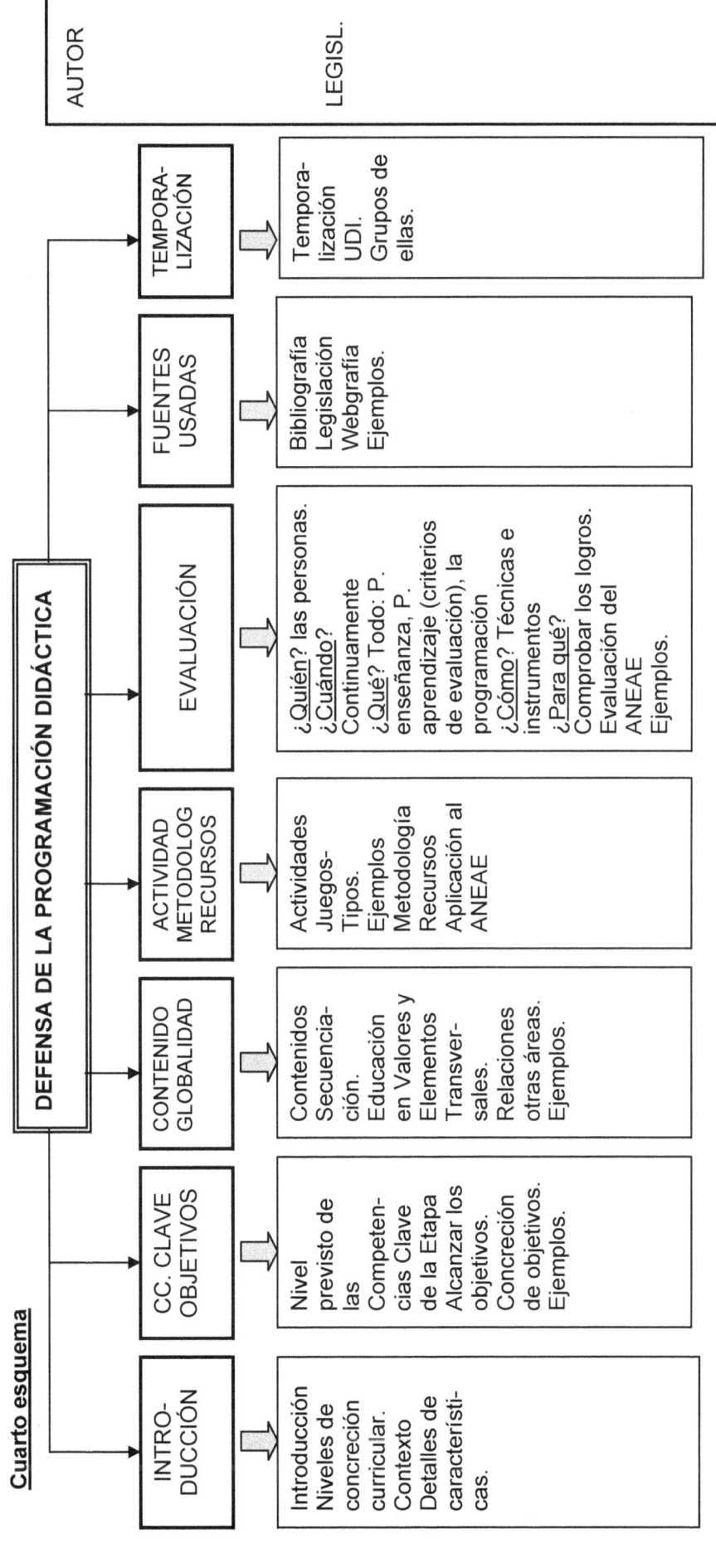

JOSÉ MARÍA CAÑIZARES MÁRQUEZ Y CARMEN CARBONERO CELIS

Quinto esquema

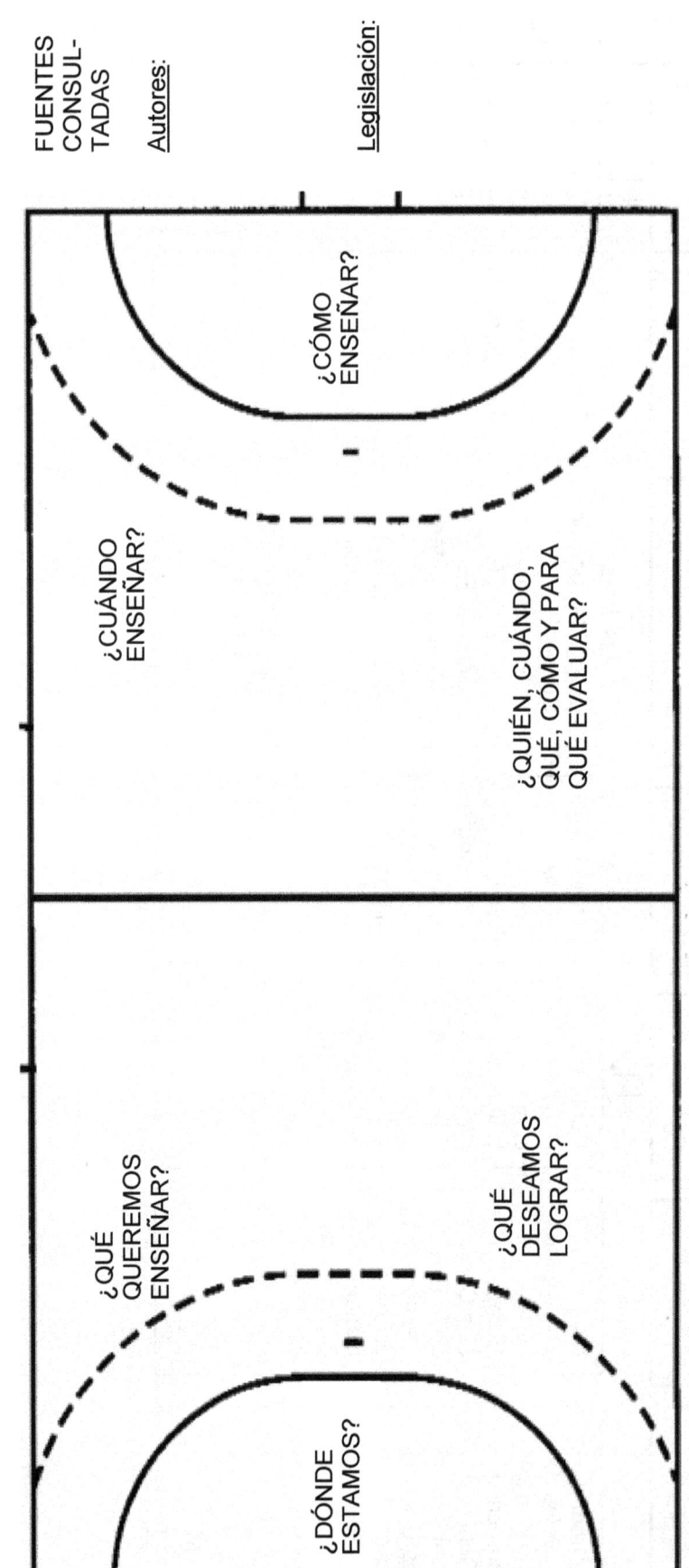

Sexto esquema

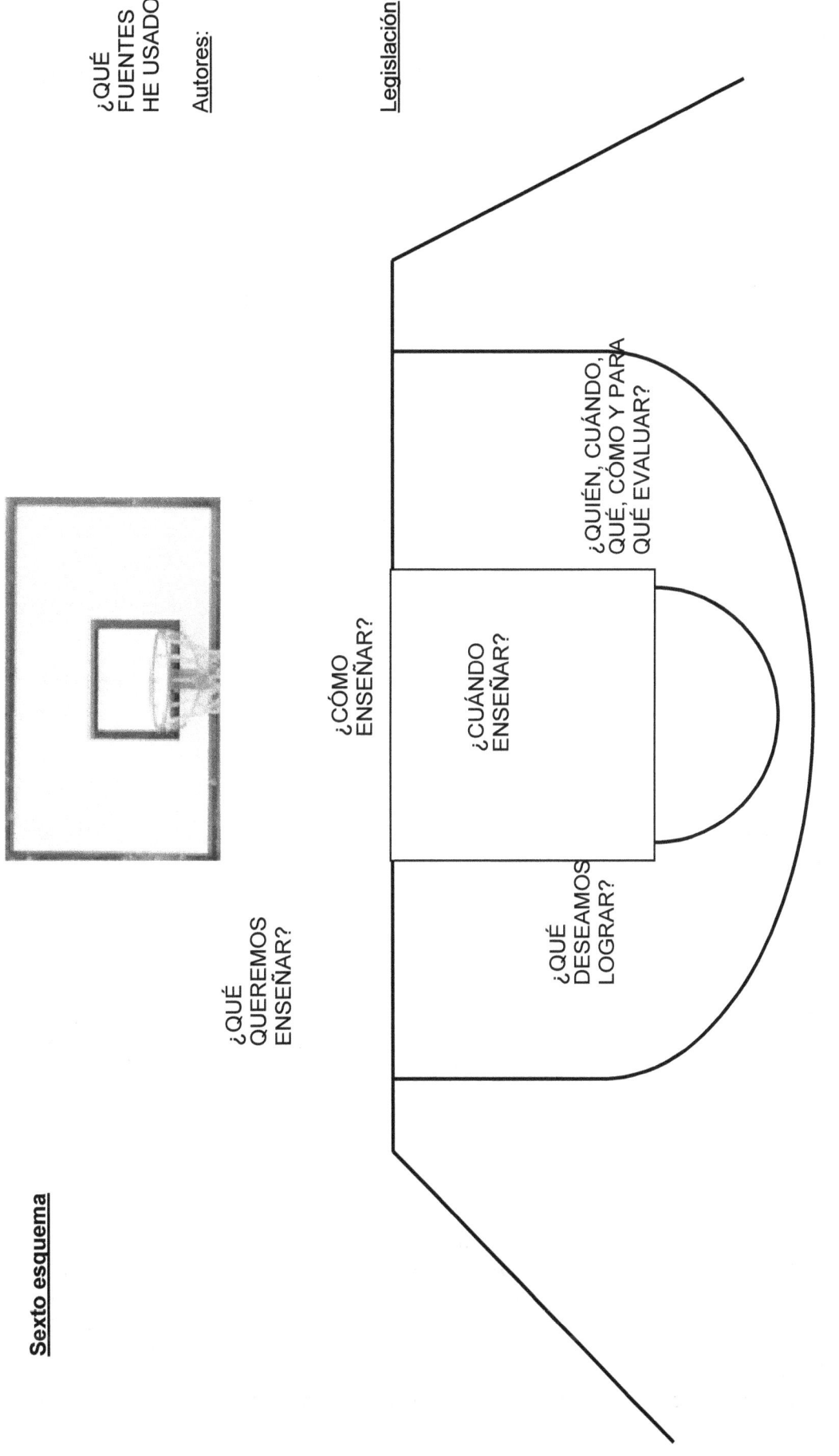

2.5. Guía del discurso de defensa. Un ejemplo-muestra.

Exponemos unas **orientaciones** sobre cómo puede ser nuestro discurso sobre la defensa de la programación y posteriormente incluimos un **guión-resumen**. Está pensado para que tenga una **duración** de 25-27 minutos, dependiendo de la capacidad de cada opositor. También influye, lógicamente, el tiempo gastado en escribir un **gráfico** en la pizarra con los apartados, autores y legislación.

Hay que adecuarla, además, según las características que pida la **convocatoria** de la comunidad autónoma donde vayamos a examinarnos.

Una vez tengamos el modelo definitivo, hay que **ensayarla** muchas veces para corregir todos los errores expresivos que podamos tener y **automatizarla**.

DEFENSA ORAL DE LA PROGRAMACIÓN

INTRODUCCIÓN

Buenas tardes, mi nombre es XXXXXXXXX, tengo el número de opositor XXX y voy a realizar la defensa de la programación didáctica, tal y como indica la Convocatoria.

Esta programación va dirigida a un grupo-clase del 6º curso, formado por 22 alumnos, entre los que encontramos 11 chicos y 11 chicas.

En la programación describimos todo lo que vamos a realizar durante un curso escolar, y para ello, tomamos como referente a la legislación actual, como es la Ley Orgánica 2/2006, de 3 de mayo, de Educación, modificada en determinados artículos por la LOMCE/2013 y en nuestra comunidad la Ley de Educación de Andalucía 17/2007, además de los Reales Decretos, Decretos y Órdenes que las desarrollan. También hemos tomado conciencia del contexto, así como consultado el Plan de Centro, formado por el Proyecto Educativo, el Reglamento de Organización y Funcionamiento y el Proyecto de Gestión.

Algunas de las características de nuestra programación son su carácter flexible, ya que está abierta a continuas posibilidades de ajustes y adaptaciones debido a la evaluación continua que hacemos semanalmente de la misma, y la reorientamos en función de las dificultades individuales que nos encontramos. Deseamos destacar que sigue lo expresado por el Decreto 328 de 2010 en lo referente a que todas las programaciones de todas las áreas incluirán actividades en las que el alumnado deberá leer, escribir y expresarse de forma oral, así como fomentar el uso de las TIC/TAC. Todo ello lo tenemos presente a lo largo de las 15 UDI, con la lectura de textos específicos del área, debates deportivos de actualidad y un uso controlado de las TIC/TAC, etc.

Independientemente de lo anterior, deseamos **recalcar** que:

- Hemos especificado la relación de las UDI que componen la Programación. Características más significativas del Proyecto Educativo especificando, entre otros, el Plan de Fomento a la Lectura, la aplicación de las Tecnologías de la Información y Comunicación, Plan de Acción Tutorial, medidas de Atención a la Diversidad, Plan de Convivencia y que hemos hecho referencia a las características de los alumnos y de las familias.
- También, por la novedad que representa, podemos citar que tenemos

organizados los "recreos inteligentes" o "un día sin balón", pudiendo, incluso, aportar un anexo con la distribución.

CONTEXTO

Centrándonos en el contexto de nuestro centro, es el C.E.I.P. XXXXXXXX, ubicado en el pueblo de XXXXXXXX, en plena comarca de XXXXXXXXXX. Siguiendo el Anuario Estadístico de la Provincia (ver portada en anexo 1), tiene sobre XXXXX habitantes.

El CEIP está ubicado en una barriada cercana al centro y justo enfrente del polideportivo municipal, que nos ofrece muchas posibilidades por las mañanas al estar casi vacío de practicantes. La piscina climatizada adjunta nos va a facilitar hacer la actividad complementaria "ningún niño/a sin saber nadar", a lo largo del curso.

Nuestro centro de referencia dispone de 6 unidades de Educación Infantil, 18 de Educación Primaria, 2 de apoyo, comedor, SUM, sala de psicomotricidad-gimnasio, vestuarios y servicios. Todas las instalaciones cumplen con los requisitos mínimos que demanda el Decreto 132 de 2010. (ver en el anexo 2 un gráfico con la planta del colegio donde se observan el detalle de estas instalaciones).

Tras hablar con el tutor del año pasado, constatamos que el nivel medio es muy aceptable. Destacamos a dos alumnos con NEAE, uno con XXXXXXXXX y otro con XXXXXXXXXXX. A ambos los tendremos muy presentes para llevar a cabo las adaptaciones curriculares no significativas en las diversas UDI.

Independientemente de lo anterior, deseamos **recalcar** que:

- Contextualizamos el centro y el ciclo al que nos referimos en la programación y que hacemos referencia a las características de los alumnos y a las familias.

COMPETENCIAS CLAVE

Vemos ahora las Competencias Clave, es decir, un grupo de conocimientos, actitudes valores emocionales y éticos, transferibles y multifuncionales. Deben adquirirlas los alumnos a lo largo de la etapa obligatoria. Desde la nuestra, colaboramos para que consigan un nivel suficiente que les permita conseguirlas por completo al finalizar la ESO.

El R.D.126/2014 y la O. 17/03/2015, indican que desde nuestra área, podemos contribuir a la consecución de todas ellas. Veamos unos detalles a modo de ejemplo:

Contribuimos a la consecución de la Competencias sociales y cívicas con la realización, entre otras cosas, de juegos grupales populares, como el corro. También facilitamos que jueguen durante los recreos a las chapas, las "siete y media", etc., como mostramos en el anexo 3.

Facilitamos el desarrollo de la Competencia en Comunicación Lingüística a través de la lectura de reglamentos deportivos o de la redacción de reglas para los juegos. También, los componentes de grupo irán rotando para dirigir los juegos del calentamiento a realizar en las sesiones de las UDI.

También tratamos la Competencia conciencia y expresiones culturales, sobre todo durante la realización de la UDI sobre ritmo y expresión corporal, o con la investigación sobre los juegos populares y tradicionales de la zona.

Independientemente de lo anterior, deseamos **recalcar** que:

- Especificamos la aportación que los objetivos de área tienen al desarrollo de las competencias clave.

OBJETIVOS

Si bien existen muchas definiciones de objetivos en la bibliografía especializada, nos basamos en Viciana (2002): "es el resultado que esperamos alcance el alumno/a al término de un proceso de enseñanza-aprendizaje".

Al encontrarnos en 6º curso, los objetivos programados para este año escolar coinciden, lógicamente, los propios del área para alcanzar durante la etapa. Al estar especificados en la programación, vamos a comentarlos y defender su adecuación agrupándolos en cuatro esferas: Salud, Habilidad Motriz, Expresión y Juegos.

Como nos indican Cañizares y Carbonero (2009), los objetivos de nuestro curso emanan de la concreción de los objetivos de Ciclo que vienen recogidos en el Proyecto Educativo del Plan de Centro.

No debemos olvidar que la consecución de éstos está encaminada al logro de las Competencias Clave.

En el anexo nº 4 ofrecemos una tabla aclaratoria donde vemos la concreción de los Objetivos de Área que hemos hecho para 1º y 2º ciclo y que nos sirven como punto de partida, como trabajo previo, para los del 3º.

Independientemente de lo anterior, deseamos **recalcar** que:

- Los objetivos de área planteados se relacionan adecuadamente con el ciclo y la etapa.
- Los objetivos están bien formulados, son coherentes y evaluables a través de los criterios de evaluación.

CONTENIDOS

Se refieren a los objetos de enseñanza-aprendizaje que la sociedad considera útiles y necesarios para promover el desarrollo personal y social del individuo. "es la **materia** que debemos enseñar" o los "medios para hacer realidad a los objetivos".

Su referente es qué enseñar, la materia, temas o nociones, en orden ascendente y progresivo (Gil, 2007).

La O. de 17/03/2015, indica cuatro bloques que hemos secuenciado globalizadamente durante las 15 UDI. Las pautas que hemos seguido para ello, son:

- De los más generales a los más específicos.
- De los más concretos a los más abstractos.
- De los más simples a los más complejos.

No obstante la lógica interna del Área nos determina el orden de trabajo de los contenidos:

- De movimientos con menos elementos coordinativos a otros más complejos. Por ejemplo, pasar de cuadrupedia a cuadrupedia conduciendo un balón con las manos.
- Priorizar las habilidades básicas antes que las genéricas y específicas.
- Pasar del juego simple a otros de índole deportiva. Por ejemplo, pasar del juego del "balón tiro" a mini balonmano.
- Priorizar las habilidades perceptivas más básicas antes que otras más compuestas. Por ejemplo, centrarnos más en obtener una buena calidad en la habilidad de la carrera con en la conducción del balón en fútbol.

En cualquier caso, no debemos olvidarnos de lo expresado por el D. 328/2010, respecto a que todos los contenidos de todas las áreas tienen que incluir prácticas de lectura, escritura y expresión oral, así como el empleo seguro de las TIC/TAC.

En el anexo nº 5 podemos observar la íntima relación existente entre criterios de evaluación, objetivos, contenidos y Objetivos.

ACTIVIDADES

Realizamos actividades motivadoras y que detecten la competencia curricular previa al comienzo de las sesiones. Por ejemplo, trotes dominando una pelota en el aire con objeto de saber el nivel inicial de coordinación óculo manual en la UDI nº 6.

Las actividades de desarrollo son propuestas que hacemos al alumnado para lograr los objetivos de la sesión. Por ejemplo, ¿quién es capaz de lanzar la pelota y que impacte sobre la línea de la pared?, en la UDI nº 7.

Tendremos en cuenta actividades de proacción para quienes tengan un nivel superior a la media y de retroacción para quienes no lleguen a ese nivel. Por ejemplo en la UDI nº 8.

Un ejemplo de tarea/actividad/ejercicio lo tenemos en la UDI nº 3. Consiste en...

Comentamos ahora las actividades complementarias y extraescolares, que tienen un alto valor motivador para el alumno y que son una fuente de conocimiento y experiencia muy importante para todos.

En el anexo numero 9 acompañamos una ficha-modelo con la información de la actividad complementaria programada para el segundo trimestre "XXXXX XXXXX", donde los alumnos y sus familias tienen toda la información escrita y, además, enlaces a diversas webs por si desean ampliar la información. al respecto y contribuimos al uso de las TIC/TAC ya que apuntamos varios en laces webs donde pueden encontrar información extra sobre dicha actividad. Abajo está el boletín de autorización familiar.

Citamos la O. de 05/11/2014, por la que se modifica la de 3 de agosto de 2010, por la que se regulan los servicios complementarios de la enseñanza de aula matinal, comedor escolar y actividades extraescolares en los centros docentes públicos, así como la ampliación de horario (BOJA nº 233, de 28/11/2014).

Independientemente de lo anterior, deseamos **recalcar** que:

- Planteamos los diferentes tipos de actividades atendiendo a la diversidad de necesidades, intereses y motivaciones del alumnado, con una dificultad gradual y relacionada con objetivos y contenidos.

- Planteamos actividades extraescolares y complementarias apropiadas y coherentes.

RELACIÓN CON LA EDUCACIÓN EN VALORES Y ELEMENTOS TRANSVERSALES.

Los elementos transversales son aquellos que recogen demandas y problemáticas sociales, comunitarias y/o laborales relacionadas con aspectos de interés general. Su acento está puesto en los valores, actitudes y normas que el alumno debe desarrollar a fin de poder actuar en forma autónoma y racional. Son, pues, temas comunes a todas las áreas dirigidas a la formación global del alumnado, y a su preparación para integrarse en la sociedad, por lo que debemos incluirlos dentro del currículum para que conecten con todas las áreas y que sean la base de los aspectos sociales y culturales relevantes y valores que deben prevalecer en un sistema democrático, como nos indican Romero y Cepero (2002).

Vemos algunos ejemplos y por qué los hemos incluido:

- Coeducación. Realizaremos actividades que carezcan de contenidos sexistas. Por ejemplo, agrupaciones por color de ropa, mes de nacimiento, etc., favoreciendo agrupaciones mixtas.
- Uso de las TIC/TAC. Durante el curso vamos a trabajar con una de las múltiples herramientas que nos ofrecen los medios multimedia.

También damos gran importancia a los Hábitos de Vida Saludable y Deportiva, que vamos a hacer referencia a lo largo de todas nuestras sesiones, ya que aspectos como la Higiene Postural son importantes en el día a día del alumno/a, por lo que estaremos muy encima para que la postura adoptada para realizar las actividades sea la correcta y así prevenir lesiones.

En el tema de Tecnologías de la Información y Comunicación adjuntamos el anexo 6, que hace referencia a una Webquest que hemos realizado para llevar a cabo en el tema de juegos alternativos, donde hemos dejado una serie de enlaces webs para que el alumno pueda buscarla y procesarla bajo las condiciones establecidas.

La O. de 17/03/2015 es el documento legislativo de referencia, entre otros.

RELACIÓN CON OTRAS ÁREAS

En cuanto a la relación con otras áreas, seguimos a Torre y Girela (1997), quienes hacen un estudio profundo sobre ello. No podemos olvidar cómo desde nuestro área contribuimos al desarrollo de las demás habida cuenta estamos en una enseñanza globalizada, siendo de capital importancia para su desarrollo la buena comunicación y coordinación entre el equipo docente de ciclo. Algunos ejemplos, son:

- Matemáticas. En la UDI nº 7 tenemos unos controles con pruebas para medir las distancias alcanzadas en el test del "trisalto". También, en la UDI nº 2 hacemos unas tomas de recuperación cardiovascular a través del conteo de las pulsaciones y posteriores cálculos matemáticos.

- CMNSC. Dentro de la UDI nº 4 realizamos una salida al medio natural de XXXX, haciendo senderismo y otros tipo de juegos. En el anexo nº 7 podemos ver una foto de los alumnos en ese espacio natural.

METODOLOGÍA

Siguiendo a Delgado Noguera (1991) y Blázquez -coord.- (2016), entre otros conocidos autores, la metodología centra su interés en cómo enseñar la materia a un grupo, con una edad determinada, en un centro escolar concreto y logrando unos objetivos.

La metodología que tenemos planificada sigue lo expresado por el R.D. 126/2014, el D. 97/2015 y la O. ECD/65/2015 siendo lúdica, investigadora, integradora, individualizada y cooperativa, entre otros aspectos. Nosotros vamos a tener muy presente una metodología de tipo inductiva, donde a través de juegos, el alumno/a tenga que buscar su propia respuesta ante un problema propuesto, formulando actividades-problema. Por ejemplo, ¿de cuántas maneras distintas eres capaz de pasar el balón al compañero que se mueve? o ¿cómo es más fácil lanzar una pelota lo más alto posible?

Con respecto a los dos alumnos con NEAE, uno con XXXXXXXXX y otro con XXXXXXXXXXXX, realizaremos las adaptaciones metodológicas pertinentes para que pueda seguir el mismo ritmo que sus compañeros, por lo que trataremos de facilitarle la información basándonos en y utilizando (Gallardo, 2008).

La organización grupal será flexible, en función de la actividad que vayamos a desarrollar, en el anexo nº 8 especificamos unos gráficos con las distintas opciones de organizaciones formales y semi formales. Por ejemplo, la correspondiente a "grupos de nivel", está pensada para que el subgrupo con obstáculos más sencillos, suba al siguiente nivel lo antes posible.

Independientemente de lo anterior, deseamos **recalcar** que:

- La metodología que hemos previsto es coherente y se corresponde con los objetivos y contenidos programados.
- Especificamos los principios o criterios metodológicos que van a estar presentes en la programación.
- Organizamos y justificamos el tiempo y el espacio dentro y fuera del aula, así como los agrupamientos de los alumnos.

Además, debemos significar lo que expresa el art. 10 (Metodología), apartado 8 del D. 97/2015: "la comprensión lectora, expresión oral y escrita las comunicación audiovisual, las TIC/TAC, el emprendimiento y la educación cívica y constitucional se trabajarán en **todas las áreas**".

RECURSOS

Son los mediadores en el proceso de enseñanza-aprendizaje (Fernández Truán, 1997). Usamos casi todos los disponibles dado que buscamos motivar y adecuarlos a la capacidad de cada alumno, de ahí que en las UDI citemos muchos tipos. Hemos procurado que no sean sexistas ni peligrosos, pero multifuncionales y adaptables al ritmo de aprendizaje de cada alumno. En el Anexo nº 9 podemos ver una foto de varios de ellos que después salen reflejados a lo largo de las 15 UDI.

Por otro lado, el cuaderno de clase nos servirá como soporte de los conceptos explicados durante las sesiones. Por ejemplo, en la UDI nº "X", tratamos…

El centro de referencia tiene varios recursos multimedia y que nos permitirán visualizar videos sobre habilidades, actividades en el medio natural, etc., como sucede con la UDI nº 6.

En cualquier caso seguimos a Roldán (2002), que coordina la publicación "Manual de seguridad en los centros educativos", editado por la Consejería de Educación y que nos indica una serie de pautas a tener en cuenta con respecto a la protección en las instalaciones escolares.

Independientemente de lo anterior, **recalcamos** el uso los recursos didácticos, los materiales curriculares disponibles en el centro y las TIC/TAC.

ATENCIÓN A LA DIVERSIDAD

El Decreto 97/2015, la O. de 25/07/2008 y las Instrucciones de 22/06/2015 nos indican, entre otros documentos legislativos, que debemos dar respuesta educativa a la totalidad del alumnado, incluyendo a los alumnos con Necesidades Educativas Especiales derivadas de discapacidad o trastornos graves de la conducta, al alumnado con Altas Capacidades Intelectuales, al alumnado con Incorporación Tardía al sistema educativo, al alumnado con Dificultades Específicas de Aprendizaje y, como en Andalucía contamos con un grupo más, el alumnado con condiciones personales o de historia escolar compleja.

En nuestro caso, nos encontramos con a dos alumnos con NEAE, uno con XXXXXXXXX y otro con XXXXXXXXXXXX. A ambos los tendremos muy presentes para llevar a cabo las adaptaciones curriculares no significativas en las diversas UDI. Por ejemplo, con xxxxxxxxxxxxx tendremos en cuenta estos detalles:

Algunos ejemplos de **objetivos** a marcarnos, son:

- Estimular la expresión corporal, explorando las posibilidades comunicativas del propio cuerpo, promoviendo la aceptación y comunicación entre compañeros.

- Ayudar a que el alumno conozca bien su cuerpo y pueda sacar provecho de sus capacidades.

- Enseñar técnicas para dominar la silla de ruedas, muletas o cinturones con seguridad, que permitan salvar las barreras arquitectónicas que encontramos en la calle.

- Potenciar el hecho de pedir ayuda y de saber explicar a los demás como otorgarla.

Algunos aspectos **metodológicos** concretos a tener en cuenta, son:

- La frecuencia cardiaca suele ser más elevada de lo normal.

- La fatiga y la tetania muscular aparece más rápidamente, por lo que el tiempo de recuperación debe ser más largo.

- Frente a problemas de comunicación graves utilizar un sistema de comunicación aumentativa, si él o ella están de acuerdo, además de dar más tiempo en la elaboración de la respuesta.

- A veces, el alumnado en silla de ruedas no puede percibir lo que ocurre detrás. En este caso el docente deberá ayudarles narrando la situación.

- Existe una disminución de la elasticidad muscular, tendinosa y de las cápsulas articulares, que provoca retracciones.
- Podemos observar deformaciones óseas, atrofias musculares y alergias.
- Adaptar el material y normas de los juegos que utilizaremos en clase para que puedan ser jugados por todos.
- Quizá sea necesario prever alguna ayuda para cambiarse de ropa después de hacer la actividad física. Su discapacidad no ha de ser una excusa que interfiera en la adquisición de hábitos higiénicos.

EVALUACIÓN

La evaluación se entiende como una actividad básicamente valorativa e investigadora -la nota es un dato más del proceso-. Facilitadora del cambio educativo -introduce modificaciones cuando se detectan errores- y potencia el desarrollo profesional docente (Blázquez, 2008).

Nuestro proceso de evaluación responde a las siguientes preguntas:

- ¿Qué evalúo? Los criterios y estándares de evaluación programados, individualizados, que proceden de los del Área. Nos dice si alcanza o no el objetivo marcado. Por ejemplo, en la UDI nº 10, objetivo: coordinar los saltos de obstáculos. Criterio o indicador: ¿coordina los saltos de obstáculos impulsando con el pie dominante?

- ¿Cuándo evalúo? Su temporalidad, al inicio o diagnóstica, durante el proceso o formativa y final o sumativa. Esto lo haremos siempre, en todas las UDI.

- ¿Cómo evalúo? Los instrumentos. Por ejemplo:

    - Ámbito cognitivo: cuaderno, cuestionarios, trabajos, murales, etc.
    - Ámbito motor: observación sobre la práctica, test, listas, escalas, pruebas, rúbricas, etc.
    - Ámbito socio-afectivo: lista de control, observaciones, etc.
    - También es instrumento cualquier tipo de "herramienta" que usemos para evaluar la práctica docente, la unidad, etc., como las **Apps** para móviles y tabletas, por ejemplo Idoceo.

- ¿Quién evalúa? Las personas previstas: docente y alumnado, por lo que haremos heteroevaluación, autoevaluación y coevaluación.

Porcentajes para aspectos teóricos, prácticos y para los relacionados con valores y actitudes.

Podemos ver un ejemplo de instrumento (rúbrica) en el anexo nº 10.

No podemos dejar de citar a la O. de 04/11/2015 de agosto de 2007, por la que se establece la ordenación de la evaluación del proceso de aprendizaje de educación primaria en Andalucía.

Independientemente de lo anterior, deseamos **recalcar** que:

- Establecemos diferentes momentos para evaluar el proceso de enseñanza-aprendizaje, reflejando los instrumentos utilizados.

- Tenemos en cuenta procedimientos e instrumentos adecuados para evaluar tanto la práctica docente como el proceso de aprendizaje del alumnado, según normativa.
- Prevemos mecanismos para dar información continua al alumnado, profesores y padres.
- Planteamos instrumentos de evaluación ajustados a la edad y diversidad del alumnado, estableciendo medidas de refuerzo educativo.
- La evaluación es coherente con el resto de los elementos de la programación.
- Tenemos previstas determinadas actividades de recuperación, como...

CONCLUSIONES

Las conclusiones las podemos ver en la pizarra a través del esquema desarrollado. Comenzamos con una introducción y citando la legislación de base usada, así como a autores especializados. Tras analizar el contexto, nos planteamos las competencias y objetivos a lograr. Posteriormente, qué contenidos y actividades, así como la metodología aplicada y los recursos a usar en las UDI.

En el punto de relación con la educación en valores y elementos transversales, hemos explicando un par de ejemplo de cómo contribuimos a su desarrollo, al igual que hemos hecho con la relación con las otras áreas.

Hemos tratado con cierta profundidad la atención a la diversidad, sobre todo lo que pensamos hacer con dos alumnos con NEAE, explicando las pautas que vamos a seguir.

Por último, en la evaluación, hemos resaltado varios aspectos que engloban a ésta y alguna de las técnicas que vamos a usar para evaluar.

BILBIOGRAFÍA

(Si hemos escrito en la **pizarra** los apellidos de autores y legislación podemos citarlos señalándolos).
BLÁZQUEZ, D. (2008). *Evaluar en Educación física*. (10ª edición). INDE. Barcelona.
BLÁZQUEZ, D. -Coord.- (2016). *Métodos de enseñanza en educación física. Enfoques innovadores para la enseñanza de competencias*. INDE. Barcelona.
CAÑIZARES, J. Mª y CARBONERO, C. (2009b). *Currículum de Educación Física en Primaria para Andalucía. Aclaraciones terminológicas*. Wanceulen. Sevilla.
CHINCHILLA, J. L. y ZAGALAZ, Mª L. (2002). *Didáctica de la Educación Física*. CCS. Madrid.
FERNÁNDEZ TRUÁN, J. C. (1997). *Los Materiales Didácticos en Educación Física*. Wanceulen. Sevilla.
GALLARDO, P. (2008). *La atención educativa a las personas con deficiencia mental*. Wanceulen. Sevilla.
GIL MORALES, P. A. (2007). *Metodología didáctica de las actividades físicas y deportivas*. Wanceulen. Sevilla.
HERNÁNDEZ, F. J. -Coord.- (2015). *El deporte para las personas con discapacidad*. Edittec. Barcelona.
ROLDÁN, C. (2002) (Coord.). *Manual de seguridad en los centros educativos*. C. E. J. A. Sevilla.
ROMERO CEREZO, C y CEPERO, M. (2002). *Bases teóricas para la formación del maestro especialista en educación física*. Grupo Editorial Universitario. Granada.
TORRE, E. y GIRELA, M. J. (1997). *Desarrollo de los Temas Transversales desde el Área de Educación Física*. En DELGADO, M. A. -Coord.- *Formación y Actualización*

del profesorado de Educación Física y del Entrenamiento Deportivo. Wanceulen. Sevilla.

VICIANA, J. (2002). *Planificar en Educación Física.* INDE. Barcelona.

ZAGALAZ, Mª L.; CACHÓN, J.; LARA, A. (2014). *Fundamentos de la programación de Educación Física en Primaria.* Síntesis. Madrid.

LEGISLACIÓN

M.E.C. (2013). *Ley Orgánica 8/2013, de 9 de diciembre, para la mejora de la calidad educativa.* BOE Nº 295, de 10/12/2013.

M.E.C. (2014). *R. D. 126/2014, de 28 de febrero, por el que se establece el currículo básico de la Educación Primaria.* B.O.E. nº 52, de 01/03/2014.

ECD/65/2015, *O. de 21 de enero, por la que se describen las relaciones entre las competencias, los contenidos y los criterios de evaluación de la educación primaria, la educación secundaria obligatoria y el bachillerato.* B.O.E. nº 25, de 29/01/2015.

JUNTA DE ANDALUCÍA (2014). *O. de 05/11/2014, por la que se modifica la de 3 de agosto de 2010, por la que se regulan los servicios complementarios de la enseñanza de aula matinal, comedor escolar y actividades extraescolares en los centros docentes públicos, así como la ampliación de horario.* (BOJA nº 233, de 28/11/2014).

JUNTA DE ANDALUCÍA (2010). *Decreto 328/2010, de 13 de julio, por el que se aprueba el Reglamento Orgánico de las escuelas infantiles de segundo grado, de los colegios de educación primaria, de los colegios de educación infantil y primaria, y de los centros públicos específicos de educación especial.* BOJA nº 139, de 16/07/2010.

JUNTA DE ANDALUCÍA (2010). *Orden de 20 de agosto de 2010, por la que se regula la organización y el funcionamiento de las escuelas infantiles de segundo ciclo, de los colegios de educación primaria, de los colegios de educación infantil y primaria, y de los centros públicos específicos de educación especial, así como el horario de los centros, del alumnado y del profesorado.* BOJA nº 169, de 30/08/2010.

JUNTA DE ANDALUCÍA (2008). *Orden de 25/07/2008, por la que se regula la atención a la diversidad del alumnado que cursa la educación básica en los centros docentes públicos de Andalucía.* BOJA nº 167, de 22 de agosto.

JUNTA DE ANDALUCÍA (reed. 2007). *I Plan de Igualdad entre Hombres y Mujeres en Educación.* C.E.J.A.

JUNTA DE ANDALUCÍA. (2016). *Acuerdo de 16 de febrero de 2016, del consejo de Gobierno, por el que se aprueba el II Plan Estratégico de Igualdad de Género en educación 2016-2021.* BOJA nº 41, de 02/03/2016.

JUNTA DE ANDALUCÍA (2007). *Ley 17/2007, de 10 de diciembre, de Educación de Andalucía (L. E. A.).* B.O.J.A. nº 252, de 26/12/07.

JUNTA DE ANDALUCÍA (2015). *Decreto 97/2015, de 3 de marzo, por el que se establece la ordenación y las enseñanzas correspondientes a la Educación primaria en Andalucía.* B. O. J. A. nº 50, de 13/03/2015.

JUNTA DE ANDALUCÍA. (2015). *Orden de 17 de marzo de 2015, por la que se desarrolla el currículo correspondiente a la Educación Primaria en Andalucía.* B.O.J.A. nº 60, de 27/03/2015.

JUNTA DE ANDALUCÍA (2015). *Instrucciones de 22 de junio de 2015, de la Dirección General de Participación y equidad, por las que se establece el. protocolo de detección, identificación del alumnado con necesidades específicas de apoyo educativo y organización de la respuesta educativa.*

JUNTA DE ANDALUCÍA (2015). *Orden de 04 de noviembre de 2015, por la que se establece la ordenación de la evaluación del proceso de aprendizaje del alumnado de educación primaria en la Comunidad Autónoma de Andalucía.* B.O.J.A. nº 230, de 26/11/2015.

WEBGRAFÍA

http://recursos.cnice.mec.es/edfisica/
http://www.ite.educacion.es/es/recursos
http://www.educarm.es/admin/recursosEducativos#nogo
http://www.juntadeandalucia.es/averroes/
http://www.gobiernodecanarias.org/educacion/webdgoie/
http://www.educarex.es/web/guest/apoyo-a-la-docencia
http://www.educa2.madrid.org/educamadrid/servicios
http://www.educa.jccm.es/educa-jccm/cm/recursos
http://www.educa.jcyl.es/profesorado/es/recursos-aula
http://www.guiaderecursos.com/webseducativas.php
www.juntadeandalucia.es/educacion/descargasrecursos/curriculo-primaria/index.html
www.adideandalucia.es

PROGRAMACIÓN DIDÁCTICA LOMCE EN EDUCACIÓN FÍSICA: GUÍA PARA SU REALIZACIÓN Y DEFENSA

RESUMEN

Presentamos un **guión-resumen** de los aspectos más destacables comentados anteriormente y que no debemos olvidar en nuestra defensa. Aconsejamos también leer atentamente lo expresado inicialmente cuando nos referimos a **recalcar** determinados matices de cada apartado.

- INTRODUCCIÓN-JUSTIFICACIÓN
    - Importancia de programar, su por qué. Autores
    - ¿Por qué he elegido esta programación y curso?
    - Resaltar que se caracteriza por ser flexible y abierta
    - Papel de la Ed. Física en el currículum
    - Su justificación legal a nivel nacional y autonómica
- CONTEXTO
    - Breve explicación del entorno
    - Características del centro
    - Definir alumnado y grupo de referencia
    - El contexto familiar es fundamental en el proceso de enseñanza y de aprendizaje
    - Características de los ANEAE, si los tenemos
- CC. Clave.
    - Justificación legal
    - Las CC. Clave. que vamos a tratar y cómo.
    - ¿Por qué he elegido estas?
    - Ejemplos de cómo con las actividades trabajamos las competencias y así justificar lo anterior
- OBJETIVOS DIDÁCTICOS
    - Justificación legal. Los de etapa y área
    - Los objetivos de la programación. ¿Recitarlos? Como el tribunal los tiene delante, diré que están relacionados con la mejora de…
    - Relación entre objetivos de etapa y área
    - Explicar la coherencia interna de los objetivos con los contenidos, las actividades y los criterios de evaluación
- CONTENIDOS DIDÁCTICOS
    - Justificarlos con los del área
    - Comentar nuestros contenidos
    - Su conexión con los bloques de contenido de la legislación
    - Relación entre objetivos, contenidos y criterios de evaluación
    - Tratamiento globalizado, aunque priorizamos los de índole práctico
- ACTIVIDADES
    - Los tipos que vamos a hacer relacionadas o no con la tarea a implementar
    - Algunos ejemplos para demostrar que se trabajan con ellas los contenidos y objetivos
    - Citar las complementarias y extraescolares
    - Ejemplos de individualización de las actividades
    - Nombrar las relacionadas con lectura, escritura, expresión oral y uso de las TIC/TAC
- METODOLOGÍA
    - Principios metodológico generales (legislación)
    - Citar la metodología específica a seguir en el curso dadas sus características. Citar la específica para el alumnado con NEAE
    - Valorar la metodología cooperativa
    - Organizaciones variadas en función de la tarea
    - Tratamos lectura, escritura, expresión oral, uso de las TIC/TAC…

- RECURSOS
    - Tipos y ejemplos
    - Características: seguros, no sexistas, adaptables…
    - Ejemplos sin olvidarnos de los propios de las TIC/TAC.
- ED. EN VALORES. RELACIÓN OTRAS ÁREAS. TRANSVERSALIDAD.
    - Los que vamos a trabajar.
    - Ejemplos concretos
- ATENCIÓN A LA DIVERSIDAD
    - Citar al alumnado con NEAE
    - Pautas y actividades concretas. ¿Yo que les planteo?
    - Actividades de refuerzo y ampliación. Ejemplos
- EVALUACIÓN
    - Del alumno, individualizada. Cómo; qué; cuándo evaluar.
    - Criterios y coherencia interna con objetivos, contenidos y actividades. Porcentajes para aspectos teóricos, prácticos y para los relacionados con valores y actitudes.
    - Actividades de recuperación previstas.
    - Del alumnado con NEAE
    - De la programación. Ítems y cómo la realizo
    - De la práctica docente. Ítems y cómo la realizo
- TEMPORALIZACIÓN
    - Lo que voy a hacer en cada trimestre
    - Su por qué. Detalles significativos.
- CONCLUSIONES
    - Destacar los aspectos más importantes tratados
    - Rol fundamental de la familia en el proceso de enseñanza/aprendizaje
- MEDIOS CONSULTADOS
    - Bibliografía, por orden alfabético o bien por citación
    - Webgrafía, por orden alfabético o bien por citación
    - Legislación, por categoría: ley, real decreto… y año de publicación

CONCLUSIONES.

Los autores hemos intentado plasmar en este volumen nuestras experiencias a lo largo de veinte años como preparadores en Andalucía, adecuándolas al sistema y condiciones actuales, si bien sabemos que, en los últimos años, cada orden de convocatoria incluye aspectos que la diferencian de la anterior.

De cualquier manera, salvo excepciones, el aprobado con plaza, que al fin y al cabo es lo que nos interesa, sólo se consigue con dedicación, trabajo, estudio y continuos simulacros de situaciones de examen, regulado por alguien que nos dirija con profesionalidad.

También reconocemos que hay un gran porcentaje de suerte, pero ésta sin conocimiento ni preparación no existe.

Los autores agradecemos a la Editorial Wanceulen la preferencia hacia nosotros en la realización de esta colección sobre preparación de oposiciones al Cuerpo de Maestros, especialidad de Educación Física.

Igualmente a las personas lectoras la confianza puesta en nuestro trabajo, al mismo tiempo que nos ponemos a su disposición para cualquier consulta o sugerencia en la siguiente dirección de **correo** electrónico:

oposicionedfisica@gmail.com

Al Temario publicado recientemente, al libro de los Casos Prácticos y a este volumen dedicado a la Programación, le sigue el destinado a las UDI y así completar la Colección.

www.ingramcontent.com/pod-product-compliance
Lightning Source LLC
Chambersburg PA
CBHW080246170426
43192CB00014BA/2581